JN418116

파리에서 보내온 합죽선

파리에서
보내온 합죽선

초판 인쇄 2013년 12월 16일
초판 발행 2013년 12월 20일

저　　자 | 이병한 외
펴 낸 이 | 하운근
펴 낸 곳 | 學古房
표　　지 | 김지학
편　　집 | 박은주, 조연순

주　　소 | 서울시 은평구 대조동 213-5 우편번호 122-843
전　　화 | (02)353-9907 편집부(02)353-9908
팩　　스 | (02)386-8308
홈페이지 | http://hakgobang.co.kr
전자우편 | hakgobang@naver.com, hakgobang@chol.com
등록번호 | 제311 - 1994 - 000001호

ISBN 978-89-6071-350-5 03040

정가 : 13,500원

이 도서의 국립중앙도서관 출판시도서목록(CIP)은 서지정보유통지원시스템 홈페이지(http://seoji.nl.go.kr)와 국가자료공동목록시스템(http://www.nl.go.kr/kolisnet)에서 이용하실 수 있습니다.(CIP제어번호: CIP2013027652)

우산문집 문회

파리에서 보내온 한국선

중어중문과 교수 8인의 수상

이병한 외

學古房

책을 펴내며

글을 벗 삼는 이들의 모임이라는 뜻의 우리 '우문회友文會'는《논어論語 · 안연顔淵》에 실려 있는 증자曾子의 '군자는 글로써 벗을 만나다君子以文會友'에 근거하나, 그보다 약간 더 나아간 의미가 없지 않다. 증자의 가르침은 이어지는 구절 '벗으로 인仁을 돕는다以友輔仁'에서 보듯 최종적으로 자신의 인덕仁德을 보완하여 완성하고자 하는 목적성이 뚜렷이 드러나 있다. 그러다보니 '글文'이나 '벗友'은 방법이나 과정의 수준 안에 갇히게 된다. 그에 반해 우리 '우문회'는 그 기본 취지가 글 자체를 벗 삼음에 있다. 그간 적잖은 세월이 흐르는 사이 모임을 통해 혹 자신의 덕에 진전이 있었다면 그것은 어디까지나 기대 밖의 효과라 해야 할 것이다.

허나 글들을 모아 책으로 펴내고자 하면서 다소 회한이 없지 않다. '벗 삼는다' 하였으나 군자 간 사귐의 담박한 일면을 지나치게 숭상한 나머지 그 관계가 친밀보다는 소원 쪽에 가까웠기 때문이다. '한가해지면 생각나고 생각나면 곧장 옷을 걸치고 찾아나서는' 것이 친밀한 사귐의 방식이거늘, 우리 공통의 벗인 '글'은 자주 외로운 시간을 가져왔다. '산성마을 농사군 이야기' 이후 소식이 감감했던 까닭이다. 이는 그저 '농사 일' 등으로 겨를이 적었던 것이지, 결코 태만의 소치는 아니었다고 우리 '글벗'이 깊이 이해해주었으면 한다.

한가는 확실히 벗을 그리워하고 만나게 해주는 여유를 제공한다. 영국시인 W.H. 데이비스는 「여유Leisure」에서 '숲 속 지날 때 가던 길 멈춰서 다람쥐들이 풀숲에 도토리 숨기는 걸 볼 시간 없다면', 그 인생은 '근심에 찌든' 보잘것없는 것이라 하였다. 오늘을 사는 이들은 너나 할 것 없이 무엇엔가 쫓기듯 살아간다. 일이 많으면 많아서, 또 일이 없으면 없어서, 주위의 소중한 것들에 눈길을 보낼 겨를을 내지 못한다. 동진東晉 은일시인 도연명이 말한 '마음이 한원閒遠하다'는 의미의 '심원心遠'은 두 부류 사람들 모두에게 참고거리가 될 듯하다. 일상의 분망한 공간이 한적의 공간으로 인식되려면 '심원'은 필수 선행조건이다. 만당晩唐 시인 두목杜牧이 그러했듯 마음이 한가해야 '저물녘 단풍 숲'을 사랑할 수 있고, 또 그래야만 가던 수레를 멈출 수 있는 여유가 생기는 것이다. '서리 맞은 이파리가 춘삼월 꽃보다도 붉고 아름답다'는 순간의 미적 감수보다 또 어떤 다른 것이 있어 우리 삶을 아름답고 고귀하게 해줄 수 있을 것인가?

실린 글들은 치열한 작가 정신하고는 본시 거리가 멀다. 잠시 가던 길 멈춰 주변의 사랑할 만한 것들을 사랑한 한때의 흔적일 따름이다. 다음에 다시 책을 펴낼 때에는 무늬 고운 좀 더 많은 흔적들을 남길 수 있기를 기대한다.

2013년 11월 25일

비가 그친 뒤 찬 바람이 소리를 내는 저녁

이남종

목차

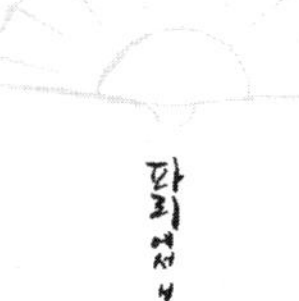

파리에서 보내온 합죽선

강성위

해동문집연구소 부소장

세상에 백락이 있은 후라야 천리마가 있게 된다.
천리마는 언제나 있지만 백락은 언제나 있는 것이 아니다.

- 한유 〈잡설〉

천리마千里馬와 백락伯樂

세상에 백락伯樂이 있은 후라야 천리마千里馬가 있게 된다. 천리마는 언제나 있지만 백락은 언제나 있는 것이 아니다. 그러므로 비록 명마가 있더라도 그저 하찮은 사람들의 손에서 욕이나 보다가 마구간에서 보통 말과 더불어 나란히 죽어가게 되어 천리마로 일컬어지지 못하게 되는 것이다. 말 가운데 하루에 천리를 달릴 수 있는 녀석은 한 끼 식사로 간혹 곡식 한 섬을 다 먹어치우기도 하는데 말을 먹이는 자가 그 말이 하루에 천 리를 달릴 수 있음을 알지 못하고서 먹이를 먹인다. 이 말에게 비록 하루에 천 리를 달릴 수 있는 능력이 있어도 먹는 것이 배부르지 않아 힘이 넉넉하지 못하면 재능의 아름다움이 밖으로 드러나지 못하게 된다. 또한 보통 말과 같아지고자 하여도 그렇게 할 수 없으니 어찌 하루에 천리를 달릴 수 있기를 바랄 수 있겠는가? 채찍질을 할 때도 그 올바른 도리道理로 하지 않고, 먹이를 먹이되 그 재능을 다할 수 없게 하고서도, 울어도 그 뜻을 알아채지 못하고 채찍을 잡고는 말 앞으로 다가가서 말하기를, "천하에는 좋은 말이 없다."라고 한다. 아! 정말 말이 없는 것인가? 말을 알아보지 못하는 것인가?

世有伯樂然後有千里馬. 千里馬常有, 而伯樂不常有. 故雖有名馬, 祗辱於奴隷人之手,駢死於槽櫪之間, 不以千里稱也. 馬之千里者, 一食或盡粟一石, 食馬者, 不知其能千里而食也. 是馬雖有千里之能, 食不飽, 力不足, 才美不外見. 且欲與常馬等, 不可得, 安求其能千里也! 策之不以其道, 食之不能盡其材, 鳴之不能通其意, 執策而臨之曰, 天下無良馬. 嗚呼! 其眞無馬耶? 其盡不識馬耶?

짧지만 강렬한 메시지를 던져주는 이 글은 중국 당唐나라 한유韓愈:768~824가 지은 산문인 〈잡설雜說〉의 전문이다. 한유는 당송팔대가唐宋八大家에 들어가는 당대唐代 최고의 문장가였을 뿐만 아니라, 대시인이자 대사상가로서의 명성도 아울러 누린 엘리트 관료였다. 그가 이러한 글을 쓴 데는 당연히 정치적 동기가 있었던 것이지만, 이 글은 그 동기를 떠나 인재와 인사권자의 관계를 비유의 형식으로 명쾌하게 논한 명문장이었기 때문에, 오랜 세월동안 동양의 지식인들에게 사랑을 받아왔다.

글 모두冒頭에 보이는 '백락伯樂'은 말 감정의 명인이었던 춘추시대春秋時代 주周나라 손양孫陽을 가리킨다. '백락'은 본디 천마天馬를 관장한다는 별이름인데 손양의 말 감식안이 워낙 뛰어나 당시 사람들이 그 별이름을 별명으로 부르게 되었다고 한다. "그가 말을 한번 돌아보자 말 값이 10배로 뛰었다伯樂一顧, 馬價十倍"는 얘기가 다소 과장된 것이라 하더라도, 그의 말 감식안이 어느 정도였는지는 충분히 짐작할 수 있다. 당연한 얘기지만 명마에 대한 감식안이란 그 말이 아직 명마로 알려지지 않은 상태, 정확하게는 명마는 고사하고 보통 수준의 말로도 여겨지지 않는 말에게서 그 숨은 재능을 간파할 수 있는 안목을 가리키는 것이다.

'천리마千里馬'는 하루에 천리를 달린다는 준마駿馬로 보통 위의 글에서처럼 뛰어난 인재에 대한 비유어로 쓰인다. 천리마에 비견됨직한 인재는 언제 어디에나 있는 것이지만, 그 인재를 제대로 알아볼 수 있는 안목을 갖춘 지도자는 늘 있는 것이 아니라고 한 한유의 지적은, 1000년이 넘는 세월의 간극間隙을 뛰어넘어 이 시대에도 여전히 유의미하다.

인재란 볼 줄 아는 사람 눈에만 보이는 명마와 같은 존재이므로 안목이 부족한 지도자의 눈에 제대로 띌 리가 없다. 그리하여 인재가 범인凡人과 마찬가지의 대접을 받으면서 세월을 헛되이 보내다가 속절없이 죽어가게 된다는 것이다. 지도자가 갖추어야 할 덕목으로 거론할 것이야 수도 없이 많지만, 그 어떤 지도자도 혼자서 북치고 장구치고 나발까지 불 수는 없는 노릇이기 때문에, 자기를 도와줄 인재를 알아 볼 줄 아는 혜안慧眼을 갖추는 것이 무엇보다 중요하다고 할 수 있다. 대개 자신의 능력을 과신하고 총명을 자부하는 지도자 아래에 인재가 별로 없듯, 역사에 큰 족적을 남긴 지도자치고 휘하에 유능한 인재를 두고 있지 않은 이는 없었다.

한유는 아무리 뛰어난 인재라 할지라도 거기에 상응하는 지위와 급여가 주어지지 않는다면 자기 재능을 제대로 발휘할 수 없다고 하였다. 운신의 폭이 좁아 심리적으로 위축되거나 먹고 사는 문제를 걱정해야 할 정도로 내몰리는 상황이라면, 그 누가 열정을 연료로 삼아 자신의 능력을 타오르게 할 수 있겠는가? 이 대목에서 우리가 헝그리 정신을 운위云謂하는 것은 그다지 의미가 없다.

앞으로 어떤 큰일을 해낼지도 모르는 이 시대의 젊은이들이 너나없이 비정규직으로 내몰리는 현실은, 곤륜산崑崙山에 불이 나자 옥도 돌도 모두 타버렸다玉石俱焚는 형국과 크게 다르지 않다. 비정규직을 서러워하며 애초에 별

관심도 없었던 분야의 시험을 준비하고자 도서관이나 고시원, 독서실에 숨어 세월과 씨름하는 젊은이들 가운데는, 재능 한번 제대로 펴 보지도 못하고 마구간에서 늙어간 명마와 같은 인재들이 얼마든지 있을 수 있다. 한참의 세월이 흐른 뒤에 그들의 자질을 알았을 때는 이미 때가 너무 늦은 것인지도 모른다. 백락이 우연히 소금수레를 끌고 있던 명마를 발견하였으나 이름도 없이 늙어버렸던 탓에, 울면서 자기가 걸치고 있던 비단옷으로 덮어주었다는 고사는 기본적으로 백락의 빼어난 감식안을 얘기하는 것이지만, 때를 만나지 못해 세월만 허비한 인재의 비애를 탄식한 것이기도 하다. 천리마가 자기를 알아주는 사람을 만나지 못하여 천한 일에 종사한다는 뜻의 '기복염거驥服鹽車'는 바로 여기에서 유래한 말이다.

그러기에 지도자는 언제나 눈을 크게 뜨고 남보다 앞서 작은 데서 큰 것을 보고, 희미한 데서 밝은 것을 볼 수 있어야 한다. 어디 지도자뿐이랴! 사람을 쓰는 일에 종사하는 자라면 누구나 그러한 안목을 지니도록 해야 할 것이다. 한유의 글이 인재를 식별하는 방법까지 제시한 것은 아니지만, 뜻이 있는 곳에 어찌 길이 열리지 않겠는가? 학연이니 지연이니 혈연이니 하는 것들에 얽매이지 않겠다는 자세를 갖추는 것만으로도 인재를 보는 눈은 이미 그만큼 떠진 것이라 할 수 있다. 지도자 본인이 진정으로 인재를 맞아 예우할 준비가 되어 있다면, 굳이 발품을 팔며 세상을 뒤지지 않더라도 능력을 갖춘 인재가 스스로 찾아오게 될 것이다.

경제가 어렵다는 핑계로 새로운 인재 발굴은 소홀히 하면서, 일시적으로 시끄럽게 될 것은 두려워하여, 별 도움도 안 되는 무능한 직원들까지 끌고 가는 인사정책이 바뀌지 않는 한, 어느 인재가 모수毛遂처럼 스스로를 추천

한다 한들 거칠게 무시당하고 말 것이 뻔하다. 어려운 때일수록 유능한 인재가 더 많이 필요하다는 사실에 동의할 수 있다면, 지금 당장 일을 기다리는 저 사람들 사이에서 필요한 인재 찾는 일을 결코 게을리 해서는 안 될 것이다. 한 소경이 여러 소경을 거느리는 것과 같은 어리석음이 오랜 세월을 두고 되풀이되어온 까닭을 곰곰이 생각해볼 일이다.

전철 제대로 타기

전철을 타면 누구나 자리에 앉고 싶어 한다. 그러나 자리는 한정되어 있으므로 누군가는 서서 갈 수밖에 없다. 그런 객실 안에서는 앉은 자와 선 자의 보이지 않는 마음들이 어김없이 오가기 마련이다. 서 있는 자를 불편해하는 마음과 앉아 있는 자를 미워하는 마음은 사실 어느 객실에서든 흔하게 감지된다.

왜 이 시대의 젊은이들은 거의 대부분이 자리에 앉기만 하면 자거나 자는 척하거나 무엇인가에 열중하며 고개를 떨구는 것일까? 어디서 그렇게 배웠다거나 그렇게 하자고 결의대회라도 열었던 것일까? 그렇지는 않을 것이다. 어쩌면 그 마음의 기저에 불편을 느끼는 무엇인가가 있기 때문일 것이다. 사람은 나이에 관계없이 누구나 피곤을 느낄 수 있기 때문에, 젊은이들이 전철에 앉아 쉬며 가는 것을 누구도 책망할 수는 없다. 그러나 진짜 피곤하여 쉬는 것과 자는 척하는 것은 분명 다르다. 별로 피곤해 보이지 않는데도 자는 척 하는 이유는, 본인의 마음이 불편해질 수 있는 상황을 피해 갈 수 있기 때문일 것이다. 양보가 미덕이라는 것을 모르지 않기에, 마음이 불편해지지 않을 수 있는 자세를 취하면서, 혹시 자기 스스로를 변명해본 적이 있지는 않은가? '아! 난 오늘 너무 재미없는 수업을, 그것도 여러 시간 받았어. 그리고 지금 많이 피곤하거든. 누군가가 양보해주겠지 뭐.' 이런 유형의 변명은 분명히 얼마간 가책을 느끼는 자신의 행동을 합리화시키려는 마음이 반영된 것이다.

이번에는 여러분들이 서서 가고 있다고 가정해보자. 여러분들 또래인 젊은이가 자리에 앉았는데, 한 노인이 그쪽으로 다가가자 거의 반사적으로 눈을 감거나 고개를 푹 숙이고 무엇인가에 열중하는 모습을 보이고 있다면, 여러분들은 무슨 생각을 하게 되는가? 혹시 "저런 싸가지 없는 ×!"라며 마음속으로 욕해 본 적은 없는가? 만일 그런 적이 있다면 그것은 타인의 생각이나 행동을 가혹하게 비판하는 것이다. 여러분들 또한 그 비슷한 모습을 하고 있을 때 비난 받기를 내켜하지 않는다면, 그 또래 젊은이를 결코 비난해서는 안 된다. 그 젊은이는 여러분들의 또 다른 '나'일 뿐이기 때문이다.

본인이 앉았을 때는 그 행동을 합리화시키면서 타인이 앉았을 때는 그 행동을 비난하는 마음이 있다면, 그것은 '내가 하면 로맨스요 남이 하면 불륜'이라 하는 것과 조금도 다르지 않다. 이는 일찍이 공자孔子가 그토록 중시했던 인仁과는 정반대의 모습이다. 공자의 제자인 증자曾子는 공자가 얘기한 인仁을 충서忠恕의 뜻으로 풀이하였는데, 필자는 충忠은 자신에 대한 것으로, 서恕는 타인에 대한 것으로 이해한다. 충실하고 정성되다는 것은 자신에게 엄격하다는 것이고, 너그럽다는 것은 남에게 관대하다는 것이기 때문이다. 오늘날 우리의 모습은 어떠한가? 놀랍도록 정반대인 모습으로 살고 있지는 않은가? 자기 자신에게는 한없이 관대하면서도 남에게는 한없이 엄격한 태도는 자기중심적인 이기심일 뿐이다. 그런데 재미있는 것은 자신에게 엄격한 사람은 타인의 잘못에 관대해질 수 있지만, 자신에게 엄격하지 못한 사람은 절대 타인의 잘못에 관대해질 수가 없다는 것이다. '시집살이 제대로 못하는 여자가 올케 흉은 더 본다'는 말이 어찌 공연히 만들어진 것이겠는가?

빈자리가 있는데도 그냥 서서 가는 젊은이들이 간혹 있다. 그들이 결코 가까운 거리를 가는 것이 아님에도, 또 입은 옷이 손상될까 봐 그러는 게 아닌 것이 분명한데도 서서 가는 젊은이들을 볼 때면 왠지 멋있다는 생각이 든다. 젊다는 것, 그것만으로도 충분히 아름다운데 자리 따위에는 연연해하지 않는 여유까지 보여주고 있으니, 필자의 눈에는 그저 멋있게만 보이는 것이다. 어쩌면 그런 젊은이들 마음속에는 애초에 전철은 앉아서 타고 가는 탈것이 아니라고 여기는 생각이 있을 지도 모를 일이다. 언제 기회가 된다면 꼭 한 번 물어보고 싶다.

'철' 이야기

젊은이들 사이에서 철이 덜난 친구를 놀리던 오래된 우스개로 '포항제철에서 전화가 왔다'는 말이 있다. 포항이 우리나라 제철製鐵 산업의 메카이고 그 '제철'이란 말에 '철'이라는 글자가 들어가서 생겨난 이 우스개는, 사리를 분별할 줄 아는 힘을 뜻하는 순수 우리말인 '철'이 한자 '鐵'과 어떤 연관이 있는지를 암시하는 말이 아니라, 단순히 해음諧音을 이용해 만든 얘기일 뿐이다. 해음이란 음이 같거나 유사한 글자를 이용해 해학이나 풍자의 뜻을 담는 일종의 수사법이다. 조선시대 김삿갓은 이 방면의 명수였다.

우리말 '철'이 '쇠'를 뜻하는 한자 '鐵'에서 온 것으로 여겨볼 수도 있겠지만, 과문인 필자는 이와 관련하여 여태 아무 것도 들어본 적이 없다. 한자 '鐵'에서 '金'은 뜻을 나타내는 부호이고, '戜철'은 소리를 나타내는 부호이다. 발음부호로 쓰인 '戜'의 정체에 관해서는 아직 속 시원하게 밝혀진 것이 없다. 혹자는 '鐵'의 옛글자인 '銕철'에 '夷이'가 쓰인 점에 주목하여 동이족東夷族인 우리 선조들이 철을 처음으로 만들었기 때문에 생겨난 글자로 여기기도 하지만, 이는 학문적인 접근이 아닐 뿐더러—논거가 없다는 의미에서— 올바른 애국주의로 보기도 어렵다.

한자 '鐵'은 쇠라는 본래적 의미 외에 농기구나 병기兵器, 갑옷, 풍경風磬 등

쇠로 만든 기물을 가리키기도 한다. 단단하고 굳세다는 뜻은 그 속성에서 추론하여 사용한 의미인데 여기서 어의語義를 더 확장시킨 것이 확고부동하다는 뜻이다. 그러나 쇠는 또 다른 속성을 가지고 있다. 이 쇠는 녹는점에 도달하면 뜨거운 액체가 되어 우리가 원하는 모양의 물건이 되어주지만, 버려지면 녹이 나서 제 자신을 갉아먹으며 사라져가는 물질이다. 녹이 쇠에서 생겨 그 쇠를 먹어버리는 것을 보고 옛사람들은 악惡이 사람의 마음속에서 나와 그 몸을 망칠 수 있다는 교훈을 얻었다. 우리가 쇠를 닦듯 마음을 닦아야 하는 이유가 바로 여기에 있다. 어떤 물건에 녹이 깊어진다면 필경 고물상의 리어카에 얹혀지는 신세가 되고 말 것이 자명하다.

쇠에 나는 녹을 닦듯 자신의 인격에 스는 녹을 막을 생각을 하고 그 생각을 실행에 옮길 준비가 되어있다면, 그제야 철이 든 것이라 할 수 있지 않을까? 그렇다면 '鐵'과 '철'은 모종의 관계가 있다고 할 수도 있을 듯하다. 과메기 먹으러 포항에 다녀오면 시쳇말로 덤으로 철까지 들지 않을까 내심 기대가 된다.

악(惡)은 사람의 마음에서 생겨 도로 사람의 몸을 망쳐버린다. 마치 녹이 쇠에서 나서 그 쇠를 먹어버리는 것처럼.

惡生於心 還自壞形 如鐵生垢 反食其身 — ≪법구경(法句經)·진구품편(塵垢品篇)≫

김성곤

방송대 중문과 교수

저 빈 것을 보라.
텅 빈 방이 뿜어내는 흰 빛.
행복은 고요함에 머무르는 것.
머무르지 못하면
이를 일러 '앉아서 달림(坐馳)'이라 하느니.

-*《장자 · 인간세》*

봄에 부르는 겨울노래

잘들 지내는가요?

봄날이 이를 데 없이 화창합니다. 곳곳에 꽃들이 환한 등불을 밝혀 거리가 밝고 따뜻합니다. 이 힘든 시절에 꽃들이 전하는 환한 미소는 시절을 넘는 힘과 격려가 되겠지요. 며칠 전 아내가 갑자기 쫄면이 먹고 싶다고 해서 함께 청주 시내의 한 만두집을 찾아갔습니다. 그 음식점은 중앙공원 바로 옆쪽에 있어서 공원을 가로질러 찾아갔지요. 공원에 들어서자마자 짙은 꽃향기가 코를 찔렀어요. 무슨 꽃이 이렇게 향기로울까 하고 목을 빼고 둘러봐도 꽃나무가 보이질 않더군요. 나중에서야 그 꽃의 주인은 목을 빼고서는 찾을 수 없는 나무라는 것을 알았습니다. 키가 아주 작은 회양목이었으니까요. 생울타리로 많이 심는 조경수인 회양목이 꽃을 피운 거였어요. 작은 이파리 사이로 보일 듯 말듯 하얗게 피어있는 작은 꽃들이 진하고 높은 향기를 만들어 자신들의 존재를 힘차게 증거하고 있었습니다. 감동이었지요. 그리고 감사했습니다. 아무런 시선도 받지 못한 곳에서도 아름답게 향기를 만들어 내는 그들이 너무 고마웠어요. 공자가 골짜기에 홀로 핀 난초를 보고 썼다는 시가 생각이 나더군요.

사람이 없다 꽃 피우지 않는 것 아니라네
날씨 차가웁다 시들지도 않는다네
저 난초처럼 내 기상 영원히 변치 않으리
저 난초처럼 내 마음 종내 바뀌지 않으리
(不以無人而不芳, 不因清寒而萎瑣. 氣若蘭兮長不改, 心若蘭兮終不移.)

지난 번 함께 읽었던 〈산중문답〉이라는 이백의 시가 생각나나요? 이백이라는 이름이 천하에 알려지기 전에 그는 호북성 안륙의 벽산에 10년을 은거하듯이 살았습니다. 그런 그에게 누군가 물었지요. 젊은 사람이 어째서 이런 벽지에 틀어박혀 살고 있냐구요. 나가서 돈도 벌고 공명도 얻을 일이지 예서 이렇게 한가롭게 세월만 허송하고 있냐는 힐난조의 질문이었습니다.

무슨 일로 푸른 산에 살고 있느냐 묻네
대답 없이 웃어도 마음은 절로 한가롭네
복사꽃 물결 따라 아득히 흘러가나니
다른 하늘과 땅 있어 인간세상 아니로다

대답하지 않았어도 빙그레 마음 한가롭다는 것은 이미 답을 가지고 있다는 말입니다. 이백은 자신이 벽산에 은거하는 것, 자신을 외진 곳에 유폐시킨 것의 의미를 잘 알고 있었던 겁니다. 복사꽃을 물결 따라 멀리 세상에 보내어 온 세상을 무릉도원과 같은 신천지로 만들고자 한 뜻이었던 거지요. 물론 그 복사꽃은 향기 드높은 자신의 시를 두고 하는 비유이고요. 시의 복사꽃 숲을 무성하게 가꾸어서 온 세상으로 시의 향기를 보내는 겁니다. 안륙의 벽산은 이백에게 있어서 시의 꽃숲을 가꾸는 공간이었던 셈이지요. 그의 이러한 자부처럼 곧 그의 이름은 천하에 알려지고 황제에게 부름을 받게 됩니다. 제가 무슨 말 하려는 지 잘 알지요? 좋은 시절이 와서 봄 천둥이 우리를 깨울 때 그때 온갖 꽃들을 활짝 피우며 신천지를 만들어낼 수 있도록 바람 속에서도, 눈보라 속에서도 튼튼하고 건강한 나무가 되어야 한다는 말입니다. 지난 번 만남이 너무 총총하여 정을 다할 시간이 없어 아쉬움이 많았는데, 이번에도 지면이 유한하여 무진한 뜻을 전하기 어렵습니다. 그래서 노래 한 곡 곱게 불러 멀리 계신 임들에게 보내드립니다.

국화꽃 저버린 겨울 뜨락에
창 열면 하얗게 무서리 내리고
나래 푸른 기러기는 북녘을 날아간다
아 이제는 한적한 빈들에 서 보라
고향 길 눈 속에선 꽃등불이 타겠네

달 가고 해가면 별은 멀어도
산골짝 깊은 골 초가 마을엔
봄이 오면 가지마다 꽃잔치 흥겨우리
아 이제는 손 모아 눈을 감으라
고향집 싸리울엔 함박눈이 쌓이네

2009년 3월

운남유기雲南遊記

지난 7월 한여름에 운남雲南 곤명昆明을 갔더니 아침저녁으로 바람이 시원하고 한낮에도 햇빛은 강렬하되 기온은 높지 않고 습도도 알맞아서 온종일 몸이 상쾌하였다. 숙소 근처에는 나무들이 많아 새소리가 무성하고 '화도花都'라는 곤명의 별칭에 맞게 꽃도 많이 피어서 귀와 눈이 내내 행복해했다. 보름 동안의 일정이 다하고 지인들과 이별할 적에 시 한 수 적어 곤명을 예찬하였다.

朱夏到滇誰有愁, 朝陽春色晩風秋.
花香入夢鳥聲覺, 半月度如半日遊.

한여름 雲南 무엇을 걱정하랴
아침 햇살은 춘색이요
저녁 바람은 가을이나니
꽃향기 꿈속으로 찾아들고
새소리에 잠깨는 날이여
반달이 반날처럼 흘러갔구나 -〈遊昆明〉

곤명에서 비행기를 타고 여강麗江으로 갔다. 고색이 창연한 여강 고성은 여전히 옥룡설산에서 길어온 맑은 물로 몸을 씻고 있었다. 7년 전 겨울 가족들과 함께 이곳을 여행한 적이 있었는데, 성 한 복판을 흐르는 맑은 물줄기들과 그 물줄기를 사이에 두고 아담하고 정겹게 자리한 옛 건물들의 단아한 모습에 마음이 크게 끌렸었다. 겨울이었던 탓인지 여행객도 많지 않아 천년 도시의 고즈넉한 풍경을 마음껏 즐길 수 있었다. '증일월지기하曾日月之幾何'런가! 7년 세월을 격하여 다시 찾은 여강 고성은 크게 달라져 있었다. 길마다 여행객들로 가득차서 통행이 어려울 지경이었고, 천변을 따라 이어지는 수많은 술집에서 경쟁적으로 질러대는 밴드의 음악소리로 옛 도시 고성은 이미 거대한 나이트클럽으로 변해있었다. 그 빠른 템포의 노래에 맞춰 손님들은 탁자를 치며 마음껏 환호하며 즐기는지라 고성의 여름밤은 이른바 '고성방가'의 난장을 이루고 있었다. '강산불가부식의江山不可復識矣'이러니! 겨우 몸을 빼어 까페 구역으로 가서 차를 주문하고 창가에 기대었더니 맑게 흐르는 물줄기 위로 붉은 등을 단 종이배들이 끝도 없이 흘러가고 있었다.

昔日客來世外源, 三溝淸淺紅塵泯.
今看四海集遊子, 盡日長流洗不盡.

옛날 한 객이 무릉도원을 찾았더니
세 줄기 맑고 얕은 물이 붉은 먼지를 씻었지
이제 와 바라보니 천하의 유객들 다 모여들어
종일 길게 흘러도 그 먼지 다 씻지 못하네 -〈麗江古城嘆〉

옥룡설산으로 가서 오래된 삼나무 원시림을 지나 운삼평에 이르렀다. 설산의 동쪽 기슭, 주봉 오른쪽 아래에 자리한 넓은 초원 운삼평에는 자색의 여름꽃들이 수줍은 듯 황홀하였는데, 이곳은 나시족의 젊은 연인들이 사랑을 위해 스스로 목숨을 끊는 '정사情死'의 성지다. 카이메이開美와 위러파이于勒排, 이들은 나시족 전통의 봉건적 혼인제도를 거부하고 자유로운 연애를 위해 이곳 운삼평에서 처음으로 동반자살하여 정사의 개산시조가 되었다. 지금도 6월 횃불제가 되면 운삼평 부근 산촌의 나시족 젊은 남녀들이 이곳을 찾아 이들에게 제사를 지낸다고 한다. 눈 가득 설산 봉우리 너머로 여름 구름이 높게 피어오르고 옷깃 가득 삼나무 숲 향기를 실은 바람이 불어간다. 운삼평 산책로에 그저 하염없이 서 있으려니 가슴이 먹먹하다.

夏雲臥看思無限, 拂頬山花最後香.
何世重峰同心結, 緊持歡手淚未央.

누워 바라보는 여름 구름 생각은 끝없는데
뺨을 스치는 산꽃은 마지막 향기여라
어느 세상 다시 만나 마음을 맺을까
꼭 부여잡은 그대의 손 눈물만 하염없어라 -〈玉龍雪山雲杉坪〉

여강에서 출발해서 샹그릴라 방향으로 세 시간쯤 가면 나시족 자치현 석고현石鼓縣 동북 쪽에 위치한 호도협虎跳峡을 만나게 된다. 금사강金沙江이 급히 방향을 틀어 북쪽으로 흐르면서 만든 장강제일만長江第一灣 부근이다. 이

협곡은 오른쪽으로는 5천 미터가 넘는 옥룡설산의 주봉이 깎아지른 듯하고, 왼쪽으로도 역시 5천 미터가 넘는 중전中甸 설산이 꼿꼿하게 서있어서 양안과 강수면의 차이가 수천 미터나 되니 그 웅장함과 기험함은 타의 추종을 불허한다. 2005년에 중국에서 가장 아름다운 십대협곡 중의 하나로 뽑혔다고 한다. 유장하게 흐르던 금사강이 좁게는 30미터도 채 안 되는 이 협곡에 이르면 그 수세가 장관을 이루고 물소리가 천지를 진동한다. 아득한 시절에 거대한 호랑이 한 마리가 옥룡설산에서 이곳 협곡에 이르러 협곡 가운데 있는 큰 돌을 딛고 뛰어넘어 중전설산으로 넘어갔다고 하는데 아마도 그때 울부짖던 울음소리가 높은 산에 부딪혀 만년 세월동안 메아리지고 있는 듯하였다. 그리고 그 표호에 응하여 천 마리 용들이 꿈틀대며 달려오고 있었다.

峭峰橫白雨, 大谷赤波堆.
一虎跳河去, 千龍逐浪來.

초봉에 백우가 쏟아지니
대곡에 적파가 쌓인다
호랑이 한 마리 강을 뛰어 건넜더니
용 천 마리가 물결을 좇아오누나 -〈麗江虎跳峽〉

2009년 12월 

저우주앙周庄 이야기

객잔 주인 아주머니가 민물게와 새우를 쪄내왔다. '따지아시에大甲蟹'라고 하는 민물게가 가을 무렵 가장 맛이 좋아 상해, 소주 사람들이 무척이나 즐겨 먹는다고, 상해에서 여행 가이드 일을 하고 있다가 우리와 동행한 김선생이 몇 번인가 언급한 적이 있었다. 그가 촬영팀이 오후 작업을 하는 동안 시장에 나가 중국돈 200원어치의 게를 사다가 미리 요리를 부탁해서 준비해 놓았던 것이다. 늘 하던 대로 몇 번의 포즈로 내가 카메라 앞에서 게를 먹는 모습을 연출을 하고 나서야 모두 둘러앉아 푸근하게 게를 먹을 수 있었다. 마침 시장을 거닐다가 사온 백주가 있어서 반주로 곁들이니, 하루의 일도 끝났고, 전체적인 일정도 순조로이 진행되어 마지막 목표점도 멀지 않았고, 날이 시나브로 어두워지면서 수로변 고색창연한 집들이 내건 홍등이 하나둘 불을 밝혀 빚어내는 몽환적인 분위기를 또한 마주하고 있으니 마음이 절로 흔연하여져서 50도가 넘는 백주를 거침없이 주거니 받거니 하였다. 이 술을 파는 주인이 이르기를, '커우부깐, 뿌샹터우口不乾, 不上頭'라고 했으니, 마시고 난 뒤에도 갈증이 나지 않고, 취하여도 머리가 아프지 않다고 했으니 한번 시험해보자는 생각도 좀 있었을 것이다. 수작의 속도가 빨라지면서 술이 금새 바닥을 드러내자 피디가 자리에서 벌떡 일어나길래 옳거니 술을 구하러 가려는구나 했더니 웬걸, 야간 작업 시작이라면서 어서들 일어나자 사정없이 다그치는 것이 아닌가. 유람객들이 다 빠져나가고 고요해진 주장周庄 옛 마을의 고즈넉한 풍경을 담는다는 것이다. 피디의 지시에 따라 거닐기도 하고 서 있기도 하고 멀리 시선을 던지기도 하는데, 술기운 때문인지 어두워진 옛 마을의 정경들 하나하나가 마음을 촉촉하게 적시는 바가 있었다. 촬영감독은 가게 주인이 가늘고 긴 여러 쪽 널빤지 쪽문을 하나씩 닫고 돌아가는 모습을 담은 뒤, 그가 돌아가는 좁고 긴 골목길까지 찍었는데, 나에게도 그 길을 걸으라 요청하였다. 길 양 옆으로는 이미 가게들이 문을 닫았고, 오가는 사람들의 자취가 없었으며 아스라이 멀리 가로등 하나만 희미하게 빛나고 있었다. 얼마를 갔을까, 피디는 이제 그만 돌아오라 하는데, 자꾸만 그 길을 가고 싶은 충동이 일었다. 끝없이 이어질 듯한 그 길을 터벅터벅 걷다보면 그 길 다하는 곳에서 평생에 가장 그리운 사람, 나를 가장 사랑했던 사람, 그 한 사람을 만날 것 같은 생각이 들었다. 재차 부르는 소리에 몸을 돌려 돌아가서 조금 전 느꼈던 뜬금없는 생각을 말했더니 피디는 나를 불러 물가 난간에 앉히고는 예정에도 없는 인터뷰를 시작했다. "이 오래된 옛 마을의 밤 풍경이 어떻습니까? 특별한 느낌이 드시는 건 없습니까?" 나는 골목에서 느낀 내 주관적인 느낌을 말했다. 좁고 긴 골목은 현실과 초현실을 이어주는 공간처럼 느낀다고, 그 길을 다 가면 세상에서 가장 그리운 사람, 가장 사랑하는 사람을 만날 수 있을 것 같은 느낌이 든다고. 피디가 거침없이 물었다. 그게 누구냐고. 갑자기 목이 콱 메이면서 뜨거운 눈물이 거침없이 흘러내렸다. 그게 누구이겠는가. 세상에서 나를 가장 사랑한 사람, 내가 가장 그리운 사람, 누가 그 이름을 대신할 수 있는가. 엄마, 까맣게 잊고 살았던, 아니 다 잊었다고 생각하며 이제 그 이름 앞에서도 무감할 수 있었던 엄마, 그 엄마가 만리타국 낯선 마을 골목길에서 내 마음길로 찾아오고 계셨던 것이다. 주체할 수 없는 눈물을 간신히 수습하였더니 피디는 유치하게 나보고 엄마 생각나는 노래를 부르란다. 손을 내저었으나 그냥 넘어갈 태세가 아니어서 하는 수 없이 눈을 감고 찔레꽃을 불렀다.

엄마 일 가는 길에 하얀 찔레꽃
찔레꽃 하얀잎은 맛도 좋지
배고픈 날 남몰래 따먹었다오
엄마 엄마 부르며 따먹었다오

작업은 끝났다. 내 눈물 탓이었는가. 모두들 묵연히 각자 처소로 들어가는데, 분위기를 저조로 만든 책임이 있는 터라, 날 실컷 울려놓고 그냥 들어가려 하느냐고, 아까 먹은 술 다 깼으니 책임지라며 짐짓 호연하게 소리쳤더니 다들 흔연히 나를 따라 주점을 찾아 나섰다. 한참을 걸어 찾은 주점에서 일행은 다시 몇 잔 술로 씩씩한 기상을 회복하고 왁자지껄 시끌벅적하게 고진古鎭의 고즈넉한 야간 풍정과는 사뭇 다른 정취를 즐겼다. 늦은 밤 흐트러진 발걸음으로 수로변을 따라 돌아오면서 나는 피디랑 함께 노래를 불렀다. 무슨 노래인지는 잘 기억이 나지는 않지만 아마도 '비내리는 고모령 고개', '칠갑산' 등이 아니었는가 싶다. 사실 노래를 불렀던 사실도 나중에서야 겨우 생각해냈던 것이니, 다음날 아침 우리 객잔에 함께 묵었던 중국인 젊은 부부가 수로변에서 차를 마시며 책을 읽고 있다가 짐을 싸서 나가는 나를 보고는 어젯밤 다리 위에서 노래부르던 이가 당신이냐며 물었던 것이다. 고요한 옛 마을 깊은 밤에 고성방가로 무례했으니 서둘러 미안타 말하고는, 사실 고성방가로 무례를 범한 것은 이 옛 마을이 주는 유별한 정서에서 기인한 것이지 순전히 제 탓만은 아니라고 변명하였다. 그들은 탓하는 것이 아니라고, 노래 소리가 듣기 좋았다며 나를 안심시켰다. 어제 저녁 술기운이 채 가시지 않은 탓인지 처음 보는 그들에게 나는 어젯밤 골목에서의 느낌과 눈물에 대해 말해주었다. 골목길에 대한 내 엉뚱한 감상을 들은 그들은 재미있어하면서, 자신들이 작가라며 뜻밖에 좋은 글감을 얻었다고 외려 내게 거듭 감사했다. 그날 촬영을 다 마치고 돌아오는 길에 절구시 한 수 써서 내 그리움을 깊게 새겼다.

古鎭店燈稀, 主人深巷歸.

客窓殘月落, 一夜念依依.

옛 마을 가게 등불이 하나둘 꺼지고

주인은 깊은 골목길로 돌아간다

나그네 창가에 그믐달 지는데

밤이 다하도록 그리움만 하염없구나

2011. 9

이백 묘에서

너무 일찍 샴페인을 터뜨린 것이었나. 취기가 일순 확 달아나면서 남은 일정에 대한 불안이 엄습하였다. 아직도 피디는 연락이 되지 않았다. 촬영감독이 애가 달았는지 컴퓨터를 이리저리 뒤적이다가 난감한 표정으로 나를 쳐다봤다. "도대체 어디로 간 거야. 연락이 통 되지 않으니……" 기다리는 수밖에 없어 남은 맥주나 하릴없이 마셨는데 입안에서는 쓴맛만이 느껴질 뿐이었다. 한참 후에 이어폰을 꽂은 채 덩실거리며 피디가 나타났다. 헝클어진 긴 머리칼이 유난히 출렁거렸다. 촬영감독이 일어나 오늘 오후 내내 이백의 묘에서 찍은 필름이 오디오에 문제가 생겨서 쓸 수 없게 되었다고 알렸다. 그 정도면 대형사고가 터진 셈인데 피디는 연방 싱글거리며 그런 것은 하등 문제가 될 수 없다는 듯이 자기 이어폰을 내 귀에 꽂아주며 음악이나 감상하란다. 허, 무슨 묘수가 있는 모양이다 하여 내심 기대하였더니 계속되는 촬영감독의 근심어린 표정에 비로소 상황의 심각성을 인지했는지 얼굴이 굳어지기 시작했다. 나중에 안 일이지만 그는 우리가 자기를 놀리려 장난하고 있는 것으로 착각한 터였다. 중국에서 구입한 전지가 문제였다. 제작이 불량하여 접촉이 불안정했고 그로 인해 오디오 시스템이 작동하지 않았던 것이다. 결국 이백의 묘지가 있는 당도當塗 청산靑山에서 촬영한 오후 작업 결과물 전체가 무용하게 된 것이다.

EBS 세계테마기행 중국한시기행편은 전체적으로 순조롭게 제작이 진행되었다. 항주와 소흥에서 1편을, 황산과 굉촌에서 2편을 찍었는데, 과정 과정이 순풍에 돛을 단 듯 순조롭기 그지없었다. 특히 이틀 동안 머문 황산에서는 날씨까지 줄곧 쾌청하여 천하 제일경의 속살을 깊숙하게 들어다 볼 수 있었는데, 첫날 저녁 꽉 찬 보름달이 떠올라 운치를 더하였고, 다음날 새벽 장엄한 일출의 드라마가 펼쳐졌으며, 멀리 아득한 운해가 몽환의 세계를 열었다. 그리고 마지막으로 멋지게 생긴 야생 원숭이들이 출연 의사를 밝히고 사타구니를 활짝 열어 외설적인 포즈까지 취해줬다. 이러한 것들은 이미 계획 연출 영역 밖의 일이었으니, 피디와 출연자 피차 상대방의 평소의 덕을 칭송하는 덕담을 건네며 희희낙낙하였던 것이다. 제3편은 안휘성 곳곳에 남아있는 이백 말년의 자취를 더듬는 것이었는데 이 또한 계획대로 착착 진행되어 피디는 일정을 단축해서 비용을 절감할 수 있겠다며 내심 즐거워하는 눈치였다. 안휘성 남쪽에서는 〈증왕륜贈汪倫〉 시로 유명해진 도화담桃花潭 지역과 〈독좌경정산獨坐敬亭山〉 시로 이름을 얻은 선성宣城의 경정산敬亭山을 촬영했고, 이어서 북쪽으로 올라가 이백이 그 향기로운 선골을 묻은 당도當塗 청산青山에 이르렀던 것이다. 시인의 무덤 주위에 배치된 글씨며 조상彫像들을 둘러보며 이런 저런 이야기들을 엮고 마침내 시인의 무덤 앞에 이르러 술 한 잔, 노래 한 곡, 시 한 수를 올리며 예를 갖추었던 것이다. "이백 선생, 술 한 잔 바칩니다. 이 술은 당신이 그토록 좋아했던 '노춘老春'을 계승했다고 하는 선주宣酒라는 술입니다." 노춘은 이백이 "기紀씨 노인네 황천에서도 노춘을 담고 있겠지"라고 써서 유명해진 그 술이다. 한 잔을 무덤에 붓고 한 잔은 내가 마셨다. 다음으로 이백의 시 한 수를 중국어로 음송했다. "이백 선생, 선생이 가장 유쾌한 마음으로 지은 시 〈조발백제성早發白帝城〉 한 수를 읊어 보겠습니다. 짜오츠~버~띠~차이위인지엔~, 치엔리~지앙리잉~이르~화아안~……" 극적인 사면령을 받고 삼협의 물결을 따라 강릉江陵으로 돌아가는 이백의 즐거운 마음을 생각한 탓인지 음송 가락이 흥겨워지며 어깨가 절로 들썩였다. "리양안~위안성~티뿌주우우~, 칭저우~ 이~구워~완 추웅~산~" 홀연 어디선가 푸른색의 큰 날개를 가진 나비 한 마리가 무덤 풀 위로 날아들었다. 혹여 이백의 혼령이 나비가 되어 나타난 것은 아닐까 생각하니 마음이 흔연해지고 감동이 깊어졌다. 마지막으로 이백의 무덤에 바칠 요량으로 미리 준비한 자작시 〈유소사有所思〉를 적은 붓글씨 일품을 바쳤다. 아침 일찍 호텔에서 일어나 정성스럽게 붓글씨로 쓴 것인데, 앞서 황산 아래 굉촌에서 구입한 휘묵徽墨을 같이 구입한 흡연歙硯에 갈아 선성에서 산 선지宣紙에 글을 썼으니 내용이야 볼품이 없어도 정성만은 그럴싸한 것이었다.

醉石竹林裏, 花潭淸霧中.
北樓誰懷念, 拂袖敬山風.

취석은 죽림 속에 있고, 도화담은 맑은 안개 속에 있네
북루에 올라 뉘 그리워하나, 소매를 스치는 경정산의 바람이로다

한바탕 중국어로 읊은 다음 작품을 술병과 술잔으로 눌러 무덤 상석에 올려놓고 하직 인사를 하고 돌아서려는데 그 푸른 나비는 여전히 무덤 위를 떠

나지 않고 멋진 춤사위로 나그네들을 배웅하고 있었다. 이렇게 해서 당도 촬영은 그럴듯하게 끝났던 것이고, 촬영 내용에 적이 만족한 우리는 피차 수고했다 인사하고는 3편의 최종 목적지인 마안산시에 도착해서 푸근하게 저녁 식사를 즐겼던 것이다.

"뭘 어떻게 하긴 어떻게 해. 다시 찍으러 가면 되지." 피디가 아직 남아있는 술기운을 빌어 호쾌하게 말했다. "그럽시다. 내일 아침 다시 준비해서 갑시다." 나도 짐짓 태평하게 대꾸하였으나 내심은 적잖이 불안하였다. 객실로 돌아와 짐을 뒤져보니 걱정했던 대로 가지고 왔던 화선지가 한 장도 남아있지 않았다. 붓글씨 걱정 속에 잠이 든 다음날 아침 숙취로 지끈거리는 머리를 눌러가며 호텔 로비로 나왔더니 촬영 감독이 어떻게 구했는지 이미 술과 종이를 준비해 놓았다. 다행이라 여기고 이백 묘역에서 붓글씨를 직접 쓰기로 했다. 이백 묘역에는 중국의 유명한 서예가들이 이백의 명시를 붓글씨로 써서 석각을 한 비림碑林이 있다. 그곳에서 직접 먹을 갈아 이백에게 바칠 자작시를 쓴다면 제법 운치가 있는 일일 것이다. 다시 이백 묘를 찾았더니 관리인이 알아보고 어찌 된 일이냐 묻는다. 사정을 말했더니 입장료를 받지 않겠다며 친근하게 대하는데, 혹시나 하고 이백 묘 앞에 진설한 술과 글을 찾아보았으나 이미 흔적도 없이 치워진 뒤였다. 대신 간밤에 급히 불어온 가을바람에 떨어진 계수나무 금빛 꽃잎들이 묘역 곳곳을 향기로 가득 채우고 있었다. 바람 가득한 비림에서 먹을 갈면서 나는 피디와 시와 쉼에 대한 이야기를 나누었다. 과속의 일상에서 꼭 필요한 휴식은 오직 느린 속도의 자연의 품속에서만 가능하다, 그리고 한시 속에는 그러한 어머니 같은 자연의 숨결이 가득하다, 그러므로 한시는 휴식의 공간이 될 수 있다, 피디는 때로는 놀랐다는 듯 입을 쩍 벌리기도 하고 동의한다는 듯 연신 고개를 주억거리기도 했다. 준비한 선주를 벼루에 따랐더니 온 비림에 술 냄새가 진동한다. 평생에 술을 좋아한 이백이니 그에게 바치는 글에 술이 섞이면 이 또한 즐거운 일이 아니겠는가. 바람에 날리는 종이를 돌맹이 서진으로 눌러가면서 행초서로 〈유소사有所思〉를 썼다. 비림의 분위기에 영향을 받은 탓인지 전날보다 글씨가 좀 나아졌으므로 무덤으로 가는 발걸음이 한결 가벼웠다. 다시 술을 올리고 시를 음송하고 자작시를 바쳤다. 하루 지나 같은 예를 다시 중복하니 황천에 있을 이백이 이게 무슨 예법이냐 하고 마땅치 않아 한 것인지 전날 보이던 푸른 나비는 종내 보이지 않았다. 돌아오는 길에 관리인을 만나 이백 묘 앞에 진설된 술과 시를 바로 치우지 말아줄 것을 당부하였으니 다시 푸른 나비로 찾아올 혼령이 술 향기를 맡고 붓글씨를 감상할 여유는 있어야 하지 않겠냐는 생각에서였다. 다음날 장강 채석기에서 3편 제작을 완료하고 시 한 수로 시선과 함께 한 행복한 시절을 기렸다.

桂花時節江南月, 孤影沈香夢亦香.

碧水靑山如活畫, 詩仙一跡自三觴.

계수 꽃 피는 시절 강남의 달, 외론 그림자 향기에 젖어 꿈조차 향기롭구나

벽수청산은 살아있는 그림 같은데, 시선의 한 자취에 술이 절로 석 잔일세

2011. 12

중국한시강좌(1)
- 두보杜甫의 〈춘야희우春夜喜雨〉

좋은 비 시절을 알아
봄이 되어 내리니 만물이 싹을 틔운다.
바람을 따라 몰래 밤에 들어와
만물을 적시니 가늘어 소리도 없구나.
들길엔 검은 구름 가득하고
강가엔 고깃배 불빛만 밝다.
새벽녘 붉게 젖은 곳 바라보면
금관성에 꽃이 묵직하겠지.

好雨知時節(호우지시절)
當春乃發生(당춘내발생)
隨風潛入夜(수풍잠입야)
潤物細無聲(윤물세무성)
野徑雲俱黑(야경운구흑)
江船火獨明(강선화독명)
曉看紅濕處(효간홍습처)
花重錦官城(화중금관성)

이 시는 시성詩聖 두보가 사천성 성도 완화계에 초당을 짓고 살 당시 지은 시로 봄비를 노래한 시들 중에서 천고의 절창으로 알려진 명편이다. 성도 초당은 평생 떠돌던 두보를 맞아준 안식의 땅이었다. 성도로 오기까지 두보의 삶은 참으로 신산하였다. 안록산의 반란으로 인해 반군에 의해 장안에 포로로 잡힌 일, 탈출하여 천신만고 끝에 황제의 군대가 있는 봉상으로 찾아갔던 일, 조정에서 권력 쟁투에 휘말려 지방의 미관말직으로 좌천된 일, 굶주림을 해결할 수 없어 결국 벼슬을 버린 후 가족들을 데리고 진주로, 동곡으로 이곳저곳 유랑하던 일…… 풍요로운 땅이라 기대하고 찾아간 동곡에서 두보의 가족은 거의 아사 직전까지 이르게 된다. 당시 지었던 그의 작품 중 하나를 보자.

객이 있으니, 자미라 이름하는 객이 있으니
백두 난발이 귀를 덮었거늘
세모에 도토리를 주으며
추운 날 해 저물녘 산골짜기에 있구나
중원에선 편지 없어 돌아가지 못하고
손발은 얼어 터져 살과 피부가 죽어간다

긴 보습아, 흰 나무 자루 긴 보습아!
내 삶이 그대를 의지하여 목숨을 삼는구나.
산에는 눈이 한길 황독은 싹도 보이지 않고
짧은 옷 자꾸 끌어당겨도 정강이를 덮지 못하는데

지금 그대와 빈손으로 돌아오니

아들 딸 신음 소리에 사방 벽은 고요하기만 하다

먹을 것이 없어 구황 식물인 '황독'을 찾기 위해 삽 한 자루 들고 추운 날 눈 덮인 산을 헤매는 남루한 늙은 아비 두보의 모습, 빈손으로 돌아온 그를 맞는 것은 배고픔과 추위 속에서 신음하는 아이들 뿐. 결국 두보는 성도로 갈 것을 결심한다. 마침 성도에는 그가 의지할 수 있는 친구들이 있었다. 눈보라가 천지를 휘몰아 가는 12월, 변변히 먹지 못해 비틀거리는 어린 자식들을 보듬고 달래고 하면서, 하늘로 오르는 것보다 더 험하다는 촉으로 가는 길, 고촉도古蜀道를 지나 마침내 성도에 도착해서 여러 지인들의 도움을 얻어 성도 교외 완화계 부근에 초당을 짓게 된다. 그의 생활은 그런대로 안정됐고 그의 시에는 평화로운 삶의 기식이 스민다. "맑은 강이 한번 굽어 마을을 안고 흐르나니/긴 여름 강촌은 일마다 그윽하구나/절로 오가는 것은 대들보 위의 제비요/서로 친한 것은 물가의 갈매기라/늙은 아내는 종이 위에 바둑판을 그리고/어린 아들은 바늘을 두들겨 낚시바늘을 만든다/벗이 보내준 쌀 또한 있으니/미천한 이 몸 또 무엇을 구하리 〈강촌〉"

〈춘야희우〉는 초당에서 생활한 지 2년 된 봄날 지은 것이다. 생활은 안정되고 떠돌이 시인 두보는 이제 농사일을 걱정하는 반푼 농사꾼이 되었다. 농사꾼에게 봄날 가장 긴요한 것이 무엇이겠는가. 예나 지금이나 다를 것 없으려니 바로 때맞춰 내리는 '봄비'가 아니겠는가. 마침 애타게 기다리던 비가 내리기 시작했다. 참으로 고마운 비다. 처음 두 구절은 바로 이 때맞춰 내리는 비를 의인화하여 표현한 것으로 '호우'에 대한 반갑고 고마운 마음을 여실하게 드러낸다. 비라고 다 좋은 비가 아니다. '호우'는 '시절을 안다'. 자신이 내려야 할 때인지 아닌지를 분별할 줄 아는 비가 바로 '호우'이다. 내리지 말아야 할 때 내리는 비는 '폭우'이거나 '악우'일 뿐이다. 사람이라고 별반 다르지 않다. 나설 때, 나서지 말아야 할 때를 가릴 줄 아는 사람이 참 좋은 사람 아닌가. 만물이 싹을 준비함에 필요한 수분을 가장 절실하게 요구하고 있는 때에 그 필요를 알아 내리는 비, 그런데 이 비가 언제 내리는가? 바람을 타고 밤에 들어온다. 그리고 만물을 촉촉이 적시는데 너무 가늘어서 소리조차 없다. 태평한 시절에 내리는 봄비는 꼭 밤에 온다고 했다. 낮에 바깥에서 일하는 농부들을 배려해서 밤에 내리는 것이다. 이 정도 되면 '호우'에서 한 걸음 더 나아간 '인우仁雨'라 할 수 있지 않을까? 참으로 어진 비이다. 그런데 제4구를 보면 거기서 한 걸음 더 나아간 '성우聖雨'를 만나게 된다. 목말라 하는 만물을 촉촉하게 적셔주면서도 자신은 존재조차 없는 듯 아무런 소리도 내지 않는다. 만상에 목숨 같은 생명수를 공급하면서도 자신의 공로에 대해서는 아무런 자랑도 하지 않는다. 최고의 덕성德性이 아닌가. 노자는 말했다.

> 최고의 선은 물과 같다. 물은 만물을 이롭게 하되 다투지 않으며 사람들이 싫어하는 낮은 곳으로 흘러가 사느니 도(道)와 가깝다 하겠다. …… 다투지 않으니 허물이 없는 것이다(上善若水. 水善利萬物而不爭, 處衆人之所惡, 故幾于道.…… 夫唯不爭, 故無尤. 《도덕경8장》)

또 물과 같은 큰 덕을 갖춘 성인의 모습에 대해서도 다음과 같이 설명한다.

낳아 기르면서도 소유하지 않으며, 적극적으로 일을 하면서도 뽐내지 않고, 공을 이루고 나서도 그 공에 거하지 않는다. 그 공에 거하지 않으므로 공을 없앨 수 없다.(生而不有, 爲而不恃, 功成而弗居. 夫唯弗居, 是以不去.《도덕경2장》)

어떤 일의 성공은 그 성공의 열매를 스스로 차지하지 않는 것으로 완성된다. 그래서 현명한 사람들은 일을 이루고 난 후에 스스로 자신의 몸을 물려 그 일로부터 멀리함으로써 그 일을 최종적으로 완성한다. 이른바 공성신퇴功成身退이다. 봄비의 공덕이 얼마나 무한한가. 이 무한한 공덕은 봄비의 '무성無聲'으로써 완성되는 것이다. 두보의 기쁨은 계속된다. 들길에는 비를 실은 검은 구름이 가득하다. 밤새도록 이 비는 계속 내려 마른 대지에 필요한 수분을 충분하게 공급할 것이다. 어둠 속에서 홀로 빛나는 강가의 고깃배 불빛은 봄비로 인한 시인의 기쁨을 환하게 드러내는 비유적 표현으로 읽을 수도 있다. 마지막 두 구절은 다음날 새벽의 경치를 상상한 것이다. 봄비의 사랑과 헌신으로 피어난 붉은 꽃들로 성도 금관성은 찬란한 봄날 아침을 맞게 될 것이라 기대하고 축복한 것이다. 천지에 봄을 몰아오는 '호우'처럼 세상에는 말없이 희생과 봉사의 삶을 사는 이들이 많다. 세상의 봄은 바로 이러한 사람들이 만들어내는 것이다. 꽃보다 아름다운 세상의 웃음들은 어느 누군가의 봄비 같은 눈물의 기도로 피어나는 것이려니.

중국한시강좌(2)
- 왕유王維의 〈죽리관竹裏館〉

홀로 그윽한 죽림에 앉아
거문고를 타다가 길게 휘파람도 분다
아무도 모르는 깊은 숲
밝은 달이 찾아와 나를 비춘다

獨坐幽篁裏(독좌유황리),
彈琴復長嘯(탄금부장소).
深林人不知(심림인부지),
明月來相照(명월래상조).

이 시는 왕유가 만년에 마련한 별장 망천별서에 속한 '죽리관'에서 지은 것으로 그윽하고 평화로운 공간에서 누리는 삶의 순연한 기쁨을 단순하고 평이한 언어로 잘 표현한 작품이다. 번잡한 세속의 삶을 떠나서 그윽한 죽림으로 들어온 시인은 홀로 고요 속에 침잠한다. 이른바 '홀로 앉음獨坐'의 세계이다. 그 얼마 만에 누리는 혼자만의 고요인가! 세상의 온갖 기심機心을 잊고 소슬 불어가는 바람에 흔들리는 대나무처럼 긴 호흡으로 평화롭게 흔들린다. 이것이 바로 장자에서 말하는 '坐忘좌망'이 아니던가.

> 안회가 말했다. "저는 뭔가 된 것 같습니다." 공자가 물었다. "무슨 말인가?" "저는 인(仁)이니 의(義)니 하는 것을 잊어버렸습니다." "좋다. 그러나 아직 멀었다." 얼마 후 안회가 다시 공자를 뵙고 말했다. "저는 예(禮)니 악(樂)이니 하는 것을 잊어버렸습니다." "좋다. 그러나 아직 멀었다." 얼마 후에 안회가 다시 말했다. "저는 좌망(坐忘)하게 되었습니다." 공자가 깜짝 놀라 물었다. "좌망이라니, 그게 무슨 말이냐?" 안회가 말했다. "손발이나 몸을 잊어버리고, 귀와 눈의 작용을 쉬게 합니다. 몸을 떠나고 앎을 몰아내는 것. 그리하여 '큰 트임(大通)'과 하나 됨, 이것이 제가 말씀드리는 좌망입니다." 공자가 말했다. "하나가 되면 좋다 싫다가 없지. 변화를 받아 막히는 데가 없게 된다. 너야말로 과연 어진 사람이다. 청컨대 나도 네 뒤를 따르게 해다오." -《장자・대종사(大宗師)》

왕유가 안회처럼 완전한 좌망의 경지에 도달한 것인지는 모르겠지만, 때로는 우리도 세상의 온갖 분석적이고 논리적이고 계산적인 마음을 내려놓아야 할 때도 있어야 하는 것은 아닐까? 그래야 비로소 온전한 쉼을 얻을 수 있는 것은 아닐까? 그런데《장자》에는 '좌망'이 아닌 '좌치坐馳'라는 의미심장한 개념의 어휘가 등장한다. '앉아있어도 내달린다'는 뜻이다. 모든 것을 내려놓겠다고, 모든 것을 잊고 이젠 쉬어야겠다고 하는 순간에도 머릿속은 여전히 분주하고 마음은 여전히 갈팡질팡 쉬지 못하는 상태를 가리키는 말이다.

> 저 빈 것을 보라.

텅 빈 방이 뿜어내는 흰 빛.

행복은 고요함에 머무르는 것.

머무르지 못하면

이를 일러 '앉아서 달림(坐馳)'이라 하느니. -《장자 · 인간세(人間世)》

쉬래야 쉴 수 없는 현대인들의 맹목적 치달림의 병폐를 잘 드러낸 말이다. 텅 빈 방이 뿜어내는 흰 빛의 환희라니. 우리는 언제나 그런 흰 빛의 순수를 체험할 수 있을까. 이 구절은 어쩌면 우리의 내면의 모든 욕망을 비울 때 비로소 전능하신 하느님의 임재를 느낄 수 있다는 말로도 해석할 수 있을 것이다. 고요히 앉아 기도한다 한들 마음이 욕망으로 치달린다면 거기 어떤 응답도, 어떤 희열도 찾아오기 힘들지 않겠는가.

왕유가 고요함에 집중할 수 있었던 것은 그 환경적인 요인이 큰 것으로 보인다. 바로 '그윽한 대나무 숲幽篁'에 있었기 때문이다. 대나무는 무엇인가? 그것은 비움의 상징물이다. 대나무는 속이 텅 비어 있다. 그리고 그 비움으로 인해 겨울에도 푸름을 잃지 않는 절조 군자의 영예를 얻었다. 소동파蘇東坡는 다음과 같이 대나무를 노래하였다.

고기 없이는 살아도,

대나무 없인 살 수 없다네.

고기 없으면 몸이 마르지만,

대나무 없으면 사람이 속되어 진다네.

마른 몸이야 살찌울 수 있다지만,

속된 선비는 종내 고칠 수가 없다네. - 〈녹균헌(綠筠軒)〉

비움의 상징인 대숲에 고요히 앉아있는 시인은 이미 '좌망'의 선경에 든 것으로 보인다. 그의 텅 빔에서 흰 빛이 뿜어져 나온다. 바로 진정한 행복이요, 진정한 위로이며, 진정한 평안이다. 그 기쁨을 노래한 것이 둘째 구절이다. 거문고를 타고 휘파람을 분다. 이 구절은 표면적으로는 위진남북조魏晉南北朝 시대 세상의 소란함을 뒤로한 채 죽림에서 유유자적 노닐었던 죽림칠현竹林七賢의 모습을 그대로 계승한 것이다. 하지만 죽림칠현이 전제적 억압 정치에서 비롯된 불만을 해소하는 방편으로 거문고를 타고 휘파람을 불었다고 한다면 왕유의 경우에는 '좌망'에 들어 거기서 오는 기쁨을 표현하는 방편이었다는 점에서 차이를 보인다. 이 대목에서 가브리엘의 방문을 받고 거룩한 하느님의 임재를 체험한 후에 부르는 마리아의 환희의 찬가를 떠올릴 수도 있을 것이다. "주의 계집종이오니 말씀대로 내게 이루어지이다"라는 자기를 비우는 '좌망'이 있었기에 임마누엘의 거룩한 체험이 따랐으며 마침내 "내 영혼이 주를 찬양하며, 내 마음이 하느님 내 구주를 기뻐하노라"라고 환희의 찬미를 부르게 된 것이다. 이러한 심오한 경지를 뉘 이해하랴. 적은 것을 비움으로써 오히려 큰 것으로 채우고, 하잘 것 없는 것을 버림으로 오히려 가장 값진 것으로 얻는, 이 오묘한 비의를 뉘 이해하랴. 제3구의 '심림深林'은 바로 왕유가 도달한 깊은 경지를 말한 것이고, '인부지人不知'는 그러한 깊은 경지를 이해해줄 사람이 없음을 말한 것이다. 이 깊은 깨달음, 이 광대한 환희를 누가 알 수 있을까? 아무도 알아주지 않으니 서운하지 않을까?《논어》에는 다음과 같은 구절이 나온다.

> 남이 나를 알아주지 않아도 성을 내지 않으면 그 사람이 바로 군자가 아니겠는가!
> (人不知不慍, 不亦君子乎.)

우리 모두 남들이 알아주기를 바란다. 가족이 알아주기를 바라고, 친구가 알아주기를 바라고, 직원들이 알아주기를 바라고, 사장이 알아주기를 바라고, 교인들이 알아주기를 바라고, 목사님이 알아주기를 바란다. 그리고 알아주지 않으면 짜증을 내고 불평한다. 우리는 영원히 군자가 될 수 없는가. 그저 우리는 속인들의 무리에서 한걸음도 벗어날 수 없는가. 그런데 이 말을 한 공자 역시 남들이 알아주지 않았다. 14년을 자신을 알아줄 군주를 찾아 천하를 주유하였으나 끝내 쓰이지 못했으니 남들이 공자를 알아보지 못한 것이 분명하다. 하지만 성내지 않았다. 그래서 군자가 되었다. 어떻게 그럴 수 있었는가? 바로 위 구절보다 앞서 한 말에서 그 이유를 알 수 있다.

> 벗이 멀리에서 찾아오면 또한 즐겁지 않겠는가! (有朋自遠方來, 不亦樂乎.)

자신을 알아준 소수의 벗이 있었다. 그 벗이 있었기에 다수의 사람들이 몰라줘도 상관이 없다는 것이다. 불평하지 않고 즐거워하며 한평생을 산다는 것이다. 이 벗들은 공자와 함께 도를 추구하며 가치를 공유하는 사람들이다. 이 벗들은 공자와 같이 도를 배우고 그 배운 것을 익혀 실천하면서 거기서 오는 내밀한 기쁨으로 살아가는 사람들이다. 學而時習之, 不亦悅乎.

왕유의 시 마지막 구절에서 등장하는 '명월明月'은 바로 이러한 벗을 상징한다. 나를 환히 비추는 달은 나를 가장 잘 이해하고 묵묵히 나의 길을 응원하는 '지음知音'이다. 윤선도는 〈오우가五友歌〉에서 다음과 같이 달을 노래했다.

> 작은 것이 높이 떠서 천지를 다 비추니
> 밤중 광명이 너 만한 이 또 있느냐
> 보고도 말 아니하니 내 벗인가 하노라

나를 가장 잘 이해하기에 아무 말 하지 않아도 서로 기뻐하고 소통함에 아무런 문제가 없다. 왕유가 아무도 모르는 깊은 숲 속에서도 거문고를 타고 휘파람을 불며 내밀한 기쁨을 맘껏 누릴 수 있었던 것은 바로 밝은 달과 같은 벗이 있기에 가능했던 것이다. 생각해보자. 우리가 삶에서 자주 분노하며 살아가고 있다면, 어쩌면 나를 가장 잘 이해해주는 달과 같은 벗이 부재하기 때문일지도 모른다. 혹은 그런 벗이 있다는 사실을 모르고 혼자 속상해하는 것일지도 모른다. 왜 없겠는가. 내가 맘을 비우면 그 빈 맘에 청량한 달빛을 부으며 찾아오는 참된 벗이 꼭 있기 마련이다. 유유상종이 아니던가.

무한경쟁의 시절이다. 사회건 교회건, 직장이건 가정이건 경쟁의 가파른 속도로 피곤하다. 어디서 쉼을 얻으랴. 대나무 숲으로 가자. 시비, 귀천, 빈부의 이분법적 가치에 끝없이 표류하는 세속적 욕망을 씻어내는 참된 비움의 숲으로 가자. 거기에 진정한 쉼이 있고 참된 기쁨이 있으려니. 거문고 타고 휘파람 부는, 명월이 달빛을 가득히 붓는 비움의 숲으로 가자.

중국한시강좌(3)
- 이백李白의 〈산중문답山中問答〉

뭣 하러 푸른 산에 사느냐구요
허허 그걸 꼭 말해야 하나요?
저길 보세요,
복사꽃 떨어져 시냇물 따라 아득히 흘러가는 저 곳을요
여기는 새 하늘과 새 땅,
당신이 놀던 그런 세상이 아니랍니다.

問余何事棲碧山(문여하사서벽산),
笑而不答心自閑(소이부답심자한).
桃花流水杳然去(도화유수묘연거),
別有天地非人間(별유천지비인간).

이 시는 이백李白이 호북성 안륙의 벽산에서 살 당시에 지은 작품이다. 25세 청운의 푸른 꿈을 안고 고향 사천四川을 떠나 삼협을 나와 천지를 떠돈 지 2년, 스물일곱의 이백은 안륙에서 재상 가문의 허씨와 결혼한다. 허리에 만 관의 거금을 차고 고향을 떠나 꿈을 이룰 기회를 찾아 떠돈 2년의 세월은 결국 이렇다 할 성과도 없이 재물도 사람도 다 잃은 채 강소성 양주揚州의 궁벽한 여관에서 병들어 눕는 것으로 끝났다. 당시 병든 몸으로 지은 것이 지금까지 가장 많이 인구에 회자되는 〈정야사靜夜思〉이다.

침상에 비치는 밝은 달빛
마당에 서리 내린 줄 알았네.
고개 들어 밝은 달을 쳐다보다
고갤 숙여 고향을 생각하네.

床前明月光(상전명월광)
疑是地上霜(의시지상상)
擧頭望明月(거두망명월)
低頭思故鄕(저두사고향)

밝은 달은 고향이요, 어머니의 이미지이다. 사람이 궁하여지고 고통에 처하게 되면 가장 먼저 찾게 되는 것이 고향이다. 그 고향은 바로 우리의 근원적 고향인 어머니가 계신 곳이기 때문이다. 이백의 지친 몸과 맘이 본능적으로 어머니의 사랑을 갈구했을 것이다. 고향을 비추던 달은 만 리 타향에서 병들어 외로운 이백을 비춘다. 달빛에 스민 어머니의 사랑 때문이었을까. 이백은 병든 몸을 일으켜 다시 푸른 꿈을 향해 나아간다. 그리고 호북성 안륙의 재상 가문의 허씨 처녀와 결혼하게 된다. 빈털터리였던 이백이었지만 허씨 가문은 이백의 재능과 꿈에 주목하여 결혼을 승낙하였던 것이다. 이백은 아내 허씨를 데리고 안륙 교외에 있는 벽산으로 들어갔다. 그리고 그곳에서 꿈을 꾸고 공부했다. 그렇게 수 년의 세월이 흘렀다. 겉으로 드러나는 어떤 성과도 보이지 않자 주변의 사람들이 염려하거나 무시하기 시작했다. "도대체 젊은 놈이 이런 궁벽한 산속에서 뭣하고 있는 거야? 재상 가문에 데릴사위로 들어가더니 놀고먹자는 심산인가?" 이러한 상황에서 지어진 것이 바로 위에서 소개한 〈산중문답山中問答〉이다. 제목이 '산중에서 속인에게 답하다'는 뜻의 〈산중답속인山中答俗人〉으로 된 판본도 있다. "자네 같이 젊은 사람이 어째서 이런 산속에 살고 있는가? 도대체 무슨 속셈인가?" 속인의 질문은 힐난에 가깝다. 그가 이백의 가슴에 담긴 큰 꿈을 알 리 있을 것인가. 그의 겨드랑이에 붕새의 큰 날개가 날로 자라고 있음을 알기나 할 것인가. 무엇을 일일이 설명하랴. 설명해준다고 또 이해하랴. 그저 빙그레 웃기만 할 뿐. 답하지 않아도 마음이 한가롭다는 것은 자신의 현재에 대한 위대한 긍정적 평가를 드러내는 말이다. 세속인들의 저열한 평가에는 조금도 신경쓰지 않는다는 대단한 자긍심의 표현이다. 하지만 속인은 자리를 뜨지 않는다. 빙그레 웃는 이백의 모습에 자존심이 상했다. '아니, 사람을 무시하는 건가?' 끝까지 대답을 듣고 가겠다고 오기를 부린다. 마침내 이백이 손을 들어 집 앞을 흘러가는 시냇물을 가리키며 입을 연다. "복사꽃 아득히 흘러가는 저 시냇물을 좀 보시오."

복사꽃 물결은 이곳이 중국의 전통적인 이상향인 도화원桃花源임을 암시하는 말이다.

옛날 무릉의 한 어부가 고기잡이 배를 타고 가다가 길을 잃었다. 한참을 헤매다가 복사꽃이 무더기로 줄지어 떠내려오는 신비로운 물줄기를 만나게 된다. 이상한 느낌에 휩싸인 이 어부는 그 물줄기를 끝까지 거슬러 올라가 마침내 그 물이 다 끝나는 지점에서 조그만 동굴을 발견한다. 안쪽을 들여다 보니 희미한 불빛 같은 것이 보였으므로 배를 버려두고 그 동굴로 들어갔는데, 동굴 너머에는 수백 년 전 진시황의 폭정을 피해 숨어들어온 사람들이 살고 있는 평화롭고 풍족한 이상 사회가 있었다. 이른바 무릉도원이다. 도연명의 〈도화원기桃花源記〉라는 글에서 나오는 이 이야기로부터 '복사꽃 물결'은 이상향의 이미지를 갖게 되었다.

> "이곳은 또 다른 하늘과 땅이 있는 곳, 당신의 속세와는 다른 곳입니다. 그러니 당신이 속한 속세의 관점이나 견해를 가지고 다른 세상에 속한 나를 판단하지 마십시오. 그리고 나를 비난하지도, 동정하지도 마십시오. 이 새로운 세상에서 사는 나는 이 세상에서 가장 행복한 사람이니까요."

이 시를 약간은 다른 관점에서 감상해 보자. 다른 사람들의 눈에 '벽산'은 궁벽한 산골 마을일 뿐이겠지만 이백에게 있어 '벽산'은 자신의 꿈을 빚어내는 더 없이 소중한 공간이다. 남들의 눈에는 산골 마을에서 하릴없이 시간이나 축내고 있는 건달로 보였겠지만, 이백은 이 벽산에서 온 세상을 덮을 큰 꿈을 준비하고 있었다. 이백의 집 앞을 지나 멀리 멀리 흘러가는 '복사꽃 물결'의 의미를 다른 차원으로 생각해보면 그 꿈을 헤아릴 수 있다. '복사꽃 물결'을 이백의 문학으로 이해하는 것이다. 바로 온 세상을 자신의 시의 물결로 덮어버리겠다는 꿈이다. 시의 향기로 천지를 가득 채우겠다는 꿈이다. 이곳 벽산은 그의 시의 물결이 시작되는 발원지가 되는 것이다. 이런 식으로 이해하면 마지막 구절은 "복사꽃 물결시의 물결이 닿는 곳에는 다른 하늘과 땅이 열리리니, 그곳은 더 이상 옛날 세상이 아닐 것이다"라고 번역할 수 있을 것이다. "자네 지금 뭐 하고 있는 건가?"라는 질문에 대해 이백은 대답한다. "지금 나는 온 세상으로 보낼 향기 드높은 복사꽃을 피워내기 위해 이 푸른 산에 머물러 있는 것이라네. 복사꽃의 향기는 푸른 산이 만드는 황홀한 노을과 신비로운 안개가 필요하기 때문일세." 세상에 자신이 속해 있는 현실에 대해 이토록 어마어마하게 긍정할 수 있는 사람이 몇이나 되랴. 이 위대한 긍정성 때문인지 훗날 이백의 시는 과연 천지에 가득 차게 되었으며 그의 시가 닿는 곳마다 이전엔 상상도 못했던 새로운 감동의 세계가 펼쳐졌다. 이 시의 복사꽃 물결은 이젠 천 년의 세월 너머까지 흘러서 그 장구한 세월 내내 무궁한 감동과 환희를 만들어 내고 있다.

세상에는 또 이백처럼 스스로 궁벽한 벽산을 택하고, 그 벽산에서 큰 나무가 되어 말없이 멀리 멀리 향기로운 복사꽃 물결을 보내고 있는 자들이 또 얼마나 많은가! 이들이 보내는 향기로 세상이 새로운 하늘과 땅으로 바뀌는 것이 아니겠는가. 이백의 〈산중문답〉은 바로 이러한 자들을 위해 천 년 전에 준비된 노래일 것이다. 준수한 용모의 옛 시인이 노래한다.

원위♬허스♪치 삐샨♬

시야오얼뿌다♪신쯔시엔♫

타오화♫리우쉐이 야오란 취♬

비에여우♬ 티엔띠 페이런지엔♪

류종목

서울대 중문과 교수

아는 사람은 좋아하는 사람만 못하고, 좋아하는 사람은 즐기는 사람만 못하다

- *〈논어 · 옹야편〉*

왜 배달민족인가

우리 민족을 배달민족이라고 한다는 사실은 우리나라 사람이라면 모르는 사람이 거의 없을 것이다. 그러나 왜 우리 민족을 배달민족이라고 하는지는 아는 사람이 별로 없는 것 같다. 각종 국어사전에도 '배달민족' 또는 '배달겨레'에 대하여 "우리 민족을 일컫는 말", "우리 겨레를 예스럽게 또는 멋스럽게 이르는 말" 정도로밖에 풀이해 놓지 않았으니 이것이 바로 우리 민족으로 하여금 까닭도 모르는 채 배달민족이게 하는 주된 원인일 것이다.

혹자는 농담으로 배달을 잘하기 때문일 것이라고 한다. 그럴 듯한 얘기다. 우리 민족만큼 배달을 잘하는 민족은 아마 이 세상 어디에도 없을 것 같다. 먼저 물건을 집까지 배달해 주는 택배를 들 수 있겠는데 요즘 들어 부쩍 발달한 택배는 두 가지의 커다란 특징을 지니고 있다. 하나는 배달 속도가 굉장히 빠르다는 점이다. 요즘은 인터넷 서점들이 서로 저렴한 가격과 빠른 배송을 경쟁하는지라 1~2년 전부터 작은 책 한 권이라도 무료로 배송해 주기 시작하더니 이제는 주문한 당일에 배송을 완료하기까지 한다. 주문확인 · 입금확인 · 출고 · 포장 · 주소기입 등의 절차를 거친 다음에야 택배회사에 배송을 의뢰하게 되는데도 불구하고 오전에 인터넷 서점에 책을 주문하면 그날 오후에 바로 받아 볼 수 있는 것이다. 또 특별히 빨리 전달해야 할 물건이 있을 경우 특급 서비스를 이용하면 더욱 빨리 전달할 수 있다. 특급 서비스를 이용하면 서울은 전 지역이 60분 안에 배달되고 수도권도 전 지역이 100분 안에 배달된다고 한다. 또 한 가지 특징은 배달 품목이 매우 다양하여 거의 모든 품목이 다 배달 대상이 된다는 점이다. 전자제품이나 가공식품과 같은 공산품은 말할 것도 없고 심지어 과일이나 야채처럼 집에서 개인이 좀 허술하게 포장한 물건도 택배가 가능하다. 일례로 작년 겨울에 부산에 계시는 장모님이 시골에서 좋은 김장 김치를 얻어 왔는데 너무 많아 다 못 먹겠다면서 소금에 절인 축축한 상태로 한 상자를 보내 주신 적이 있었다.

배달문화의 극치는 역시 음식배달이라고 할 수 있다. 음식배달은 몇 년 전부터 갑자기 성행하기 시작하더니 이제는 짜장면 · 만두 · 볶음밥 · 통닭 · 족발 · 피자 · 돈까스 · 초밥 · 보쌈 · 도시락 · 갈비찜 · 아구찜 · 해물찜처럼 국물이 없는 음식은 물론, 우동 · 짬뽕 · 냉면 · 김치찌개 · 된장찌개 · 부대찌개 · 갈비탕 · 설렁탕 · 해물탕 · 꽃게탕처럼 국물이 많은 음식도 기꺼이 배달해 주고, 심지어 신선도를 생명으로 하는 생선회도 예외가 아니다. 게다가 원하는 사람에게는 생맥주까지도 함께 배달해 준다. 말하자면 음식점에서 파는 음식은 거의 다 배달이 가능하다고 해도 과언이 아닐 정도다. 이처럼 음식배달이 성행하게 된 것은 배달하는 직원들이 누구나 손쉽게 오토바이를 탈 수 있을 만큼 오토바이가 널리 보급된 것이 가장 중요한 원인이다.

오토바이의 보급이 음식배달의 발달에 박차를 가했다면 휴대전화의 보급은 음식배달의 범위를 야외로까지 확장했다. 그리하여 이제는 가까이 있는 사무실이나 가정집뿐만 아니라 멀리 있는 운동장이나 공원까지도 음식배달이 가능하게 되었다. 운동장이나 공원의 벤치나 잔디밭 같은 데 앉아서 배달을 요구하면 음식점 직원이 오토바이를 타고 총알같이 달려와서 갓 만든 음식을 전해 주는 것이다. 혹시 정확한 위치를 잘못 찾는 일이 생긴다고 해도 휴대전화로 언제든지 확인할 수 있기 때문에 조금도 문제될 것이 없다.

이처럼 거의 모든 물건을 최단시간 안에 배달해 주고 거의 모든 음식을 집이나 사무실은 물론 야외에까지도 배달해 주니 정말이지 배달문화가 이보다 더 발달한 나라는 없을 것이라고 단언해도 될 것 같다. 이쯤 되면 가히 '배달配達'의 기수라 할 만하지 않은가!

그러나 배달문화의 발달이 좋기만 한 것은 아니다. 대학교 부근에 있는 각종 음식점들은 서로 고객을 확보하기 위해 신속배달을 경쟁하는데 그 과정에서 학교 안에 적지 않은 문제를 일으키기 때문이다. 조용해야 할 학교가 여기저기서 나는 오토바이 소리 때문에 굉음의 천지가 되는 것이다. 관악산 기슭에 자리잡고 있는 서울대는 비탈길이 많은 탓에 오토바이 소음이 보통 심각한 것이 아닌데 내 연구실이 있는 1동 앞길은 그 중에서도 특히 경사가 심한 편이라 그 길을 질주하여 올라가는 오토바이로 조용한 시간이 별로 없다. 무슨 학교가 이 모양인가 싶을 정도다. 학교 당국에서 이 문제의 해결방안을 찾느라 부심하고 있기는 하다는데 별로 묘안이 나오지 않는 모양이다. 최근에는 청원경찰까지 동원하여 단속하지만 청원경찰이 근무하지 않는 저녁 시간이나 휴일은 물론이고 평일 낮에도 그들이 잠시 자리를 비우기만 하면 오토바이들이 쌩쌩대며 질주한다. 이럴 때는 많은 비용을 들여 보행 환경을 최대한으로 개선해 놓은 서울대 안의 이른바 '걷고 싶은 길'도 전혀 걷고 싶지 않은 길이 되고 만다.

알고 보면 이 배달문화配達文化는 뿌리가 상당히 깊다. 집에서 멀리 떨어진 논밭에서 농사짓는 일꾼들이 집까지 왔다갔다 하는 시간을 절약할 수 있도록 여자들이 들밥을 내다 주는 것도 일종의 음식배달이라 할 수 있을 것인데 우리 민족은 전통적인 농경민족이니 정확히 언제부터 시작되었는지는 알 수 없지만 들밥 내가는 전통 또한 아주 오래되었을 것임에 틀림없기 때문이다. 그러니 이 배달문화로 인하여 우리 민족에게 배달민족이라는 이름이 생겼을 것이라는 추측이 그럴 듯해 보이기도 한다. 그러나 나는 연구실이 1동에 있어서 날마다 음식배달 오토바이 때문에 심하게 고통을 당하는지라 이 배달문화가 바로 배달민족의 어원이라는 말에는 설사 그것이 농담이라고 할지라도 진저리가 날 지경인데 다행히도 배달민족의 어원은 그런 것이 아니다.

1925년 장학사獎學社에서 간행한 ≪해동죽지海東竹枝≫라는 책이 있다. 〈죽지竹枝〉는 당唐나라 무렵부터 중국에서 노래 불러진 대중가요의 곡조이고 그 가사는 그 지방 특유의 산수나 풍속 · 역사 · 문화 등을 노래한 7언 4구 형식의 시인데, ≪해동죽지≫는 최영년崔永年, 1856~1935이 해동 즉 우리나라의 역사와 풍속 · 명절 · 음식 · 건축 등을 각각 한 수씩의 〈죽지〉로 읊은 총 550여 수를 모아서 만든 시집이다. 예를 들면 〈단목 밑에 내려오다降檀木〉 · 〈조선이라 부르다稱朝鮮〉 · 〈을밀대乙密臺〉 · 〈낙화암落花巖〉 · 〈정과정鄭瓜亭〉 · 〈정계비定界碑〉 · 〈씨름角觝戲〉 · 〈택견托肩戲〉 · 〈세뱃돈歲拜錢〉 · 〈도리탕桃李湯〉 · 〈촉석루矗石樓〉 · 〈영남루嶺南樓〉 · 〈압구정狎鷗亭〉 · 〈보신각普信閣〉 · 〈명륜당明倫堂〉 · 〈사직단社稷壇〉 · 〈선농단先農壇〉 등이 있다.

이 책에 수록된 작품 중에 〈임금으로 옹립하다立爲君〉라는 작품이 있는데 여기에 배달민족의 의미를 확연하게 밝혀 주는 단서가 있다.

무진년 좋은 때에 나라를 새로 세워

요임금과 나란히 서 두 천하를 이루었네.

비로소 나라가 있고 임금님이 계시니

백성들이 기뻐하고 사방이 떠들썩했네.

寶曆戊辰新建元(보력무진신건원)

與堯幷立兩乾坤(여요병립양건곤)

始有那羅壬儉在(시유나라임검재)

天民歡樂四方喧(천민환락사방훤)

무진년이란 바로 단기 원년 즉 서력 기원전 2333년으로 이해에 단군이 태백산의 신단수神檀樹 밑에 내려와 고조선을 세웠는바 이 작품은 바로 이 일을 노래한 것이다. 이 작품에는 최영년이 스스로 달아 놓은 주석이 있다.

≪동사≫에 "한 신인이 태백산의 단목 밑에 내려오자 나라 사람들이 그를 임금으로 옹립했다"라고 했는데, ≪계림유사≫에 "'배달'은 단목이고, '나라'는 국가이고, '임검'은 군주이다"라고 했다.(≪東史≫云: "有神人降于太白山檀木下, 國人立以爲君." ≪鷄林類事≫云: "'倍達', 檀木也. '那羅', 國也. '壬儉', 君也.")

12세기 초 송나라 사람 손목孫穆이 고려에 사신으로 왔다가 돌아가서 고려어 353개를 한자로 표기한 책 ≪계림유사≫를 만들었으니 이 책은 고려어의 연구에 상당히 귀중한 자료가 된다. 몇 가지 예를 보면 "구름을 '굴림'이라고 한다雲曰'屈林'”, “눈을 ‘눈’이라고 한다雪曰'嫩'”, “십을 ‘열’이라고 한다十曰'噎'”, “백을 ‘온’이라고 한다百曰'醞'”, “대를 ‘대’라고 한다竹曰'帶'”, “눈을 ‘눈’이라고 한다眼曰'嫩'”, “귀를 ‘괴’라고 한다耳曰'愧'”, “입을 ‘읍’이라고 한다口曰'邑'” 등이 있다.

≪사고전서四庫全書≫본 ≪설부說郛≫에 수록된 ≪계림유사≫에는 최영년의 자주自註에 인용된 부분이 보이지 않는데 최영년이 본 ≪계림유사≫에 의하면 단목박달나무을 고려어로 ‘배달’이라고 하고 국가를 ‘나라’라고 하고 군주를 ‘임검’이라고 했음을 알 수 있거니와 ‘배달’은 다름 아닌 ‘박달나무’의 ‘박달’을 한자로 음역한 말인 것이다. ‘박달’의 고려시대 발음이 ‘배달’이었는지 한자로 표기하는 과정에서 약간의 오차가 생겼는지는 알 수 없지만 어쨌거나 ‘배달’이 바로 박달나무라는 사실은 분명하다. 그러니까 배달민족은 바로 박달나무 즉 신단수 밑에 내려와서 나라를 세운 단군의 후예라는 뜻인 것이다.

‘배달’이 곧 ‘박달’인 만큼 이제 더 이상 중국식 표현을 빌려 ‘배달민족’이라고 하지 말고 우리말 표현 그대로 ‘박달민족’이라고 하는 편이 더 나을 것 같다.

2008년 5월 23일 

남의 떡

기름값이 천정부지로 치솟더니 금년 7월 15일부터 급기야 공공기관 출입 승용차의 2부제 운행이 시작되었다. 근년 들어 승용차를 자주 이용한 탓에 이제는 승용차를 안 타면 꽤나 불편한 느낌이 들 정도가 되었고 그러다 보니 강제된 상황이 아니면 대개 승용차로 출근하는 좋지 않은 습관이 생겨서 은근히 걱정이었는데 정부에서 에너지 절약 정책의 하나로 공공기관을 출입하는 승용차에 2부제를 실시함으로써 하루 걸러 하루씩 버스를 타고 다니게 되었다. 한편으로는 적지 않게 불편하다는 생각도 들고 한편으로는 조금이나마 체력을 기를 수 있는 좋은 기회라는 생각도 든다.

오늘 아침에는 승용차 2부제에 호응하여 버스를 타고 출근했다. 서울대학교행정관앞 버스 정류장에서 내려 인문대학 쪽으로 걸어가다 보니 행정관 앞 계단 밑에 막 자주색 꽃을 피우기 시작한 자그마한 나무 한 그루가 눈에 띄었다. 눈에 익은 그 꽃을 보는 순간 나도 모르게 발길이 그 쪽으로 옮겨졌다. 이제 겨우 대여섯 송이만 꽃이 피고 나머지는 봉오리 상태에 불과한 그 나무 앞에서 나는 어느새 온 나무가 자주색 꽃에 뒤덮인 그보다 훨씬 큰 나무를 보고 있었다.

11년 전의 일이다. 그때 나는 해외파견 교수로서 중국 강소성의 소주대학蘇州大學에 가 있었다. 소주대학 동쪽 경계에 외성하外城河라는 강이 흐르는데 그 강의 일부가 학교 안으로 지나갔다. 학교 안으로 지나가는 그 강 옆에는 군데군데 벤치가 놓여 있어서 인적이 드물어지고 시야가 좁아지는 밤이 되면 소주대학의 남녀 학생들이 그 벤치에 나란히 앉아 사랑을 나누기 때문에 학생들은 그 강을 정인하情人河라고 불렀다.

귀국할 때가 얼마 안 남은 1997년 6월 어느 날 나는 착잡한 심경을 달래 보기 위하여 모처럼 정인하 가를 거닐었다. 그러다가 갑자기 주위를 훤하게 밝혀 주는 꽃나무 하나를 발견했다. 줄기와 가지가 불그스름하고 매끈매끈하며 키가 5미터쯤 돼 보이는 꽤 큰 나무가 온통 자주색 꽃에 뒤덮여 있었다. 그 모습을 보니 착잡하던 기분이 금방 밝아졌다. 나는 넋을 놓고 나무 주위를 빙빙 돌며 꽃을 구경했다. 그리고 그날 이후 나는 매일같이 정인하 가로 나가 한참 동안 그 나무 주위를 맴돌다 돌아오곤 했다.

나는 이렇게 아름다운 꽃의 이름이 무엇인지 무척 궁금했다. 지나가는 학생들에게 물어보았으나 아는 사람이 없었다. 나이가 좀 든 사람들 중에도 나의 궁금증을 풀어주는 사람이 없었다. 참으로 이상한 일이라고 생각했다. 자기 고장에 있는 그토록 멋진 꽃의 이름을 모르고 사는 것은 참으로 가여운 일이라고 생각했다. 친근하게 지내는 사람에게는 어떻게 자기 고장에 있는 이토록 멋진 꽃의 이름도 모르느냐고 마구 핀잔을 주기도 했다. 그러면 그 사람은 무안하여 어쩔 줄을 몰랐다. 한 달가량의 노력에도 불구하고 나는 해답을 얻지 못한 채 그곳을 떠나야 했다.

그해 8월에 나는 선영에 벌초를 하기 위해 고향을 찾았는데 벌초가 생각보다 일찍 끝났기 때문에 선영에서 돌아오는 길에 우리 종중의 재실에 가서 잠시 쉬어 가기로 했다. 관리인 부부가 들에 나간 듯 아무도 없는 재실 마루에 걸터앉아 있다가 나도 모르게 눈을 번쩍 뜨고 자리에서 벌떡 일어났다. 거기, 재실 마당 한 구석에, 소주에서 보았던 바로 그 꽃이 있었던 것이다. 나무 앞에 서자 마치 현기증이라도 난 듯 어찔한 느낌이 들면서 초점 없는 내 눈에 희미하고 조그마한 장면이 하나 나타났다. 그것은 차츰차츰 커지더니 마침내 또렷한 모습이 되어서 내게 다가왔다. 친구들과 함께 이 나무 주변을 맴돌며 놀고 있는 나 자신의 모습이었다. 나는 어릴 적에 가끔씩 친구들과 함께 이 나무 주변에서 놀았던 것이다.

그뿐이 아니었다. 십 리가 넘는 거리를 걸어 다닌 중학시절의 통학길 중간에 있어서 어쩌다가 한 번씩 우리의 휴식 장소가 되어 주었던 낡은 사당 옆에도 이 나무가 한 그루 서 있었다는 사실이 그제야 생각났다. 가만히 기억을 더듬어 보니 우리는 그때 그 나무를 백일홍이라고 부른 것 같았다. 꽃이 백 일 동안이나 핀다고 해서 백일홍이라고 하는데 초본 백일홍이 따로 있기 때문에 이것은 목백일홍이라고 부른다는 얘기를 어른들한테서 들은 기억도 났다.

말하자면 나는 중학교를 졸업할 때까지 종종 이 나무를 보았는데 중학교를 졸업한 이후에 이 나무가 시야에서 멀어졌고 그에 따라 뇌리에서 사라진 것이었다. 아마도 그때는 이 나무가 별로 아름답다고 생각되지 않았기 때문인 듯했다. 어쨌거나 어릴 때 종종 보던 나무를 이름은커녕 그 존재마저도 까마득하게 잊은 채 30년 동안 살아왔다는 사실에 나는 자괴감을 감출 수 없었다.

그로부터 다시 며칠이 지난 9월 초순의 어느 날 서울대학교 행정관 앞에서 또 그 목백일홍을 보았다. 소주에서 그 꽃을 본 지 석 달이 지났는데 아직까지도 온 나무를 벌겋게 물들이고 있는 그 꽃을 보면서 문득 시가 한 수 떠올랐다.

열흘 붉은 꽃이 없다 누가 말했나?
이 꽃은 백 일이 지나도 전혀 변함없는데.
소주의 한여름에 이미 흐드러졌었는데
우리나라 초가을에도 아직 한창이구나.

誰謂花無十日紅(수위화무십일홍)
此花百日亦全同(차화백일역전동)
蘇州仲夏已繁茂(소주중하이번무)
東國孟秋尙盛隆(동국맹추상성륭)

〈백일홍(紫薇花)〉

행정관 앞에 있는 그 나무에는 '배롱나무'라는 팻말이 달려 있었다. 배롱나무라는 이름은 들은 적이 없었지만 초본 백일홍과 구분하기 위하여 '백일홍나무'라고 하다가 발음이 변하여 마침내 '배롱나무'가 되었을 것임을 쉽게 짐작할 수 있었다.

생각해 보면 나는 그 동안 내 주위에 배롱나무가 몇 그루 있었음에도 불구하고 그것을 의식하지 못한 채 살아 온 것이다. 그러니 가여운 것은 소주 사람들이 아니라 바로 나 자신이었던 것이다. 그런 주제에 소주 사람들에게만 자기 고장의 멋진 꽃을 모른다며 가여워하고 핀잔까지 준 것이다. 참으로 어처구니 없는 일이 아닐 수 없다.

어릴 때 내가 살던 고향에도 있었고 지금 내가 근무하는 학교에도 있는 꽃을 전혀 의식하지 못하고 지내다가 남의 나라에 가서야 비로소 그것이 그토록 아름답게 느껴진 것은 무엇 때문일까? 단순히 소주에 있는 그 나무가 더 크고 멋졌기 때문만은 아닐 것 같다. 그것은 내가 내 주변에 있는 것에 대해서는 별다른 호기심 없이 무심코 지나치는 마음가짐을 가졌기 때문일 것 같다.

"남의 떡이 커 보인다"는 속담이 다 있는 것을 보면 자기가 가진 것이나 자기 주변에 있는 것은 그 가치를 잘 모르는 채 무심코 지나치는 것이 인지상정인 모양이다. 자기 것에는 만족할 줄 모르고 괜히 남의 것만 탐내는 것이 인간의 본성인가 보다. 그리고 나 역시 예외가 아닌가 보다. 이제는 남의 떡만 보고 침을 삼킬 것이 아니라 내 손의 떡도 찬찬히 음미해 볼 일이다.

11년 전에 했던 생각을 다시 한 번 되새겨 보게 해 주니 승용차 2부제는 에너지 절약과 체력 증진뿐만 아니라 자기 성찰까지도 가능하게 하는 일석삼조의 효과를 내고 있는 셈이다.

2008년 7월 24일

갈비

연로하신 빈농의 아들로 태어난 나는 어릴 적부터 부모님을 도와 농사 짓는 것을 당연한 일로 생각했다. 나는 초등학교 3학년이던 열 살 때 나만의 전용 지게를 하나 맞추었다. 그동안 성인용 지게를 하나 구해 끈을 줄여서 사용해 왔는데 키가 작다 보니 내리막을 내려갈 때 지게 발이 자꾸 땅에 닿아서 위험하기 때문이었다. 몸에 맞지 않는 큰 지게를 지고 다니다가 내 몸에 꼭 맞는 지게가 생겼을 때 내가 얼마나 좋아했는지 아직도 기억이 생생하다.

그때부터 여름이면 들에 나가 소꼴이나 퇴비용 풀을 베고 겨울이면 산에 가서 나무를 하는 것이 나의 일과가 되었다. 학교에 다닐 때는 오전에는 학교에 가고 오후에만 한 짐씩 했지만 방학이 되면 오전과 오후에 각각 한 짐씩 했다. 여름에 풀을 베는 일은 그다지 힘들지 않았다. 들이나 산기슭에 지천으로 늘린 것이 풀이었기 때문이다. 그러나 겨울에 나무를 하는 것은 상당히 힘든 일이었다.

나무를 하는 것은 남자들의 일인지라 겨울이 되면 온 동네 남자들이 나무하기에 매달렸다. 나무를 한다는 것은 동네 주변의 산으로 올라가서 갖가지 나무의 낙엽을 긁어모아 그것을 묶어 오는 것이었다. 아침 먹고 나가 한 짐 해서 마당에 쌓고 점심 먹고 나가 또 한 짐 해서 그 위에 쌓고, 이런 식으로 농한기인 겨울 동안에 수십 짐을 쌓아 놓아야 다음 1년 동안 땔감 걱정이 없었다. 이 땔감 더미를 우리 고향에서는 '나무 볏가리'라고 했다. 그때는 뜻도 모르는 채 무심코 썼던 말이지만 지금 생각해 보니 나무를 볏단처럼 차곡차곡 쌓아 놓는다고 해서 생긴 말이 아닌가 싶다.

다른 집에는 남자가 많아서 금방 앞마당에 한 볏가리를 쌓고 뒤안에 또 한 볏가리를 쌓았지만 우리 집에는 남자가 아버지와 나 둘뿐이라 한 볏가리 만들기도 쉽지 않았다. 더구나 아버지는 연로하신 데다 다른 일도 하셔야 했고 나는 너무 어려서 한 번에 많이 하지 못했기 때문에 다른 집에 비해 나무 볏가리 쌓는 속도가 훨씬 느렸다. 그래도 겨울방학이 끝날 무렵이면 마당 앞 대추나무 밑에 제법 큼지막한 나무 볏가리가 하나 생겼다. 그것을 바라보면서 나는 가슴이 뿌듯해지곤 했다. 시골이라고 해도 초등학생 때는 아직까지 나처럼 나무 하러 다니는 친구가 많지 않았기 때문에 더욱 그랬던 것 같다.

당시에 인기가 가장 좋은 땔감은 마른 솔잎이었다. 왜냐하면 마른 솔잎은 화력이 셀 뿐만 아니라 오래 타기도 하기 때문이었다. 장작은 채취가 금지되어 있었기 때문에 비교 대상이 아니었다. 문득 참으로 우스운, 그래서 더 씁쓰레한 일화가 하나 생각난다.

내가 다닌 초등학교에는 부임해 오시는 선생님들이 대개 경상도 말씨를 쓰시는 분이었고 어쩌다가 한 분씩 외지에서 오시는 선생님이 계셨다. 나의 초등학교 6학년 담임 선생님도 가끔 오시는 외지 선생님 중의 한 분이었다. 그 선생님은 우리 앞집에 방을 하나 얻어서 자취를 하신 총각 선생님이었는데 아주 열정적으로 우리를 지도해 주셨다. 정규 수업 이외에 재미 있는 이야기도 많이 들려 주시고 동화책과 어린이 잡지도 돌려 가며 보라고 있는 대로 다 나누어 주셨다. 그 선생님 덕분에 우리는 조금이나마 촌티를 벗을 수 있었다. 당연한 결과로 우리 반 친구들이 모두 그 선생님을 정말로 좋아했고 다른 반 친구들이 다들 우리를 굉장히 부러워했다.

그 선생님이 하루는 무슨 얘기를 하다가 중단하시고 갑자기 갈비가 무엇인지 아는 사람은 손을 들어 보라고 하셨다. 손을 안 든 사람이 아무도 없었다. 다들 갈비를 모르는 사람이 어디 있겠느냐며 의아해하는 표정이었다. 그러나 선생님은 오히려 눈이 휘둥그레지셨다. 요즘이야 시골에도 갈비 안 먹어 본 사람이 별로 없겠지만 그 당시는 도시에서도 웬만큼 잘 사는 사람이 아니고는 갈비를 구경하기가 힘들었기 때문이다. 선생님은 우리들 중에서 한 명을 지적하여 갈비가 무엇인지 설명해 보라고 하셨다. 지적을 받은 친구가 별걸 다 묻는다는 듯 약간 빼기는 말투로 의기양양하게 말했다.

"솔잎 마른 거 아입니꺼?"

순간 담임 선생님이 폭소를 터뜨리셨다. 우리 고향에서는 말라서 땅에 떨어진 솔잎을 갈비라고 했으니 그것은 선생님께서 말씀하신 갈비와는 전혀 별개였던 것이다. 아무튼 그때 그 선생님의 설명을 듣고 우리는 처음으로 세상에 먹는 갈비도 있다는 사실을 알았다.

우리의 갈비는 최고급 땔감이었던 만큼 일찌감치 산에서 자취를 감추었다. 가까운 산일수록 빨리 없어지고 집에서 먼 높은 산에는 좀 늦게까지 남아 있었다. 이처럼 갈비는 흔하지 않았기 때문에 우리가 보통 채취하는 나무는 약간의 갈비에 오리나무 낙엽이나 마른 억새풀 따위가 섞인 것이었다. 그러나 오리나무 낙엽이나 억새풀은 불을 붙이면 푸르르하고 금방 다 타버리는지라 그것만으로는 땔감으로 쓰기에 불편하기 때문에 약간이라도 갈비가 섞여야 했다. 그래서 나무꾼들은 갈비 있는 곳을 찾느라 심할 때는 산속을 5리 정도 헤매기도 했다. 그러다가 재수좋게 갈비가 많은 곳을 만나면 그날은 운수대통한 날이라고 생각했다. 그것은 바로 노다지 광맥을 찾은 기분이고, 요즘 식으로 말하자면 복권이 당첨된 기분이었다.

이런 시골뜨기가 1973년 4월 초에 관악산을 찾았다. 그해 식목일 무렵에 서울대학교가 학생들을 관악산 나무심기 행사에 동원했기 때문이다. 당시 서울대학교는 각 단과대학들이 여기저기 흩어져 있었는데 한창 추진 중이던 서울대학교종합화계획에 따라 1975년부터 관악캠퍼스로 합칠 것에 대비하여 학교 뒷산인 관악산에 미리 나무를 심는 것이었다.

학교에서 신입생은 의무적으로 다 참가하라며 학교버스까지 제공해 주었다. 관악산은 말로만 들었을 뿐 가 본 적이 없는지라 산이 어떻게 생겼는지 궁금하기도 하고 서울대학교의 종합캠퍼스가 어떻게 생겼는지 궁금하기도 했기 때문에 나는 좋은 기회로 생각하고 기꺼이 참가했다.

버스에서 내려 오솔길을 따라 관악산 중턱을 향해 올라갔다. 당시는 아직 포장은커녕 제대로 닦여지지도 않은 산길이었기 때문에 단정하기는 어렵지만 내 기억으로는 지금의 규장각에서 인문대학으로 올라가는 그 길, 즉 법과대학과 문화관 사이에 있는 그 길이었음에 틀림없다고 생각된다. 소나무 숲 사이에 나 있는 그 오솔길을 따라 올라가다가 나는 한동안 걸음을 멈춘 채 넋을 놓고 소나무 밑을 응시했다. 거기 노다지 광맥이 있었던 것이다. 길 양쪽에 소나무 숲이 있는데 그 아래에 수북수북 쌓인 갈비가 온통 땅바닥을 뒤덮고 있었던 것이다. 손가락을 찔러서 두께를 가늠해 보니 한 치는 족히 되는 듯했다. 말하자면 그냥 갈퀴질을 해서 묶기만 하면 되는 상태였다. 그것도 오리나무 같은 활엽수 잎이나 억새 같은 풀잎이 거의 섞이지 않은 순수한 갈비로만 말이다. 그 정도면 하루에 열 짐도 문제 없이 할 수 있을 것 같았다.

고등학교는 부산에서 다닌지라 중학교 졸업 이후에는 부모님을 도와 드린 시간이 많지 않지만 그래도 방학 때마다 시골에 가서 농사를 거들었기 때문에 갈비를 귀하게 여기는 마음은 변함이 없었다. 그런 터라 질도 좋고 양도 많은 갈비가 그렇게 버려져 있는 것이 정말로 아까웠다. 나는 몇 번이나 올라가다 말고 뒤를 돌아보곤 했다.

그로부터 2년 뒤에 나는 관악캠퍼스로 등교하기 시작했는데 그때의 그 길이 바로 인문대학으로 가는 길이기 때문에 학교에 갈 때마다 그 길을 지나가게 되었다. 나는 그럴 때마다 노다지 광맥을 그냥두고 지나치는 것 같아 안타깝기 짝이 없었다. 그리고 그로부터 다시 30년이 지나 인문대학 교수로서 그 앞을 지나다닌 최근에도 그 앞을 지날라치면 늘 아깝다는 생각이 들었다. 이제는 농촌 사람들도 나무 대신 석유와 가스를 연료로 사용하는 줄 뻔히 알면서도 자꾸만 아까운 생각이 드는 것을 어쩔 수가 없었다. 가끔씩 손가락으로 찔러 보기도 했다. 그러고는 잠깐씩 옛날 생각에 잠기곤 했다. 나에게 있어서 그 길은 나를 비록 힘들지만 낭만이 넘쳤던 어린 시절로 데려다 주는 타임머신이었던 것이다.

그런데 이제 나의 그 타임머신이 없어져 버렸다. 법학전문대학원이 생기면서 법학도서관 증축공사가 시작된 1년여 전에 길 북쪽의 소나무를 다 뽑아버렸다. 그래도 공사가 진행 중일 때에는 길 양쪽의 갈비 중에서 북쪽 것만 없어지고 남쪽 것은 그대로 남아 있었기 때문에 그나마 아쉬움을 달랠 수 가 있었다. 그러나 공사가 끝난 지난 2월에 그 길을 정비하느라 남쪽에 있던 갈비마저 흙으로 덮어버렸다. 이것으로 나의 노다지가 완전히 폐광조치되고 나의 타임머신이 완전히 폐차처분된 것이다.

30여 년 전에는 너무 휑하고 그래서 너무 넓게 느껴졌던 관악캠퍼스가 이제는 너무 빽빽하고 너무 좁게 느껴진다. 그런데도 학교 안에 1년 내내 공사가 없는 날이 없는 것 같다. 이제 더는 건물을 안 지었으면 좋겠다. 있는 건물을 쪼개 쓰며 녹색 공간을 좀 아껴두면 좋겠다.

2009년 3월 27일

강아지 함부로 키우지 마라

오늘 저녁 뉴스시간에 날로 속도를 더해 가는 구제역口蹄疫의 확산을 막기 위하여 경기도 파주에 있는 어느 축산농가의 한우가 대량으로 살처분당한 이야기가 소개되었다. 그 집 아들이 일지형식으로 정리하여 인터넷에 올리는 바람에 많은 사람의 심금을 울렸다는 이야기의 전말은 대략 이러하다.

그 집에서는 13년 동안 한우를 키워 왔는데 그 결과 암소 · 수소 · 송아지를 합쳐 총 121마리가 되었다. 그런데 2010년 12월 19일 파주시 축산계장이 전화로 그 소들이 모두 살처분 대상임을 알려 왔다. 12월 12일에 그 집 소 아홉 마리를 출하하기 위해 방문한 도축배달 차량이 그 전에 구제역 발생 지역에 들른 적이 있다는 것이 이유였다. 아직 구제역에 걸린 것도 아닌데 오로지 가능성 하나만을 이유로 13년 동안 키워 온 그 많은 소를 다 죽인다는 것이 너무 억울하여 가족들이 다 나와서 항의도 해 보고 읍소도 해 보았지만 파주시 직원들이 도리어 무릎을 꿇고 예방 차원에서 살처분하지 않을 수 없다고 애걸하는 데다 지금 전국적으로 구제역이 얼마나 빠른 속도로 확산되고 있는지를 잘 아는 터라 더 이상 고집을 피울 수가 없어서 그냥 받아들이기로 했다. 다만 그 집 농장 한가운데에 매몰시키자는 요구만은 도저히 받아들일 수 없었다. 지하수 오염과 같은 환경문제도 있지만 그보다는 어떻게 자식처럼 키워 온 소가 묻혀 있는 곳을 날마다 지나다닐 수 있겠느냐고 하소연한 것이 주효했던 것이다. 그 바람에 매몰장소를 물색하느라 살처분이 하루 연기되었다. 그 사이 주인은 소들에게 최고급 사료를 실컷 먹였다. 마지막으로 한 번 마음껏 먹어 보라고 그런 것이었다. 12월 21일에 파주시의 담당 공무원이 와서 독약을 넣은 주사기로 소들을 한 마리씩 안락사시켰다. 건장한 수소는 약 2분 만에, 암소는 약 1분 만에, 그리고 3일 전에 태어난 송아지는 즉시 숨이 끊어졌다. 그런 식으로 약 다섯 시간 만에 소 121마리가 모두 살처분되어 농장에 여기저기 널브러졌다. 소에게 주사기를 찔러대던 여직원도 "제가 직업을 잘못 선택했어요"라며 울먹였다.

이틀 전에 우리는 오랫동안 우리 가족의 발이 되어 주었고 날마다 나와 출퇴근을 함께 했던 승용차를 폐차했다. 총 주행거리는 9만 5천 킬로미터에도 조금 못 미치지만 13년 반 동안 소유했으니 차가 우리 집에 머문 시간은 상당히 긴 편이다.

운행한 거리가 길지 않은데도 불구하고 생산된 지 10년쯤 지나자 차가 여기저기 고장이 났다. 그러다가 12년쯤 지나니 고장도 고장이려니와 부품을 교체해야 하는 경우도 점점 많아져서 수리비도 만만치 않았다. 수리비도 많이 들고 수리에 따르는 시간 낭비도 많아져서 오래 타는 것만이 능사가 아니라는 쪽으로 생각이 기울어 감에도 불구하고 20년을 타겠다고 호언해 왔기 때문에 오래 전부터 차를 바꾸자는 가족들의 주장을 흘려들었었다. 그런데 몇 달 전부터는 가파른 오르막을 오를 때면 엔진에서 이상한 마찰음이 나기 시작했다. 꼭 해수병을 앓고 있는 노인 같았다. 이런저런 이유로 20년을 채우겠다던 나의 생각을 접고 가족들의 주장을 받아들이기로 했다.

새 차가 들어온 이틀 뒤에 헌 차를 폐차하기로 했다. 중고가격으로 팔아봐야 별로 더 유리할 것도 없는 데다 중고로 팔 경우 자칫하면 매입자가 등기이전을 하지 않아 우리한테 귀찮은 일이 생길 수 있다는 주위 사람들의 충고가 그럴 듯하게 들리기도 해서 아예 폐차하기로 한 것이다. 새 차를 판매한 자동차회사 직원이 소개하는 폐차장을 이용하기로 했다.

폐차장에서 차를 가지러 온다는 날 나는 헌 차를 집에 두고 새 차로 출근했다. 오랫동안 함께 지낸 차가 내 곁을 떠난다는 생각에 마음 한 구석이 짠했다. 그러나 학교에서 이런저런 일을 하느라 금방 잊어 버렸다. 퇴근하여 집으로 돌아가니 아내가 외식을 하자고 했다. 평소에는 내가 외식을 하자고 해도 싫어하던 사람이 자청해서 외식을 하자고 하니 무슨 일인지 몹시 궁금했다.

식당에 가서 자리 잡고 앉더니 아내가 마침내 속내를 털어 놓았다. 오후에 폐차장 직원이 와서 차를 가지고 갔는데 그렇게 마음이 아플 수 없더란다. 폐차장 직원이 차를 몰고 가다가 아파트 마당 끝에 이르러 한동안 서 있다가 갔단다. 폐차장을 소개해 준 새 차 판매원의 말에 의하면 주인이 섭섭해 할 것을 알고 일부러 마지막 작별의 시간을 주는 것이라고 하더란다. 그런데 그것이 오히려 마음을 더 아프게 하더란다. 마치 사람이 죽어서 영구차가 집을 떠나는 것 같더란다. 그러면서 문득 생각난 듯 자기 친구한테 들은 얘기를 했다.

"친구네 개가 갑자기 병이 들어서 죽었대요. 강아지일 때 사 와서 10년이나 키웠는데 갑자기 병이 들어서 죽는 것을 보고는 어찌나 마음이 아픈지 며칠 동안 밥을 제대로 못 먹었대요. 그러면서 나보고 절대로 강아지를 키우지 말래요."

2010년 12월 24일 

노력하는 것과 즐기는 것

≪논어 · 옹야편≫에 "아는 사람은 좋아하는 사람만 못하고, 좋아하는 사람은 즐기는 사람만 못하다知之者不如好之者, 好之者不如樂之者"라는 공자의 말씀이 있다. 이 말에서 '좋아하는 사람'과 '즐기는 사람'의 차이가 무엇인지 무척이나 모호하다. 그래서 나는 이 구절의 '호好'자가 차라리 '노努'자였으면 좋겠다고 생각한다. 아니, 어쩌면 원래 '노努'자였는데 글씨가 지워져서 와전된 것일지도 모를 일이다. 그러나 지금으로서는 이 사실을 확인할 길이 없다. 어쨌든 나는 이 구절에 약간 수정을 가하여 "아는 것은 노력하는 것만 못하고 노력하는 것은 즐기는 것만 못하다知之不如努之, 努之不如樂之"로 받아들이고 있는데 요즈음 나는 이 말의 타당성을 절실하게 느끼고 있다.

오래 전에 나는 대구 시내에 있는 어느 산 밑에 살았다. 대구 시민들의 애호를 잔뜩 받는 두류산이라는 나지막한 산이다. 그때는 나도 그 산을 애호하는 대구 시민 가운데 한 사람이었다. 그 산의 기슭에는 순환도로가 잘 닦여 있고 순환도로 주변에 각종 운동시설이 갖추어져 있어서 시민들이 각자 자기가 좋아하는 운동을 했다. 가볍게 달리는 사람이 있는가 하면 빠르게 걷는 사람도 있고, 배드민턴을 치는 젊은 부부가 있는가 하면 게이트볼 경기를 하는 노인들도 있었다. 그러나 아침 운동을 하는 사람들 가운데 주류는 산꼭대

기까지 걸어 올라가는 사람들이었다. 나는 그 주류에 속하는 사람이었다.

나는 매일 아침 여섯 시에 집을 나가 그 산으로 갔다. 10분 가까이 걸으면 산기슭에 도착하고 20분 가까이 올라가면 정상이었다. 정상에서 맨손체조를 한 번 하고 반대 방향으로 내려갔다가 순환도로를 반 바퀴 돌아서 집으로 돌아오면 일곱 시가 되어 있었다. 이런 식으로 매일 아침 규칙적인 등산을 하다 보니 다섯 시 반이 되면 저절로 눈이 떠졌다. 하루라도 빠지게 되면 몸이 찌뿌드드한 것 같은 느낌이 들 정도였다. 사실 나는 어릴 때 소를 먹이거나 나무를 하느라 산길을 무척 많이 돌아다녀서 산길에 상당히 익숙해져 있지만 나에게는 산이 놀이터로 보이지 않고 일터로 보이는지라 등산에는 별로 흥미를 느끼지 못했는데 건강관리를 위해 노력하다 보니 어느덧 이렇게 몸에 밴 것이었다.

그런 식으로 약 반 년 정도 하루도 빠지지 않고 아침 운동을 계속했는데 장마철에 접어들면서 아침부터 비가 내리는 바람에 가끔씩 빠지는 날이 생겼다. 그런 날이면 왠지 수면보충이 가장 좋은 보약인 것처럼 생각되어 늦잠을 자곤 했다. 그리고 한 번에서 두 번으로, 두 번에서 세 번으로 늦잠 자는 횟수가 늘어나면서 일어나기가 점점 더 싫어졌다. 그러나 결코 남보다 약하지 않은 의지력으로 일찍 일어나려고 노력했고 노력하면 가능했다. 그러다가 장마가 본격화되면서 급기야 한 열흘 정도 연달아 빠지는 상황이 벌어졌다. 그런 뒤로 나의 두류산 등반은 중단되었다. 수면보충이 건강관리에 더 유익하다는 달콤한 궤변이 자꾸만 자신을 유혹했기 때문이다.

이렇게 도중에 그만둔 운동은 아침 등산만이 아니었다. 비싼 돈 주고 사온 각종 운동기구들도 처음에는 열심히 이용하다가 어떤 계기가 생기면 그

때부터 슬슬 게으름을 피우다가 마침내 중단해 버리곤 했다.

그러다가 나는 테니스를 나의 건강지키미로 채용하게 되었다. 그런데 좀처럼 실력이 늘지 않았다. 시작한 지 10년쯤 지난 뒤부터는 아예 실력 증진이 중단되었다. 올해로 25년이 되었건만 10여 년 전보다 나아진 것이 없다. 오래간만에 만나는 사람들은 실력이 많이 늘었겠다고 기대하지만 전혀 그렇지 않다. 나는 테니스에 투자하는 시간이 점점 늘어나는데 왜 이렇게 실력이 늘어나지 않는지 궁금하고 답답했다. 그리하여 한번은 작정을 하고 곰곰이 생각한 끝에 마침내 그 이유를 알아냈다. 워낙 운동신경이 둔하기 때문이라는 결론이었다. 그래서 요즘은 실력이 많이 늘었겠다고 말하는 사람이 있으면 이렇게 되묻는다.

"삼수(三修) 하고 사수(四修) 한다고 해서 수능성적이 자꾸 좋아집니까?"

이처럼 실력이 없음에도 불구하고, 그래서 같은 편이 되는 사람에게 미안함에도 불구하고 나는 테니스가 아주 재미있다. 그래서 어지간한 사유로는 1주일에 두 번 치는 테니스를 희생시키지 않는다. 그리고 한 번 나가면 날이 어두워서 더 이상 칠 수 없어질 때까지 친다. 나는 이제 테니스를 가장 유능한 나의 건강지키미로 생각한다.

등산은 열흘 정도 중단하자 귀찮은 마음이 생겼고 다른 운동도 어떤 계기가 생기자 게을러졌지만 테니스는 몇 달 아니 1년을 중단해도 다시 치고 싶어졌다. 아침 등산과 같은 다른 운동은 노력에 의하여 억지로 지속되었지만 테니스는 그것 자체를 즐기기 때문이리라.

모르는 것보다는 아는 것이 확실히 더 낫다. 그러나 알고만 있는 것보다는 그것을 이루기 위해 노력하는 것이 더욱 낫다. 그리고 즐기는 것은 노력하는 것보다도 훨씬 더 나은 것임에 틀림없다. 나는 운동을 통하여 그것을 안다.

2011년 12월 2일

튼튼하게만 자라다오

텔레비전 뉴스에 고등학생이 중학생을 때려서 죽음에 이르게 했다는 참담한 보도가 나온다. 쉰 살이 넘어서 어렵게 얻은 외아들이 이렇게 어이없게 가 버렸다며 말끝을 맺지 못하는 늙은 아버지의 모습에 문득 송나라 시인 소식蘇軾, 1036~1101의 〈세아희 날 장난 삼아洗兒戲作〉라는 시가 떠올라 몇 년 전에 썼던 글을 되새겨 본다.

요즈음 우리나라 어린이들은 너무나 바빠서 보기에 여간 안쓰럽지 않다. 최근의 한 조사 결과에 의하면 요즈음 우리나라 어린이들의 일과가 조선시대 군주들의 그것만큼이나 빠듯하다고 한다. 설마하니 어린이들이 아침 일찍 일어나 저녁 늦게까지 하루 종일 앉아서 여러 중신들과 정사를 논의해야 하는 군주만큼이야 바쁠까 하는 생각이 든다. 그러나, 학교에서 돌아오면 영어학원에 가고, 영어학원 마치면 속셈학원에 가고, 속셈학원 끝나면 미술학원에 가고, 미술학원 다음에는 음악학원에 가는 우리 어린이들을 보노라면 그들의 일과가 결코 조선시대 군주들의 그것보다 느슨하지도 않은 것 같다. 이 때문에 어린이들은 자신들을 혹사하는 부모가 원망스럽기만 하다.

그러나 부모는 결코 자식을 혹사하고 싶어서 그러는 것이 아니다. 부모는 어디까지나 자식이 장차 훌륭한 사람이 되어 잘 살아주기를 바라는 마음에서 그러는 것이다. 자식에게 이것저것 무리하게 요구하는 부모라고 할지라도 막상 자식의 건강에 이상이 생기게 되면 당장 모든 학원을 그만두게 하고 자식의 건강을 보살피기에 여념이 없어질 것이다. 이러한 부모의 마음은 예나 지금이나 변함이 없다. ≪논어 · 위정편≫에서 "부모는 오직 자식이 병들지 않을까 그것만을 걱정한다父母唯其疾之憂"라고 한 공자의 말씀과, 젊은 아버지가 어린 아들에게 "개구쟁이라도 좋다. 튼튼하게만 자라다오"라는 말을 하여 보는 이의 심금을 울린 오래 전의 어느 텔레비전 광고가 이 사실을 증명해 준다.

희령熙寧 7년1074 9월, 불혹不惑의 나이를 몇 달 앞둔 소식에게 왕조운王朝雲, 1063~1096이라는 시첩侍妾이 하나 생겼다. 조운은 마음씨도 착하고 머리도 총명한, 한 마디로 말해서 깜찍한 소녀로 당시 겨우 열두 살밖에 안 됐지만 집안이 워낙 가난했기 때문에 일찍부터 사회에 나가 세파에 시달리고 있었다. 그녀는 소식의 인품과 학문에 관한 이야기를 전해 듣고 평소에 늘 그를 흠모하여 그를 위해서라면 자기 한 목숨 바쳐도 좋겠다고 생각하고 있다가 마침내 소원을 이룬 것이었다. 이 일에 관해서는, 소식의 부인 왕윤지王閏之, 1048~1093가 조운의 이러한 품성을 알아보고 소식을 위해 직접 시첩으로 천거한 것이라는 일화가 전해진다. 조운은 과연 소성紹聖 3년1096 7월 소식의 두 번째 유배지인 혜주惠州, 지금의 광동성 혜주에서 서른네 살이라는 젊은 나이로 인생을 마감한 그 날까지 한시도 떠나지 않고 소식의 곁을 지키면서 충실한 봉사자요 반려자로서 소식에게 온갖 정성을 다 바쳤다.

이러한 시첩 조운이 원풍元豊 6년1083 9월 27일 아들 소둔蘇遯을 낳았다. 소식에게 있어서 소둔은 첫째 부인 왕불王弗, 1039~1065이 낳은 소매蘇邁와 둘째 부인 왕윤지가 낳은 소태蘇迨・소과蘇過에 이은 네 번째 아들이었다. 반백을 바라보는 적지 않은 나이에 늦둥이 아들을 하나 얻었으니 그의 감회가 예사롭지 않았을 것임은 말할 필요도 없다.

그런데 당시 소식은 신법파新法派 신진인사들의 모함으로 시문을 통해 황제를 비난했다는 누명을 쓰고 사형에 처해질 뻔한 아찔한 순간까지 갔다가 동생 소철蘇轍, 1039~1112을 비롯한 많은 원로 대신들의 적극적인 구명운동 덕분에 가까스로 죽음을 면한 채 호북湖北 지방의 극빈촌인 황주黃州로 폄적된 지 4년째로서 황주 동쪽 산비탈의 황무지를 개간하여 스스로 동파東坡라 명명하고 거기서 손수 재배한 농작물로 간신히 가족들의 생계를 유지해 가고 있었던 만큼 이 늦둥이의 앞날에 대한 걱정이 더더욱 클 수밖에 없었을 것이다.

당시에는 아이가 태어난 지 사흘째가 되면 아이의 몸을 씻어 주고 잔치를 벌여 축복해주는 세아회라는 풍습이 있었기 때문에 소식도 갓 태어난 아들을 위해 세아회를 열어 주고 그 자리에서 〈세아회 날 장난삼아洗兒戲作〉라는 시를 지어 이 아들의 장래를 축복해 주었다.

남들은 다 자식이 총명하길 바라지만
이 몸은 총명으로 일생을 망쳤으니
오로지 이 아이가 어리석고 미련하여
별 탈 없이 높은 자리 꿰차기만 바란다.

人皆養子望聰明(인개양자망총명)
我被聰明誤一生(아피총명오일생)

惟願孩兒愚且魯(유원해아우차로)

無災無難到公卿(무재무난도공경)

당시의 소식은 비록 세속적인 욕심을 버리고 초연하게 인생을 관조하는 태도를 견지하고 있었지만 그래도 마음 한 구석에는 이 늦둥이 아들이 제발 자기처럼 모나게 살지 말고 원만한 대인관계를 바탕으로 일생 동안 별다른 고생 없이 등 따습고 배 부르게 잘 살아 주었으면 하는 생각이 간절했을 것이다. 아들의 이름을 '둔遯'으로 지은 데에도 이러한 그의 염원이 깃들여져 있었을 것이다. 자식이 별 탈 없이 잘 살기를 바라는 것은 이 세상 모든 부모의 공통된 염원일진대 소식이라고 해서 예외였을 리가 없지 않은가!

오로지 자식이 건강하기만을 바라는 것이 예나 지금이나 변함없는 부모의 염원이라면 소식의 이 시를 그냥 농담으로 한 번 해 본 소리로 치부해 버릴 수는 없다. 그러므로 소식 자신이 '세아회 날 장난 삼아' 지었다고 한 말이 말짱한 거짓말은 아닐지 몰라도, 자식이 특별히 잘난 사람이 되기보다는 근심 걱정 없이 무난하게 살아가는 한 사람의 성공적인 소시민이 되어 주기를 바라는 이 세상 모든 부모의 공통된 마음의 표출인 것 또한 틀림없는 사실일 것이다. 비록 자신은 부조리한 사회현실을 그냥 보아 넘기지 못해 안 해도 될 고생을 자초했을지라도 자식만은 제발 바보 같고 미련하여 한평생 고통 없이 편안하게 살아 주기를 바라는 부모의 심사를 두고 이율배반이라고 나무랄 수는 없을 것이다. 그것은 차라리 그 누구에게도 예외가 허용되지 않는 인지상정이라고 해야 할 것이다.

2011년 2월 25일

삼대 부자 없고 삼대 거지 없다

난생처음으로 유럽 여행을 가게 되었다. 내 회갑을 맞아 우리 아이들이 보내 준 이른바 효도관광인 셈이다. 여행사에서 제시하는 몇 가지의 여행상품 가운데 프랑스의 파리, 스위스의 융프라우, 이탈리아의 밀라노 · 피사 · 로마 · 나폴리 · 폼페이 · 소렌토 · 피렌체 · 베네치아, 오스트리아의 인스부르크, 독일의 하이델베르크 등지를 관광하는 9박 10일짜리를 선택했다.

평생 아시아를 벗어나지 못하다가 세계 최고 수준의 유럽 선진국들을 구경한다는 생각에 기대가 무척 컸다. 그런데 파리공항에서 내려 전세버스로 갈아타자마자 우리를 인솔하는 광관안내원 아가씨가 신신당부하는 말 몇 가지가 사람을 적잖이 의아하게 했다.

"한국에서처럼 성급한 마음을 갖지 마십시오. 유럽 사람들은 성격이 느긋해서 절대로 서두르지 않습니다. 그리고 항상 소매치기를 조심하십시오. 유럽에서는 손님이 왕이 아니고 주인이 왕이라는 사실도 잊지 마십시오."

성급하게 구는 것은 한국인의 전매특허인 줄로 알고 있으니 이해하기가 그렇게 어렵지는 않을 것으로 생각했다. 파리공항에서 입국절차를 밟을 때

순서를 기다리는 수백 명의 승객들이 불평을 하든 말든 열두 개의 창구 가운데 두 개만 열어 놓고 느릿느릿 처리하는 그들의 근무태도를 보았을 때만 해도 그것이 보편적인 현상이리라고는 생각지 못했고, 버스 안에서 관광안내원 아가씨의 당부를 들었을 때도 기대가 크면 실망도 크기 때문에 너무 큰 기대를 걸지 말라고 일부러 그러는 줄 알았다. 그러나 이건 해도 너무 한다 싶었다.

파리공항에서 에펠탑으로 가는 버스 안에서 안내원은 우리에게 제의 아닌 제의를 했다. 에펠탑의 다리 네 개 가운데 두 곳에 엘리베이터가 설치되어 있지만 평상시 그 엘리베이터 탑승권을 사기 위해 두 시간가량이나 줄을 서서 기다리는 것이 보통인데 지금은 두 대 가운데 한 대가 수리 중이라 줄이 더욱 길 것이 뻔하니 아예 걸어서 올라가면 어떻겠느냐는 것이었다.

과연 엘리베이터 승차권 구입을 위해 기다리는 사람이 100미터가량이나 되게 줄을 서 있기에 우리는 걸어서 올라가기로 하고 엘리베이터 탑승권 매표소를 지나쳐 도보자용 매표소 앞에 줄을 섰다. 엘리베이터 탑승권 매표소나 마찬가지로 도보자용 매표소도 딱 하나뿐이라 거기도 그렇게 만만하지는 않았다. 우리나라 같으면 매표창구를 몇 개 더 만들어서 관람객들의 편의를 도모할 텐데, 아니 그렇게 하지 않으면 관람객들이 가만히 있지 않을 텐데 하는 생각을 하며 30분 정도를 기다리고 나서야 입장권을 샀다.

2층까지 걸어 올라가는 데 10분 정도 걸렸다. 2층에서 다시 3층까지 가는 데는 그보다도 조금 적게 걸렸다. 왜들 승차권을 사느라 두어 시간씩이나 기다리는지 한국인 중에는 이해하는 사람이 없을 것 같은데 유럽 사람들은 그것을 예사로 생각한단다. 그러나 이 점에 있어서는 꼭 누가 잘 사는 것이라고 단언할 수 없으리라.

그런데 세계 최고의 선진국에 웬 소매치기란 말인가? 일행들의 의아해하는 표정을 읽고 관광안내원이 보충해서 설명해 주었다. 자기가 유럽 여행 안내를 20년 정도 했는데 유럽 어느 나라나 다 소매치기가 극성이라고 했다. 자기가 인솔하는 여행단 중에도 소매치기를 당한 사람이 적지 않다고 했다. 그러니 가방을 등에 매는 것은 물론 옆구리에 끼지도 말고 반드시 앞으로 안고 다니라고 했다. 나는 그래도 설마 하는 마음이 많았는데 파리의 개선문 앞에서 소매치기들을 직접 보았다. 그리고 피렌체의 어느 좁은 골목 안에 있는 식당에서 점심을 먹고 나오던 우리 일행 가운데 한 사람이 가방을 털리기 직전에 알아차린 경우도 있었다. 슬그머니 다가와 자기 옷으로 가방을 덮더니 그 밑으로 손을 집어넣더란다. 우리 일행 이외에는 다른 사람이 거의 없는 골목길이었기에 쉽게 눈에 띄었지 더 복잡한 길이었다면 보기 좋게 당했을지도 모를 일이다.

더 기가 찬 일은 이탈리아의 밀라노에서 일어났다. 새벽 세 시가 조금 지난 이른 새벽에 일어나 산악열차로 스위스의 융프라우 정상까지 올라갔다가, 다시 대여섯 시간 동안 버스를 타고 이탈리아의 밀라노까지 와서, 두세 시간을 걸어다니며 3천 명을 수용할 수 있다는 대형 오페라극장인 스칼라극장과 그 앞 광장에 서 있는 레오나르도 다빈치의 석상, 유럽 최초의 백화점이라는 빅토리아엠마누엘2세갤러리아, 3천여 개의 거대한 조각으로 장식되어 있고 100미터 높이의 유리 첨탑을 자랑하며 바티칸의 성베드로성당에 이어 세계에서 두 번째로 크다는 두오모성당 등을 구경하느라 지칠 대로 지쳐 있는 몸을 눕히기 위해 호텔에 들어가자마자 발만 씻고 곧장 자리에 들었다.

그런데 살풋 잠이 들려는 순간 갑자기 어디서 요란한 소음이 들려 왔다. 소리의 근원을 찾아보니 화장실 부근의 벽이었다. 우리 방은 아니고 더 위에서 나는 듯했다. 그러나 정확한 원인은 알 수가 없었다. 곧 그치겠거니 하며 기다려 보았지만 10분이 지나고 20분이 지나도 소리가 수그러들지 않았다. 이러다가는 잠을 설치겠다 싶어서 호텔 종업원에게 전화를 걸어 수리를 요구하기로 했다. 짧은 영어로 내가 하고 싶은 말을 제대로 할 수 있을지 걱정이 되었지만 상황이 상황인지라 어쩔 수가 없었다. 머릿속으로 미리 몇 마디를 준비한 후 전화기를 들었다.

"헬로우!"

긴장된 마음으로 그러나 일부러 우렁찬 목소리로 입을 떼었는데 싱겁게도 전화를 받은 사람이 대뜸 자기는 영어를 못한다고 했다. 목소리의 주인공은 들어올 때 본 늙은 종업원인 듯했다. 그 종업원은 일흔 살쯤 된 할아버지였는데 인상이 상당히 자상해 보였었다. 나이가 많아 영어를 잘 못하는 모양이었다. 다른 사람에게 바꾸어 준다는 말에 다시 긴장한 채 잠시 기다리자니 전화기에서 뜻밖의 목소리가 들려왔다.

"여보세요."

우리 관광안내원이었다. 층은 다르지만 방의 위치가 우리와 같은 301호에서도 소음 때문에 불편하다며 항의를 해 왔다는 것이었다. 그 순간 나는 나의 바보짓에 실소를 금할 수 없었다. 관광안내원한테 부탁할 생각을 못하고 서툰 영어로 직접 전화를 걸어 해결하려고 한 것은 일곱 차례에 걸쳐 나 자신이 관광안내원이 되어 학생들을 인솔한 소동파 답사의 영향이리라.

자기가 해결할 테니 잠시 기다려 보라는 우리 관광안내원의 말에 안도하며 한참을 기다렸으나 여전히 아무런 소식이 없어 옷을 갈아 입고 현관으로 내려가 보았다. 안내원이 누군가와 통화를 하고 있는데 사뭇 애원조였다. 거의 우는 목소리로 통사정을 하고 있었다. 그 옆에서 종업원 할아버지는 무덤덤한 표정으로 자기 일을 하고 있었다.

한참 만에야 통화를 끝낸 안내원에게 누구기에 그렇게 통사정을 했느냐고 물었더니 그 호텔 사장이란다. 소음 문제를 해결할 수 없다기에 그럼 다른 쪽 방으로 바꾸어 달라고 했더니 다른 쪽 방은 빈 것이 없고 오직 한 군데가 있는데 그쪽 방은 침대 놓인 곳과 화장실 있는 곳의 높이가 조금 달라서 바로 며칠 전에 한 투숙객이 화장실에 갔다가 실수로 발을 헛디뎌 다리를 다친 적이 있기 때문에 줄 수가 없다는 것을 그렇게 통사정해서 허락을 받았다는 것이었다. 우리의 관점에서는 도저히 이해가 안 되는 일이다. 아무리 늦은 시각이라고 해도 객실에 문제가 생겼다는데 문제의 원인을 규명하기 위해 와 보는 사람이 없다는 사실도 이해하기 힘들거니와 사장에게 통사정할 일이 있으면 종업원이 할 것이지 왜 손님이 해야 하는지는 더욱 이해하기 힘들었다. 그러나 우리 관광안내원의 말에 의하면 그것이 유럽이란다.

이튿날 아침에야 우리 관광안내원에게 소음의 원인이 무엇인지 들을 수 있었다. 유럽에서는 금요일 저녁이면 젊은이들이 밤을 새워가며 노는데 어제가 마침 6월 22일 금요일이었기 때문이란다. 그 호텔 화장실은 수도관에 붙어 있는 손잡이를 내리면 물이 나오고 다시 올려야 멈추는데 601호실에 투숙한 젊은이들이 실수로 손잡이를 내린 후 다시 올리지 않은 채 그냥 외출했다가 새벽에야 돌아왔다는 것이다. 그랬으니 우리가 투숙한 501호실이 그렇게 시끄러웠을 수밖에! 호텔 종업원이 그곳으로 한 번 와 보기만 했어도 원인을 알 수 있었을 것이고 그랬다면 다른 열쇠로 열고 들어가 간단하게 해결할 수 있었을 것 아닌가! 참 기가 찬 노릇이었다. 그런데 20년 동안 유럽 여행을 안내했다는 우리 안내원은 별로 대수롭지 않게 여겼다.

요즈음 유럽의 몇몇 나라들이 경제난으로 위기에 처해 있다는 보도가 자주 들린다. 그런데도 국민들은 정부의 긴축재정에 항의하는 시위를 격렬하게 벌이고 있다고 한다. 그리스의 아테네에서는 5만 명이 넘는 시위대가 화염병을 던지며 무장경찰과 대치하고 있다고 하고, 스페인의 마드리드에서도 수천 명의 시위대가 의회를 포위한 채 경찰과 충돌하는 바람에 수십 명이 부상을 입었다고 한다. 경제사정이 안 좋아지면 허리를 졸라 매는 것이 당연한데도 국민들이 정부의 긴축재정을 받아들이지 못하는 것은 내핍생활을 감수할 인내심이 너무나 부족하다는 뜻이다. 자기 집이 이미 망해 버린 줄도 모르고 대출을 받아서라도 고급 승용차를 사 달라고 부모에게 생떼를 쓰는, 한때 부자였던 집 아이들의 철없는 행패 바로 그것이다. 부자가 삼대를 못 간다고 하거니와 부자가 삼대를 못 가는 것은 후손들의 마음가짐이 더 이상 자수성가한 제1대의 그것과 같지 않기 때문일 것이다. 다시 말해서 제1대의 마음가짐이 제2대는 혹 몰라도 제3대까지 지속되기는 어렵기 때문일 것이다.

이번 유럽 여행을 통하여 나는 유럽의 많은 나라가 조상들의 문화유산을 뜯어 먹고 산다는 생각을 갖게 되었다. 우리가 간 곳이 다 유명한 관광지여서 그렇겠지만 가는 곳마다 관광객이 엄청나게 많았기 때문이다. 그러나 이번 단체 여행에는 젊은이들도 몇 명 끼어 있었는데 이들은 이번 여행에 참가한 것이 후회스럽다고들 했다. 이것은 앞으로 유럽 여러 나라의 관광수입이 점점 줄어들 것임을 예고한다. 게다가 국민들이 이처럼 내핍생활을 감수하지 못한다면 그들의 미래는 예측 가능한 것이 아닐까!

30여 년 전 우리나라는 한창 인구억제정책을 실시하고 있었다. 그 당시 인구에 회자하던 표어 가운데 아직도 생생하게 기억되는 것이 몇 개 있다.

"덮어놓고 낳다 보면 거지꼴을 못 면한다."

이것은 식량부족에 대한 공포심을 자극해서 인구증가를 억제하려는 표어였다.

"아들 딸 구별 말고 둘만 낳아 잘 기르자."

이것은 전통적으로 이어져 온 남아선호사상 때문에 아들을 낳기 위해 아이를 자꾸 낳게 된다는 인식하에, 이러한 사고방식을 바꿈으로써 인구증가를 억제해 보려는 표어였다.

세월이 좀 더 지난 뒤에는 한 집에 두 명도 오히려 많은 편이니까 한 집에 한 명씩만 낳자고 권유하기에 이르렀다.

"잘 키운 딸 하나 열 아들 안 부럽다."

아들 딸 구별 말고 두 명씩만 낳게 하려던 정책이 이제는 아들 딸 구별 말고 한 명씩만 낳게 하려는 방향으로 심화된 것이다. 더 나아가서 아주 극단적인 표현도 등장했다.

"하나씩만 낳아도 삼천리는 초만원."

이처럼 인구억제정책이 강력하게 실시되고 있던 1977년 말에 나는 어느 대기업의 신입사원연수에서 한 강사가 이와 정반대로 주장하는 것을 보았다. 앞으로 30~40년 뒤에는 우리 한민족이 세계를 지배하게 될 것이기 때문에 그때의 인력 수요에 대비해서 지금 아이를 많이 낳아 두어야 한다는 것이었다. 그 분은 당시의 인구억제정책이 크게 잘못된 것이라고 힘주어 주장했다.

우리 한민족이 세계를 지배한다니 얼마나 기분 좋은 얘기인가! 듣기만 해도 통쾌한 얘기였다. 다들 기분 좋게 한바탕 웃었다. 그러나 그 자리에 있던 사람들 가운데 그것이 가능한 말이라고 생각하는 사람은 없는 듯했다. 당시 우리나라 사람들은 우리나라처럼 작은 나라가 세계를 지배할 수 있을 것이라는 데에는 생각이 미치지 않았고 그저 얼른 후진국이나 면했으면 하는 정도로 생각했었다.

그러나 그로부터 30여 년이 지난 지금 도처에서 우리나라가 세계를 지배해 가고 있음을 보여 주는 각종 현상들이 나타나고 있다. 오늘날 우리나라는 각종 과학기술 분야에서 세계 최강의 자리를 차지하고 있다. 일례로, 우리나라의 정보기술IT, Information Technology이나 조선造船기술이 세계 최강이라고 한다. 2011년 영국 런던에서 개최된 국제기능올림픽대회에서 우리나라 선

수단이 열일곱 번째의 우승을 차지했다는 사실도 이와 맥락을 같이한다. 1950년에 시작되어 매년 또는 2년마다 한 번씩 개최되어 온 이 대회는 2011년에 제41회를 맞이했는데 총 41회 중에서 우리나라가 17회나 우승을 차지한 것이다. 총 41회 중에서 우리나라가 17회나 우승을 차지했다면 이는 우리나라가 우승을 휩쓸었다고 해도 과언이 아닐 것이다.

예술이나 체육, 음식문화에 있어서도 마찬가지다. 요즘 이른바 한류라고 해서 우리나라 연예인들이 중국인들과 동남아인들은 물론 일본인들과 서구인들 사이에서도 크게 각광을 받고 있다. 중국의 경우 지방 소도시에서도 옥외 광고판에 우리나라 연예인의 사진이 붙어 있는 것을 심심찮게 볼 수 있고 많은 중국인들이 우리나라 연속극을 본다고 하는 말을 들을 수 있다. 또 도처에 한국 식품을 파는 식료품 가게도 있다. 일본도 예외가 아니어서 얼마 전에 보도된 바에 의하면 일본 여성들이 우리 술 막걸리의 매력에 빠져 우리나라로 막걸리 관광을 오는 풍조가 있는가 하면 일본 안에서 각종 개량 막걸리가 인기를 얻고 있다고도 한다. 뿐만 아니라 서양 사람들이 우리나라 비빔밥의 우수성에 혀를 내두른다는 소문도 있다.

더욱 반가운 소식은 인도네시아의 소수민족인 찌아찌아족이 우리 한글을 자신들의 언어를 표기할 공식 문자로 채택했다는 사실이다. 우리 한글이 세계 어느 문자보다도 과학적이고 그래서 어느 문자보다도 익히기 쉽고, 그러면서 표기할 수 있는 발음이 가장 많기 때문일 것이다. 이것이 출발점이 되어서 앞으로 문자가 없는 다른 민족 중에도 한글을 자신들의 공식 문자로 채택할 가능성이 얼마든지 있을 것이다.

30여 년 전에 어느 강사가 말한 한민족의 세계지배! 이제 더 이상 환상이 아닌 것 같다. 우리끼리나 할 수 있는 듣기 좋은 말도 아닌 것 같다. 한민족의 세계지배! 머지 않아 우리 앞에 다가올 현실인 것 같다.

속담은 많은 사람들의 장기간에 걸친 경험을 통하여 형성된 믿을 만한 말이다. 이제 바야흐로 우리 모두 이 속담을 한번 되새겨 볼 때다.

"삼대 부자 없고 삼대 거지 없다."

2012년 11월 2일

금강산과 소동파

항간에 북송北宋 시인 소동파蘇東坡, 1036~1101가 "고려국에 태어나, 금강산을 꼭 한 번 구경했으면願生高麗國, 一見金剛山" 하고 읊은 것으로 널리 알려져 있다. 그러나 소동파의 시집을 아무리 뒤져 보아도 그에게 이런 시구는 없다. 시뿐만 아니라 문장 중에도 이런 구절은 없다. 고려대학교 중문학과창설 30주년기념 학술대회가 열리던 10년 전, 중국 최고의 소동파 전문가인 상해上海 복단대학復旦大學 중문과의 왕수조王水照, 1934~ 교수를 만났을 때 혹시나 해서 문의해 보았으나 그 분도 역시 소동파의 시나 문장 가운데 그런 구절이 있다는 말은 들어 본 적이 없다고 했다. 그리고 나중에 백방으로 알아보았지만 역시 확인이 안 된다고 했다. 그런데 도대체 무엇 때문에 이 말이 우리 사회에 널리 퍼져 있는 것일까?

중국 최대의 인터넷 검색 사이트라는 빠이뚜百度에서 검색해 보니 여기에도 이것이 소동파의 시구임을 전제로 한 글이 많이 나온다.

> 중국 송대의 대문인 소동파가 "고려국에 태어나, 금강산을 꼭 한 번 구경했으면"이라는 시구로 천하제일의 명산 금강산을 찬미한 적이 있다. 일찍이 석가모니의 어록을 기록한 ≪화엄경≫에 금강산 일만 이천 봉우리에 관한 기록이 있으니 금강산

의 봉우리가 얼마나 많은지 알 수 있다.(中國宋代大文人蘇東坡曾以"願生高麗國, 一見金剛山"的詩句, 贊美了天下第一名山金剛山. 早在紀錄釋迦牟尼語錄的經文≪華嚴經≫上就記載有金剛山一萬兩千山峰的內容, 可見金剛山山峰之多.)

소동파는 마음속으로 "고려국에 태어나, 금강산을 꼭 한 번 구경했으면" 하고 바랐다. 소동파는 언제나 이토록 산을 좋아하여 동서남북을 따지지 않았다.(蘇東坡的心願"願生高麗國, 一見金剛山." 蘇東坡總是那麼愛山, 不論東西南北.)

일찍이 우리나라의 송대에 소동파는 진심으로 "고려국에 태어나, 금강산을 꼭 한 번 구경했으면" 하고 감탄했다.(早在我國宋代, 蘇東坡就由衷感歎"願生高麗國, 一見金剛山".)

그러나 이 글들은 소동파의 어느 작품에 이런 구절이 있는지 출처를 밝히지 않았다. 어쩌면 여행사에서 항간에 떠도는 말을 근거로 대문호 소동파를 금강산 홍보대사로 동원한 것이 아닐까 싶기도 하다.

어떤 기사는 더 거슬러 올라가 당나라 시인의 말이라고 하기도 한다.

당나라 때 시인에게 "고려국에 태어나, 금강산을 꼭 한 번 구경했으면"이라는 시구가 있거니와 금강산, 9월의 금강산은 정말이지 아름답기 그지없다.(難怪唐代詩人有"願生高麗國, 一見金剛山"的詩句, 金剛山, 九月的金剛山, 實在是秀美極了.)

또 어떤 기사는 한 걸음 더 나아가 이것이 대시인 이백李白, 701~762의 말이라고 못을 박아 놓았다. 물론 근거는 제시되어 있지 않다.

> 일찍이 중국의 당나라 때에 벌써 대시인 이백이 금강산을 구가한 "고려국에 태어나, 금강산을 꼭 한 번 구경했으면"이라는 시구가 있었으니, 금강산의 빼어난 경치가 일찌감치 천하에 이름을 드날렸음을 알 수 있다.(早在中國唐朝就有大詩人李白謳歌金剛山的著名詩句"願生高麗國, 一見金剛山". 可見金剛山勝景早已名揚天下.)

이처럼 이백의 이름까지 차용한 말은 오히려 이 말의 진실성을 더욱 의심스럽게 한다.

어떻게 된 일인지 도무지 갈피를 잡을 수가 없어서 이런저런 생각을 하다 보니 문득 우리나라의 어떤 선비가 시화詩話나 수필에서 이와 비슷한 말을 한 것이 와전되거나 과장된 것이 아닐까 하는 생각이 들었다. 얼른 한국고전번역원 사이트로 들어가서 검색해 보니 수많은 명인들의 이에 관한 언급이 주루룩 나열된다. 예를 들면, 김시습金時習, 1435~1493은 〈관동지방을 노닐고 지은 시의 뒤에 덧붙이는 글宕遊關東錄志後〉(≪매월당시집梅月堂詩集≫권10)에서

> 우리나라는 땅이 비록 좁지만 산수가 맑고 아름다워서 달인과 군자들이 경모하는 곳이다. 공자께서 구이의 땅에 살고 싶어하신 뒤로 항간에 중국인이 "고려국에 태어나, 금강산을 친히 한 번 구경했으면" 했다는 말이 있을 지경에 이르렀으니 이는 우리나라의 산수가 맑고 시원스러워서 비좁은 가슴을 씻어줄 수 있기 때문이다.(我國地雖偏狹, 山水淸麗, 達人君子之所景慕者也. 夫子欲居九夷, 至有俗語中國人云: "願生高麗國, 親見金剛山." 以其泉石蕭爽, 可滌鄙吝之胸故也.)

라고 했고, 홍대용洪大容, 1731~1783은 〈건정동필담乾淨衕筆談〉(≪담헌서湛軒書 · 외집外集≫ 권2)에서

> 그 가운데 금강산 · 지리산 · 한라산은 삼신산이라 하여 산에 영험하고 이채로운 옛날 사적이 많은데 금강산은 그 중에서도 가장 기이하고 수려한 산인지라 중국인이 시를 지어, "고려국에 태어나, 금강산을 꼭 한 번 구경했으면"이라고 한 적이 있다.(其中金剛 · 智異 · 漢挐, 號稱三神, 山多靈異故蹟, 而金剛其最奇秀者也. 中國人曾有詩曰: "願生高麗國, 一見金剛山.")

라고 했다. 김시습과 홍대용은 모두 그냥 중국인의 말이라고만 했지 특정인을 지목하지 않았다. 그리고 김시습의 글은 이 말이 당시 우리나라 사람들 사이에 널리 알려져 있었다는 사실을 전해 준다.

이이李珥, 1536~1584는 〈나는 풍악산에서 노닐 때 게을러서 시를 짓지 않다가 유람이 끝난 뒤에 보고 들은 바를 주워 모아 삼천 자짜리 시를 완성한바, 이는 감히 시를 지은 것이라고 할 수는 없고 단지 돌아다니면서 직접 경험한 것을 기록한 것일 뿐이다. 더러는 말이 비루한 곳도 있고 더러는 같은 글자를 다시 압운한 곳도 있으니 보는 이는 웃지 말기 바란다余之遊楓嶽也, 懶不作詩, 登覽旣畢, 乃摭所聞所見, 成三千言, 非敢爲詩, 只錄所經歷者耳. 言或俚野, 韻或再押, 觀者勿嗤〉(≪율곡선생전서습유栗谷先生全書拾遺≫ 권1)라는 시에서 "맑고 고운 기운만 다 모아 놓고, 개골산이라고 이름 지으니, 아름다운 그 이름 온 세상에 두루 퍼져, 다들 우리나라에 태어나길 바라네特鍾淸淑氣, 名之以皆骨. 佳名播四海, 咸願生吾國"라고 한 뒤 "항간에 중국인이 '고려국에 태어나, 금강산을 친히 한 번 구경했으면' 했다는

말이 전한다諺傳中華人有言曰: '願生高麗國, 親見金剛山'云云"라는 자주自註를 덧붙여 놓았다. 이이의 시구와 자주를 종합해 보면 어느 특정인에 국한되는 것이 아니라 '온 세상四海' 사람이 '다들咸' 고려에 태어나서 금강산을 한 번 구경하고 싶어했음을 알 수 있다.

양사언楊士彥, 1517~1584 역시 〈금강산金剛山〉(≪봉래시집蓬萊詩集≫ 권1)이라는 제목의 오언절구에서 고려에 태어나서 금강산을 구경하고 싶어하는 사람의 범위를 '천하인'으로 규정했다.

나는 들었거니와 천하인들이
아름다운 우리 땅 고려국에 태어나
금강산 일만이천 봉우리들을
친히 한 번 보기를 원한다 하네.

吾聞天下人(오문천하인)
願生高麗國(원생고려국)
親見金剛山(친견금강산)
萬二千峰玉(만이천봉옥)

그런데 우리 선인들의 글 가운데 이 말의 출처를 명시한 것이 있어 눈이 번쩍 뜨이게 한다. 조선 순조 때 사람 박사호朴思浩, 1784~1854가 청나라에 다녀오면서 쓴 사행일기使行日記 중의 〈난설시감蘭雪詩龕〉(≪심전고心田稿≫ 권3)이 그것이다.

이로 인해 나에게 묻기를, "귀국에 금강산이 있어 으뜸 가는 명승이라 하던데 그 풍경에 대해서 좀 들어볼 수 있을까요? ≪명사≫의 주지번 시에, '고려국에 태어나, 금강산을 꼭 한 번 구경했으면'이라고 했으니 참으로 까닭이 있을 것입니다"라고 했다.(因問余曰: "貴邦有金剛山, 爲第一名勝, 其風景可得聞乎? ≪明史≫朱之蕃詩云: '願生高麗國, 一見金剛山', 良有以也.)

주지번朱之蕃, 1546~1624이 조선 선조 39년1606에 명나라 사신으로서 우리나라에 온 적이 있으니 이런 시를 지었음직하다. 그런데 문제는 현전하는 ≪명사≫는 물론 이십오사二十五史를 다 검색해도 이런 구절이 없다는 사실이다. ≪심전고≫의 다른 판본 두 가지를 확인해 보아도 원문이 다 '明史朱之蕃명사주지번'으로 되어 있어서 섣불리 단정할 수는 없지만 아무래도 이 부분이 '명나라 사신 주지번'이라는 뜻인 '明使朱之蕃명사주지번'의 착오인 것 같은지라 내친김에 사고전서四庫全書를 다 검색해 보아도 이런 말이 전혀 없다. 그러나 분명한 것은 주지번이 이전 사람들의 말을 차용하여 자신의 시구로 삼았을 수는 있어도 그가 결코 이 말의 원조일 수는 없다는 사실이다. ≪조선왕조실록朝鮮王朝實錄≫ 중의 태종4년1404 9월 21일자 기사에 이미 이런 말이 있기 때문이다.

하윤・이거이・성석린・조준・이무・이서를 불러서 정사를 논의했다. 주상께서 "중국 사신이 오면 꼭 금강산을 보고 싶다고 하는데 무슨 까닭인가? 항간에 '중국인 가운데 "고려국에 태어나, 금강산을 친히 한 번 구경했으면" 한 사람이 있다'고 하던데 정말 그러한가?" 하시자, 하윤이 앞으로 나아가서 "금강산이 동국에 있다는 말이 ≪대장경≫에 실려 있기 때문에 이런 말을 하는 것입니다"라고 했다.(召河崙・李居易・成石璘・趙浚・李茂・李舒議事. 上曰: "中國使臣來則必欲見金剛山, 何也? 諺曰: '中國人有云: "願生高麗國, 親見金剛山"者', 然乎?" 崙進曰: "金剛山在東國之語, 載在《大藏經》故云爾.")

이 실록은 어떤 중국인이 고려에 태어나서 금강산을 한 번 보았으면 좋겠다고 한 말이 일찍이 주지번이 태어나기 훨씬 전인 조선 초기에도 이미 널리 알려져 있어 국왕의 귀에까지 들어갔다는 사실과, 그 이유가 금강산이 불경에 언급되어 있는 산이기 때문이었다는 사실을 전해 준다.

이상에서 살펴본 여러 사람의 말을 토대로 유추하건대, "고려국에 태어나, 금강산을 꼭 한 번 구경했으면"이라고 한 것은 어느 불심 깊은 중국인이 ≪대장경≫을 읽다가 동국에 금강산이 있다는 대목을 보고 그것을 꼭 한 번 보고 싶다는 자신의 염원을 토로했는데 그 뒤에 그것이 다른 중국인들에게도 널리 공감을 얻었고, 어느 때부터인가 그 말의 권위를 높이기 위해 소동파에게 가탁한 것으로 보인다. 이규보李奎報, 1168~1241가 〈전이지에게 답하여 글월에 관해 논하는 편지答全履之論文書〉에서 당시의 젊은 학자들이 일단 과거에 급제하여 시간적 여유가 생기기만 하면 너도나도 소동파의 시를 배우는 기풍을 두고, "세상의 학자들이 처음에는 과거시험에 필요한 문체를 익히느라 풍월을 일삼을 겨를이 없다가, 과거에 급제하고 나서 시 짓는 법을 배우기 시작하면 소동파 시 읽기를 무척이나 좋아하기 때문에, 매년 과거의 방이 나붙은 뒤에 사람마다 금년에 또 서른 명의 소동파가 나왔다고 여긴다世之學者, 初習場屋科擧之文, 不暇事風月, 及得科第, 然後方學爲詩, 則尤嗜讀東坡詩, 故每歲牓出之後, 人人以爲今年又三十東坡出矣"라며, 과거에 급제한 젊은 선비들이 모두 소동파의 시를 배웠다고 증언했을 정도로 고려 시인들이 소동파를 좋아했다는 사실이 이러한 가탁에 동기를 제공했음직하고, 소동파가 여송통교麗宋通交를 극력 반대했다는 사실이 이러한 가탁을 더욱 조장했을 것이라는 역설도 배제할 수 없을 것 같다.

2013년 7월 23일

파리에서 보내온 합죽선

원종례

가톨릭대 중문과 교수

울타리 밑 가을 국화는
절반쯤 꽃이 떨어져 있는데
등불 앞에서 새로 꿈을 꾼다

- 서정경 〈문장연월〉

북경의 정야사靜夜思

나는 지금 북경에 있다. 북경 사범대에서 개최한 문학이론과 문학사 국제학회에 참여하기 위하여 사흘 전에 북경으로 온 것이다. 학회는 어제 끝났다. 모두들 올림픽 경기장 구경을 갔다. 나만 호텔에 남아 논문을 쓰다가 저녁 무렵에 치앤먼前門에 다녀왔다.

치앤먼에서 전철을 내려 따짜란大柵欄을 향해 걸었다. 명 청 시대 때와 다름없이 여전히 나지막하게 늘어서 있는 고가古家들의 지붕 위를 석양이 비추고 있었었다. 몇 년 묵힌 필름으로 찍은 칼라 사진 같았다. 뿌연 먼지 속의 석양은 북경이라는 역사만큼이나 빛바래 보였다. 걸음을 멈추고 석양을 한참 동안 쳐다봤다. 새삼 무엇인가 특별한 생각이 떠오르지는 않았다.

따짜란에 있는 동인당 약방에 들려 계지桂枝를 좀 사고 다기茶器 가게에 들려 100위안 짜리 차호 한 개를 샀다. 그리고 고우뿌리狗不理라는 식당으로 들어가 야채 소가 들어 있는 빠오즈 만두와 콩나물 위주의 야채 팔보채로 저녁을 먹었다.

숙소로 돌아와 있는 지금, 창밖에 보이는 북경의 거리에는 홰나무들이 가로수로 죽 늘어 서 있다. 홰나무는 북경시의 시 나무市樹라고 한다. 서울시의 나무는 개나리이고 항주시의 나무는 계수나무라 하는데. 그래서인지 북경의 길거리에는 여기저기 커다란 홰나무들이 서 있다. 홰나무槐는 콩과의 낙엽 교목인데, 잎 모양이 아카시아 잎과 비슷하다. 그러나 가시는 없다. 내가 다닌 여고 교정에는 홰나무 한 그루가 상징처럼 서 있었다. 100살도 넘었고 화재를 겪어 이상한 모습을 하고 저 홀로 서 있어서 그랬는지 가로수로 죽 늘어 서 있는 창밖의 저 홰나무들은 그 나무와는 느낌이 사뭇 다르다. 하여간 어젯밤에 홰나무 밑에서 올려다 본 달은 가지와 잎사귀들 덕에 참 좋았다. 그리고 오늘 밤 북경 제2호 병원醫院 위의 하늘엔 이제 둥근 달이 떴다. 지난 달에 추석이었으니까 저 달은 9월의 보름달일 것이다.

우리 학교 미카엘관 앞 소나무 군락 위에도 하늘 높이 달이 떠 있을 것이다. 우리 학교는 요즘 여기저기 구절 꽃이 피어 있다. 안개 서린 밤에 키다리 소나무들 위에 뜬 달은 차가운 서슬이 느껴진다. 안개 낀 달밤에 하얀 구절초 꽃들은 청결한 느낌을 낸다. 이백이 정야사靜夜思에서 읊은 것처럼 고개 들어 홰나무 위 보름달을 쳐다보다擧頭望槐上明月가 고개 숙이고 먼 데 있는 교정을 생각한다低頭思萬里淸院.

2008년 9월 15일 

서정경의 《화간집花間集》을 찾아서

2, 3년 전 〈서정경의 시적 미각徐禎卿의 詩的味覺〉이라는 논문을 쓰는 과정에서 《사고전서총목제요四庫全書總目提要》에 인용된《서씨별고5집徐氏別稿五集》에 대한 청나라 사람 모선서毛先舒의 글을 보고 서정경이 20대 초반 청년기에 쓴《화간집花間集》에 대한 관심이 생겼다.

모선서의《서씨별고 5집》에 대한 평가는 다음과 같다.

> 창곡(昌穀)은 …… 또《서씨별고오집(徐氏別稿五集)》이 있는데, 그 제목은《앵무편(鸚鵡編)》,《초동집(焦桐集)》,《화간집(花間集)》,《야흥집(野興集)》,《자참집(自慙集)》으로 모두 다섯 개의 시집이다. ……《서씨별고》가운데《초동집》은 근체(近體)가 많은데 흠이 가장 많다.《앵무편》은 육조시를 많이 배웠고, 간간이 만당시의 시풍을 섞은 까닭에 〈죽지사(竹枝詞)〉나 〈절양류(折楊柳)〉의 느낌이 있다.《화간집》은 '문장 잘 쓰는 강남 지역에선 사람마다 주옥같은 글을 쓰고, 안개와 달이 어우러진 양주는 나무마다 꽃을 피웠다(文章江左家家玉, 烟月揚州樹樹花.)'와 같은 부류의 시들을 모은 것으로 시로서는 소승(小乘)이며 사(詞)에 넣어도 역시 부족하지 않을까 생각된다. 그밖에 '꽃 속 두 마리 나비를 때려 떼어놓았더니, 담장 너머로 날아가서 또 모인다(花間打散雙蝴蝶, 飛過墻兒又作團.)'라든가 〈버드나무 꽃〉에 대해

서 읊은 시의 '눈 깜짝할 사이에 봄바람 부니 유감스럽구나. 우물의 진흙이 흘러나오는 곳이 앞길이로다.(轉眼東風有遺恨, 井泥流水是前程.)'라고 한 것 등은 바로 사가(詞家)들의 감정을 나타낸 말 가운데에서도 최고이다. (昌穀……又有《徐氏別稿五集》, 其名曰《鸚鴣編》, 《焦桐集》, 《花間集》, 《野興集》, 《自慙集》, 总为五集. ……《別稿五集》中, 《焦桐》多近體, 最疵. 《鸚鴣》, 多學六朝, 間襍晚唐, 有〈竹枝〉·〈楊柳〉之韻. 《花間》, '文章江左家家玉, 烟月揚州樹樹花', 詩爲小乘, 入詞亦苦方不稱. 他如「花間打散雙蝴蝶, 飛過墻兒又作團.」詠〈柳花〉云:「轉眼東風有遺恨, 井泥流水是前程.」便是詞家情語之最.)

서정경의 《화간집》에 대한 모선서의 평가는 결코 우호적인 것이 아니다. 시로서는 '소승시小乘詩'라는 말은 폄언이다. '대승시大乘詩'가 못 된다는 뜻이기 때문이다. '詞에 넣어도 부족하다'는 말은 대단한 혹평이다. 그러나 그가 비평한 '문장강좌가가옥, 연월양주수수화文章江左家家玉, 烟月揚州樹樹花'라는 구절이 있는 〈문장연월文章煙月〉 시는 서정경을 일약 '강남 제일의 천재시인'으로 사람들에게 각인시켜준 명작이었다.

서정경의 친구 문징명文徵明은 "文章煙月의 시구는 지금도 사람들의 입과 입술에 향기가 감돌게 한다.文章煙月之句, 至今令人口吻猶香. 吳景旭撰《歷代詩話》권77. 癸集中之下고 했고, 명말 청초의 전겸익錢謙益도 문징명의 이 견해에 동조하여 이 시에 대한 애호를 표명한 바 있다.錢謙益《列朝詩集小傳 丙集》上海古籍出版社, 1983 모선서가 이 작품을 詞에 넣기에도 부족하다고 혹평을 한 이유는 그가 '화려하고 고운華艷' 표현을 좋아하지 않는 취향을 지녔기 때문이었을 것이다.

모선서의 혹평에도 불구하고 나는 모선서가 인용한 《화간집》시에 대해서 심한 매력을 느꼈다. 그래서 이 세 수의 시를 찾아보기 시작했다. 〈文章烟月〉 시는 대만의 중앙연구원에 소장된 부광택傅光宅이 재차 편집한重選《서적공외집徐迪功外集》에 실려 있고 이 책이 출판되어 있어 어렵지 않게 구해볼 수 있었다. 〈文章煙月〉의 전편을 보면 다음과 같다.

風霜獨臥閑中病(풍상독와한중병), 時節偏催壑口蛇(시절편최학구사).
籬下落英秋半菊(리하낙영추반국), 燈前新夢鬢雙華(등전신몽빈쌍화).
文章江左家家玉(문장강좌가가옥), 煙月揚州樹樹花(연월양주수수화).
今待此心銷減盡(금대차심소감진), 好持齋鉢禮毗耶(호지재발예비야).

이 시를 우리말로 옮겨보면 다음과 같다.

서리와 바람 속에 혼자 누워
한가로이 앓고 있는데
계절은 고집스레
골짜기 뱀을 재촉한다.
울타리 밑 가을 국화는
절반쯤 꽃이 떨어져 있는데
등불 앞에서 새로 꿈을 꾼다:
양쪽 귀밑머리가 다 희는.
문장으로 유명한 강남에선
사람마다 주옥같은 글을 써내고

안개와 달빛이 어우러진 양주에는
나무마다 꽃이 피었다.
지금은 이 마음
다 녹고 줄어들어 없어지길 기다리나니
조심해서 바릿대 들고
비야의 석가모니께 예배를 드려야겠다.

이 시는 서정경이 스무 살이던 홍치 10년에 낸 시집《탄탄집嘆嘆集》에도 실렸었다니 그가 스무 살 이전에 쓴 것이다. 그는 17세에 처음으로 본 향시에서 낙방을 했다. 이 시는 향시에 낙방을 한 그가 유흥과 시 쓰기를 멀리 해야겠다는 다짐을 나타낸 것이다. 과거 준비에 전념해야 하는데, 글쓰기 좋아하는 풍토의 강남 소년이 안개 자욱히 끼고 달빛 몽롱하고 나무마다 꽃이 피어 아름다운 양주를 지척에 두고 살고 있으니 걸핏하면 양주로 놀러가고 싶고 시 쓰고 싶은 생각을 떨쳐내기가 어렵다. 그러다간 귀밑머리가 다 희어지도록 과거에 합격하지 못할 수 있으니, 병으로 누워 있는 지금 부처님께 시를 쓰고 싶은 마음을 없애달라고 빌어야겠다는 것이다. 경제적으로 번영한 15세기 중국의 강남 소년 서정경은 향시 낙방이라는 고배를 마시고나서 그 지방 풍토병이라고 할 수 있는 시문詩文에 대한 정열을 끊어야만 과거 시험에 성공할 수 있겠다는 생각이 들어 이 시를 썼는데, 아이러니컬하게도 이 시의 '文章江左家家玉, 煙月揚州樹樹花'는 오히려 그 시대 오중吳中뿐만 아니라 명나라 청년들의 마음을 예술과 유흥으로 쏠리도록 부추기는 선동효과를 발휘하였고, 그 대가로 서정경은 강남 제일의 천재시인이라는 명성을 얻어, 벼슬길에 오른 뒤에도 시샘과 견제를 받았다고 한다.

그러나 「花間打散雙蝴蝶, 飛過墻兒又作團」과 〈유화柳花〉 시는 어디에서도 찾아지지가 않았다. 그러나 이들 시의 다음 내용이 무척 궁금했다. '花間打散雙蝴蝶'과 '轉眼東風有遺恨'를 인터넷에서 아무리 검색해 봐도 나오지 않았다. 우리나라 검색 싸이트는 물론이고, 대만이나 중국 싸이트에서도 검색이 안 되었다. 그렇게 거의 2년 정도가 지나갔다.

결국에는 복단대학復旦大學 고적연구소古籍硏究所의 진광굉陳廣宏교수와 북경사회과학원北京社會科學院의 장인蔣寅 교수에게 그들의 도서관에 《서씨별고5집》이 소장되어 있는지 찾아봐 달라고 부탁을 했다. 진교수는 처음에는 자기네 연구소에 진본이 없으면 복사본이라도 있을 것이라고 하더니 막상 찾아보니 없다고 했다. 장교수는 사회과학원에 그 책이 있다는 메일을 보내왔다. 다만 그 책은 직접 볼 수 있으나 복사는 불가하니 사회과학원에 직접 와서 봐야 한다고 했다.

작년 10월에 북경사범대학에서 문학이론학회가 국제학회로 개최되었다. 십여 년 전에 고려대학교에 교환교수로 와 계실 때 알게 된 동칭빙董慶炳교수가 초청장을 보내왔다. 노교수님이 보내온 초청장이라 응하는 게 도리일 것 같고, 또 사회과학원에 가서 서정경의 《서씨별고5집》을 찾아보자는 마음에서 참석하기로 했다. 떠나기 전에 장인교수에게 북경에 갈 테니 그 책을 좀 볼 수 있게 도와달라는 메일을 보냈다. 그는 자기는 지금 교환교수로 대만에 있기 때문에 직접 도와줄 수는 없으나, 대신 자기 제자이며 지금 조교를 맡고 있는 리타오李桃라는 학생에게 말해 두었으니 그녀의 도움을 받으라 했다. 아울러 그녀가 지금 이제현李齊賢의 문집 번역을 박사학위 논문으로 준비하고 있으니 그녀의 연구에 보탬을 좀 주라는 부탁도 곁들였다.

북경으로 떠나기 전 나는 리타오와 몇 차례 메일을 주고받으며 연락을 취했다. 그리고 학회가 열리기 이틀 전에 북경으로 갔다. 도착한 다음 날 오전에 사회과학원으로 가 리타오를 만났다. 그러나 그날은 도서관을 휴관하는 날이라 책은 보지 못하고 돌아왔다. 하여간 학회가 열리는 이틀 중 내 발표가 없는 날 한나절과 학회가 파한 다음날 하루 동안 나는 사회과학원 도서관에 드나들며 문제의 시를 찾아냈다. 모선서가 말한 「화간타산쌍호접, 비과장아우작단花間打散雙蝴蝶, 飛過墻兒又作團」은 《서씨별고》의 《화간집花間集》에 다섯 번째로 실려 있었다. 제목은 〈효규중어3수效閨中語3首〉였다. 이 시 전편은 다음과 같다,

小小亭臺曲曲欄(소소정대곡곡란), 支頤獨倚悄無言(지이독의초무언).
楊花飛處春衫薄(양화비처춘삼박), 風信今朝第幾番(풍신금조제기번).

幽懷無語轉悽悽(유회무어전처처), 滿目風煙曉夢迷(만목풍연효몽미).
恠底春愁添一倍(괴저춘수첨일배), 落花庭院鳥頻啼(낙화정원조빈제).

繡罷還呼姊妹看(수파환호자매간), 午風晴日滿欄幹(오풍청일만난간).
花間打散雙蝴蝶(화간타산쌍호접), 飛過牆兒又作團(비과장아우작단).

이 시를 우리말로 옮겨보면 다음과 같다.

작디작은 정자의
꼬불꼬불한 난간에
턱을 괴고 근심에 잠겨 아무 말 없이
홀로 기대 서 있다.
버들 꽃이 날아와 앉는
봄 적삼 얇은데
바람 통신은 오늘 아침에
벌써 몇 번째이런가?

마음 속 기분은 아무 말 안 해도
서글퍼지고
시야에 가득한 바람과 안개는
새벽녘 꿈처럼 아렴풋하다.
이상하게도 봄날의 근심은
한 배 더 배가 되고
꽃잎이 떨어져 쌓인 정원엔
새들이 자주 운다.

수놓기를 끝내고 자매들을 불러
보여주는데
정오의 바람과 맑은 햇살이
난간에 가득하다.

꽃 속에 뭉친 두 마리 나비를
때려 떼어놓았더니
담장 너머로 날아가서
또 뭉친다.

모선서가 인용한 시구를 보고 내가 이 시 전편을 보고 싶어 했던 이유는 '담장 너머로 날아가서 다시 뭉친 나비들'의 다음 행동이 궁금해서였다. 그런데 전편을 보니 그게 이 작품의 마지막이었다. 허망했다. 그러나 그래도 이 시 전체를 볼 수 있게 된 것은 기쁜 일이었다.

이 시는 이성과의 사랑을 꿈꾸는 소녀의 춘심春心을 그렸다. 제목이 규중 여성의 시를 흉내낸다는 의미의 '효규중어效閨中語'이니만치 여성의 말을 흉내 내는 방법으로 여성의 성적 관심을 표현한 것이다. 주인공 아가씨는 얇은 적삼을 입고, 버들 꽃이 날아다니는 따뜻한 봄날에 정자에 올라가 적삼 속으로 불어드는 봄바람을 음미하며 근심에 잠겨 수를 놓고 있다. 얇은 적삼은 봄날이 따뜻하다는 표징이면서 동시에 그녀의 매력을 나타내는 도구이기도 하다. 아가씨가 수를 놓으며 막연한 사랑에 대한 생각을 하고 있는 동안 정원에는 낙화가 쌓이고 새들은 자주 울음소리를 낸다. 정오 무렵에 수가 완성되자 자매들을 불러 자기가 놓은 수를 보여준다. 그때 정원의 꽃 무더기 속에서 나비 두 마리가 짝짓기를 하고 있다. 자매들에게 수를 보여주던 아가씨는 얼른 뛰어 내려가 짝짓기 중인 두 마리 나비들을 향해 손을 휘저어 나비들을 떼어 놓는다. 나비 두 마리는 펄펄 날아 담장을 넘어가더니 또 다시 한 덩어리가 된다. 춘심에 사로 잡혀 오전 내내 수를 놓다가 짝짓기 하는 나비를 본 아가씨를 그린 이 작품은 익살스럽게 아가씨를 놀리고 있다. 여성에게 들려주는 성적 농담이라고나 할까? 상업경제가 발달한 도시에서 유한 성행의 산물로 나온 통속적 해학성이 농후한 작품이라고 생각된다.

모선서가 인용한 〈유화柳花〉 시는 도심《화간집》에 열 한 번째로 실려 있었다. 이 시 전편은 다음과 같다,

柳花飄蕩本無憑(류화표탕본무빙), 黏住征衫解惱情(점주정삼해뇌정)
轉眼春風有遺恨(전안춘풍유유한), 井泥流水是前程(정니유수시전정).

이 시를 우리말로 옮겨보면 다음과 같다.

버들 꽃은 펄펄 날아 다녀
본래 기댈 데가 없는 것이지만
먼 길 가는 사람의 저고리에 달라붙어
괴로움을 녹여준다.
눈 깜짝할 사이에 불어오는 봄바람이 유감스럽구나!
우물에서 흘러나온 흙탕물이
앞으로 갈 길에 가득하니!

이 시는 자기 옷에 날아와 붙은 버들꽃에 대한 동정심을 읊은 것이다. 시인이 봄날에 버드나무가 늘어선 길을 걷고 있는데 버들 꽃이 떨어져 그의 옷 위에 붙었던 모양이다. 버들꽃과 동행하게 되어 기분이 좋아진 시인은 시심

詩心이 발동했다. '지금 너랑 걸으니 이렇게 좋은데, 조금 있다가 봄바람이 불면 어쩌지? 앞엔 우물에서 흘러나온 진흙탕물이 흐르는 길인데.' 버들 꽃이 봄바람에 불려 자기 옷에서 떨어져 내린다면 틀림없이 그 진흙탕물에 빠져 흘러갈 텐데. 여기서 서정경의 시심은 16세 소녀의 그것처럼 섬세하다. 한시漢詩는 남성성이 강한 문화인데, 이 시에 나타난 청년기의 서정경은 소녀적 감성을 보여주고 있다. 이런 소녀적 감성이 여성인 나의 취향을 만족시켰던 모양이다.

대학원 1학년 때이던가? 교양과정에 다니는 한 2학년 후배 여학생이 중국문학을 전공할까 하는데 어떠냐고 물었다. 나는 중국문학은 너무 남성적인 문화라 여성의 심리에는 잘 맞지 않는 것 같다고 대답했었다. 솔직히 말하면 환갑을 지낸 오늘날에도, 그러니까 중국시를 공부한 지 40년이 지났는데도 중국 시는 별로 살갑게 느껴지지 않는다. 우리나라 시가 훨씬 살갑고 정겹게 느껴진다. 중국시 비평가들은 전통적으로 달콤한 시보다는 웅장한 시를 지향하고 개인적 감성에 호소하기보다는 사회목적에 부합하는 목소리를 내는 시를 좋게 평가해왔다. '중국 시'하면 맨 처음 생각나는 시인이 이백과 두보의 시이고, 그 다음으로 생각나는 게 소식과 황정견의 시이고 보면 그렇다고 할 수 있다. 하여간 서정경의 소녀적 감성을 표현한 청량한 느낌의《화간집》시는 나를 몇 년 동안 찾아 헤매게 할 만한 매력을 지니고 있었다.

10월 13일에는 북경사범대학 문학이론연구소 측에서 학회에 참석했던 모든 학자들이 올림픽 공원 냐오차오鳥巢에 구경을 가도록 주선했다. 나는 교수협의회에 약속한 글을 써야 하여 호텔에 머물렀다. 그리고 오후에 서단西單에 있는 서성書城으로 가서 책을 샀다. 책은 이미 지나치게 많이 가지고 있기 때문에 가능한 한 책을 사지 않겠다는 마음으로 심드렁하니 둘러보다 보니, 중국언실출판사中國言實出版社에서 간행한《강남사대재자전서 서정경시문전집江南四大才子全書 徐禎卿詩文全集》이라는 책이 눈에 뜨였다. 이 책을 사서 목차를 보니《적공외집迪功外集》에 실린 시뿐만 아니라《별고別稿》에만 실린 시도 몇 수 뽑혀 있는데,〈효규중어3수效閨中語3首〉는 실려 있지 않았다. 후에 사회과학원 사서인 서徐선생님으로부터 들은 얘긴데 이 책은 사회과학원에서 근무하던 직원이 퇴사한 뒤 엮어낸 것이라는데, 이 작품에 흥미를 안 가졌던 모양이다. 하여간 이 책에 이 작품이 안 실린 탓에 내가 사회과학원에서 베껴온 작품은 희소성이 더 있는 것 아닌가?

그러나 집에 돌아와 이 시를 컴퓨터에 정리하고 '花間打散雙蝴蝶'이라는 7글자를 중국 야후 싸이트에서 검색해 보았더니 이게 웬일인가? 전겸익錢謙益이 엮은《열조시집列朝詩集》의 서정경편에 이 작품 전체가 다 실려 있지 않은가? 나는 헛수고를 하고 헛 흥분을 했던 것이다. 고소를 금치 않을 수 없었다.

2009년 12월 11일

완물상지玩物喪志

열 여섯 살에 황제가 된 명나라 정덕제 주후조朱厚照는 놀기를 지나치게 좋아하여 완물상지의 우愚를 범한 황제의 대열에 낀 사람이다. 그가 즐긴 놀이 가운데 관등觀燈이 있다. 우리나라의 관등 행사는 석탄일인 4월 8일에 하지만 중국에서는 정월 대보름날을 원소절元宵節이라고 부르며 등을 달고 즐긴다. 그래서 이날은 춘등절春燈節이라고도 불린다.

정덕 9년 정월 보름날 정덕제는 정월 보름날 등불 행사를 화려하게 준비했다고 한다. 6년 뒤에 반란을 일으킨 영왕寧王 주신호朱宸濠가 기이한 모양의 등을 바쳤고 그가 보낸 사람들이 건청궁乾清宮의 기둥과 벽에 등을 많이 달아 신기하고 별달라 보였다고 한다. 그런데 그날 건청궁이 전소했다. 건청궁은 자금성 내정內廷에 있는 정전正殿인데, 영락永樂 18년서기 1420년에 지어진 이후 줄곧 황제의 침궁寢宮과 평상시 일상적 정무 처리 공간으로 사용되고 있었다고 한다. 이에 대해《명사明史》정덕正德9년 정월조에 다음과 같은 기록이 있다 :

> 경진날에 건청궁에 불이 났다.(庚辰乾清宮災.)

청淸나라 사람 하섭夏燮이 쓴 《명통감明通鑒》은 《무종실록武宗實錄》에 근거하여 이 사건에 대해서 좀 더 자세하게 다음과 같이 기록했다 :

> 무종 정덕 9년 정월 경진일에 건청궁에 불이 났다. 상은 해마다 등을 켜느라 비용이 수만 량이나 들었다. 이 때 영왕 신호가 기이한 모양의 등을 만들어 바치며 사람들을 입궁시켜 등을 달게 했는데 많은 등을 기둥과 벽에 달아 신기하고 별달라 보였다. 상은 또 정원의 작은 집에 기대 담요로 장막을 치고 그 속에 화약을 쌓아 놓게 했는데 부주의로 궁전에 불이 붙어 탔다. 건청궁 안이 다 탔는데, 상은 표방으로 가면서 화염이 하늘을 붉게 달군 모습을 바라보면서 혼자 웃으며 좌우의 수행들에게 "대단한 불꽃놀이야!"라고 말했다고 한다:
> (武宗正德九年, 正月庚辰, 乾清宮災. 上每歲張燈, 費浮數萬. 及是, 寧王宸濠別爲奇巧以獻, 令所遣人入宮懸掛, 多著柱附壁以取新異. 上復於庭軒間依欄設氈幕, 貯火藥其中, 偶不戒, 延燒宮殿. 乾清以內皆燼焉, 上往豹房臨視, 回顧火焰燭天, 猶笑語左右曰 : "是一棚大煙火也.")

정덕 9년은 서기로는 1514년이다. 정덕제는 열 여섯 살에 등극했으니까 이 때 25세였을 것이다. 영왕 신호의 헌등은 그가 6년 후 반란을 일으켰다는 사실을 참작해서 생각해 보면 스물 다섯 살의 청년 황제에게 아첨을 하는 동시에 그의 이미지를 더 악화시키려는 불순한 동기에서 이루어졌을 가능성이 있다고 생각된다. 하여간 그 당시의 시인 이몽양은 이 사건을 계기로 시 한 수를 썼다. 이 시는 향락을 좋아하다가 건청궁을 전소케 한 정덕제의 완물상지에 일침을 가한 것인데, 제목은 〈관등행觀燈行〉이다. 그 시를 보자.

觀燈行

(序: 자세한 내용은《동경몽화록》에 보인다.(詳見《夢華録》)

송나라 전성시대 때 여러 황제들은
관대한 인품에 사실 모두 다 현명한 군주라 할 만 했다.
백성들의 소와 말이 논두렁 밭두렁에 널려 있고
태창의 쌀과 조는 썩어 붉은 색으로 변할까 걱정할 만큼 남아돌았다.
휘종의 선화 연간부터 마침내 많은 사건이 일어났으니
슬프다! 모래나 흙 쓰듯이 돈을 심하게 낭비를 했으니.
바다와 강으로 운반된 바위랑 꽃들이 도성 안으로 물밀듯 들어왔으니
수 많은 이궁과 별전을 그 누가 다 셀 수 있을까?
신하들이 아첨하며 사리사욕을 위하여 획책하기 시작하자
천하 백성들이 원망과 고통에 시달리기 시작했다.
정월 14일과 15일 사이에
황제께서 오산 관등을 하러 거동하겠다는 칙령을 내렸다.
하나에 만 냥씩이나 하는 비싼 등을
오산 전체에 만 개나 달았단다.
등 만드는 장인들이 최선을 다 해도
군왕을 만족시키지는 못했다고 한다.
황제가 선덕문으로 납신 뒤
음악이 울리며 주렴이 열리고 지존의 모습이 보였단다.

유성들이 갑자기 황제의 어좌 위를 달려 지나가고

밝은 달이 겹겹이 쌓인 구리동이 위로 떠올랐단다.

온 성 안 사람들이 소리를 지르니 함성이 지축을 울리고

아름다운 오늘 밤 오산의 놀이판이 벌어졌다.

어둠 속에 마술사들과 온갖 괴이한 재주꾼들이 모여들어

달 빛 아래서 옥피리를 부니 모두들 눈물을 떨궜다고 한다.

총애를 받는 신하는 누구였을까?

이사사라는 명기였다고 한다.

밖에는 채경과 채유의

2층 비단 천막이 늘어서 있었다고 한다.

앞쪽에 있는 승상 채경의 천막에서는

동복들이 허리띠로 자류마를 때리며 통제하고 있고,

꽃같이 예쁜 소녀들이 비단 공을 쳐올리며 놀고 있었단다.

위층 사람이 아래 층 사람 부르는 소리가 들리더니

황제의 황금색 천막 안에서 대나무 쟁반에 좋은 음식을 하사하셨단다.

달이 높이 뜬 뒤 채찍 소리 들리며 지존께서 일어나시는데

휘장 안에 보석의 반짝임이 강물 흐르듯 반짝였다고 한다.

모두들 길을 다퉈 일제히 달려가니 연이 지나가기에 길이 좁았고

조용하던 절 앞 다리에 먼지가 자욱했다고 한다.

나무에 불이 붙은 듯 수많은 용등이 또 일시에 점등이 되니

수 천 수 만 줄기의 화염으로 하늘이 붉어졌다고 한다.

안락을 즐기는 것은 화의 기초이고

즐거움이 극에 달하면 또 슬픈 일이 생긴다고들 늘 말하니

황제 폐하는 살피소서! 휘종(徽宗)과 흠종(欽宗) 두 황제가 금나라로 잡혀간 후

몇 개월 후 동경(開封)이 납가새와 명아주로 뒤덮였다는 것을.

宋家累葉全盛帝, 寬大實皆稱令主. 百姓牛馬徧阡陌, 太倉米粟憂紅腐.

宣和以來遂多事, 嗚呼爛費如沙土. 海石江花湧國門, 離宮別殿誰能數.

群臣諛佞秪自計, 天下騷然始怨苦. 正月十四十五間, 有敕大駕觀鰲山.

萬金爲一燈, 萬燈爲一山. 用盡工匠力, 不破君王顔.

此時上禦宣德門, 樂動簾開見至尊. 奔星忽經於禦榻, 明月初上堆金盆.

傾城呼噪聲動地, 可憐今夜鰲山戱. 窈冥幻巧百怪聚, 金蛾翠管堪垂淚.

借問幸臣誰? 云是李師師. 外有蔡京與蔡攸, 夾樓錦幄羅公侯.

丞相之幄當前頭. 奚兒腰帶控紫騮. 如花少女擎綵毬. 但聞樓上喚樓下,

黃帕籠盤賜玉羞, 月高鳴鞭至尊起, 幄中環珮如流水. 爭道齊驅輦路窄,

寺橋窈窕塵挨白. 火樹龍燈又一時, 千光萬焰天爲赤. 常言宴安成禍基,

從來樂極還生悲. 君看二帝蒙塵日, 數月東京荒蒺藜.

화가이며 서예가로서 예술가적 소질의 소유자였던 송나라 휘종徽宗은 황제로서의 본업인 정무는 소홀히 하고, 도교를 장려하고 새로운 궁전을 지어 정원을 사치스럽게 꾸몄다고 한다. 이몽양이 이 시에서 지적한 바에 의하면 그는 수없이 많은 궁전을 지어 희귀한 꽃과 기암괴석으로 정원을 꾸미고 사치스러운 생활을 했으며, 많은 보석을 패물로 차 자신을 치장하고, 보름날 관등 행사를 많은 비용을 들여 지나치게 성대하게 치르는 등 안일과 향락을

탐하다가 결국 금나라에 포로로 끌려가는 수모를 당하고 말았다. 이몽양은 정덕제에게 휘종의 이 실수를 귀감으로 삼아 사치와 향락을 금하고 국토방어를 비롯한 황제의 책무 이행에 힘쓰도록 촉구한 것이다.

이몽양은 정덕 6년부터 9년까지 강서제학부사江書提學副使로 남창南昌에서 봉직하고 있었으므로 건청궁 화재를 직접 목격하지는 못했을 것이다. 그러므로 이 시는 건청궁 화재 소식을 듣고 썼을 가능성이 높다.

송나라 휘종이나 명나라 정덕제나 그들이 즐긴 놀이나 취미생활이 정월보름날의 관등놀이 하나에 그치지 않았을 것이다. 놀이와 취미생활로 점철된 생활을 한다면 공익을 최대로 창출하겠다는 목표를 향한 견결堅決한 의지를 형성할 수 없을 것이다. 그러므로 향락을 좋아하면 공무를 소홀히 하고 개인적으로는 인생을 망칠 수도 있다고 생각하는 게 상식적 사고일 것이다.

그러나 오늘날 우리 사회에서는 꼭 그렇지만은 않다. 내 친구 아들은 어려서부터 게임에 빠져 지냈다는데, 자라면서 미국의 전국 규모 게임 컨테스트에 나가 상을 타고 하더니 지금은 게임 관계로 취직을 해서 잘 살고 있다고 한다. 21세기라는 시대에 들어서서는 완물상지가 경계의 대상에서 제외되어야 하는 것 아닐까?

생각해보면 자본주의는 대량소비에 기초해서 성립되고 유지된다. 그러므로 사람들이 물욕을 부추기는 면이 많다. 이른 바 '유효수요창출有效需要創出'이라는 것이 완물玩物 욕구를 부추기는 것 아닐까? 광고나 '마케팅'이라는 것도 '완물'을 하도록 부추기는 측면이 있다. 명품을 선망하도록 하고 유행을 변화시켜 자꾸 새로운 물건을 사도록 하는 것은 자본주의 문화의 대표적 완물주의라고 볼 수 있을 것이다. 그러나 견결한 정신적 성장의 기쁨은 완물의 기쁨보다 저 철저한 쾌감을 준다. 그러니 요즘 사회에서도 '완물상지'를 하지 않도록 경계해야 할 필요는 상존한다.

이스라엘 성지 순례 (1) - 카이사리아, 가나, 나자렛

2012년 2월 22일 서울은 지금 맑다. 이스라엘은 오늘 맑다가 비가 온단다. 지금 내 핸드폰에는 날씨 예보에 이스라엘 날씨가 추가되어 있다. 지난 1월 31일에 출발하여 이스라엘 성지 순례를 다녀왔기 때문이다. 2월 8일에 돌아왔다.

1월 31일, 출발 당일에 우리나라 전역에 눈이 많이 내렸다. 인천 공항에도 눈이 엄청 많이 내렸다. 비행기 위에 쌓인 눈을 치워야 하여 30분 넘게 늦게 이륙했다. 12시간의 비행은 길었다. 간간히 모니터에서 비행기 위치를 확인하며 이미숙 교수와 이런저런 얘기를 나누기도 하고 침묵을 유지하기도 하며 한 잠도 자지 못했다. 몸을 움직이지 못하니 얼얼한 느낌이었다.

그래도 결국은 목적지인 이스라엘의 벤구리온 국제공항에 도착했다. 공항에서 가이드 최동철 다미안 신부님의 안내로 전세 버스를 타고 하룻밤을 보낼 호텔로 향했다. 사실 어디로 가는지도 알 수 없었다. 깜깜한 밤이라 난생 처음 보는 이스라엘의 모습은 제대로 보이지도 않았다. 우리가 탄 버스는 대체로 도시보다는 농촌을 더 많이 지나며 상당히 오랫동안 가더니 불빛이 그리 밝지 않은 작고 오래된 호텔 앞에서 멈췄다. 로비 테이블에 주황색 꽃이 놓여 있었다. 몇 주 전에 번역했던 서정경의 〈베고니아 부채秋海棠扇〉라는 작품 때문에 사전을 찾은 바 있던 베고니아 꽃이었다. 좀 더 각별하게 느껴졌다. '추해당'은 베고니아의 중국어 명칭인데 15세기 말부터 16세기 초에 걸쳐 명나라에 살았던 서정경은 이 꽃을 그린 부채를 보고 화려하지만 우아하지는 않다고 비평했다. 고매한 인격을 지향하는 성리학적 문화에 점염된 청년인 서정경으로서야 해 볼 수 있는 말일 수 있겠으나 베고니아에게 왜 매화나 백합 같은 우아함이 없느냐고 다그칠 수야 없지 않은가? 창조해 주신 대로 사는 수밖에. 그래도 이 호텔은 그 꽃을 어여뻐 여겨 특별히 로비 테이블에 놓아둔 것이다. 여기 사람들은 베고니아를 애호하는 모양이었다.

수학여행을 온 것으로 보이는 남녀 학생 몇 십 명이 웅성거리고 있었다. 남녀를 불문하고 모두 화장을 짙게 한 게 무슨 공연이라도 한 모양이었다. 그들이 뭐 하느라 화장을 했으며 여기는 뭐 하러 왔는지 궁금했다. 그러나 밤도 깊었고 내 나이도 이제 60세씩이나 된 터에 그들에게 말을 붙여볼 엄두는 안 났다. 궁금증은 점잖게 삭혀버리기로 했다. 그리고 이미숙 교수와 함께 배정받은 방으로 들어갔다. 외국에 가면 반드시 안착 여부를 궁금해 하는 가족들 때문에 카카오톡으로 메시지를 보내려 했으나 와이파이를 확인하라는 문자가 나오고 통신은 안 되었다. 로비로 내려가 프런트에 가서 물어봤더니 2분만 기다리란다. 어디론가 전화 연락을 취하더니 5분만 기다렸다가 쓰란다. 과연 좀 있다가 카톡이 되었다. 여기저기 테이블마다 놓인 베고니아 화분 하나를 찍어 딸들에게 보내며 이스라엘 안착 소식을 전했다.

비행기에서 한 잠도 자지 않은 탓에 나와 이미숙 교수는 그날 밤 잠을 아주 푹 잤다. 다음 날 아침, 일어나 창문 커튼을 걷었더니 눈앞에 기가 막힌 바다 풍경이 나타났다. 지중해였다! 난생 처음 보는 지중해였다. 지중해 해안에서 잠을 자면서, 우리는 우리가 지중해 해변에 있다는 사실도 몰랐던 것이다. 비 내리는 지중해라니! 백사장과 정겨운 마을까지 옆에 낀 바다는 블루 그레이 톤이었다. 여행 가이드 북을 보니 그곳은 네타냐라는 도시의 블루 베이 호텔이었다. 바람이 세게 불었다. 종려나무들이 세찬 바람에 시달리고 있었다.

아침 식사는 호텔 식당에서 뷔페 식으로 했다. 중국과 일본 말고는 미국에 한 번 가보았을 뿐인 나는 이스라엘 호텔의 아침 식사가 신기했다. 생전 처음 보는 것들이 많았다. 신선 야채와 빵이 풍성하게 쌓여 있고, 여러 종류의 치즈가 있었다. 어떤 치즈는 두부처럼 보였다. 나는 두부인 줄 알고 그 치즈도 좀 담았다. 채소도 좀 넉넉히 담고 빵도 담았다. 접시가 수북해졌다. 그러나 절이거나 볶거나 무치는 등의 조리를 하지 않은 채소와 건조한 빵을 먹다 보니 그다지 입에 맞지 않았다. 두부 모양의 치즈도 두부가 아닌 걸 알았지만 이왕 가져 온 것이니 남기지 못하고 다 먹었다. 좀 과하다 싶었다. 결국 소화가 안 돼 나중에 버스에서 소화제를 먹었다. 날 채소를 너무 먹어서는 안 되겠다는 생각이 들었다.

식사가 끝낸 뒤에도 비는 세차게 내렸다. 비가 좀 잦아들까 하여 우리는 로비에서 한참 동안이나 기다렸다. 그러나 빗줄기는 점점 더 세어졌다. 우리는 결국 비를 무릅쓰고 나가기로 결정했다. 세찬 비바람을 맞으며 호텔 문을 열고 나와 트렁크 가방이 퍼붓듯 오는 비에 젖는 것을 마음 아파하며 버스에 올라탔다.

첫 번 째 순례지는 카이사리아였다. 카이사리아는 기원 전 40년 경부터 유대를 다스리던 헤로데 왕이 건설한 항구 도시였다. 지금 남아 있는 것은 로

마 총독의 관저 유적지와 원형 극장과 야외 경기장 등의 흔적이었다. 세찬 비 속에 내 우산은 자주 뒤집혔다. 뒤집힌 우산의 살 몇 개를 잡고 꺾어서 바로 잡고 나면 금방 도로 뒤집히곤 했다. 우리는 원형 극장을 둘러보고 바다 쪽 길로 향했다. 그러나 비바람이 너무 거세 걸을 수가 없었다. 우리는 바다로 난 길을 걷는 순례는 포기하기로 하고 다시 버스에 올라탔다. 모두들 덜덜 떨며 신발이 젖었다고 호소했다. 사실 뿌리는 빗물이 신발 속으로도 들어가 신발이 흠뻑 젖었다. 사람들이 등산 조끼에 등산용 파카까지 입고 온 나를 부러워했다.

카이사리아는 사도 바울이 로마로 압송되기 전 2년 동안 감옥살이를 한 곳이라고 한다. 그는 이곳 포구에서 로마로 압송되었다는데 너무나 거센 비바람 때문에 우리는 사도 바울에 대한 생각은 안 하고 자기 신발에 물이 얼마나 들어왔는지를 호소하느라 여념이 없었다. 성지 순례를 왔다가 자연 탐험을 하고 있는 셈이었다. 이 곳 해변 길을 걸으며 보는 에머럴드 빛 지중해 풍경이 일품이라는데 우리는 그것도 보지 못하고 우리의 쉘터인 버스 속에서 가난한 안락을 누리며 다음 순례지로 향했다.

다음 순례지는 갈멜산이었다. '갈멜'은 '하느님의 포도밭'이라는 뜻이라고 했다. 갈멜산에서는 엘리야 기념 성당이 있는 남자 갈멜 수도원과 스텔라 마리스 수도원을 보았다. 우리가 처음 찾은 곳은 남자 갈멜 수도원이었다. 높은 언덕에 위치한 수도원의 옥상에서는 그리 넓다기보다는 길게 전개된 들과 하천, 그리고 건너편 및 주변을 둘러싼 산들을 조망할 수 있었다. 평야는 이즈르엘 평원이고, 하천은 키손 천이고, 산지는 사마리아 산지였다. 수도원 뜰에는 칼을 쳐들고 서서 바알 사제를 죽이려 하고 있는 모습의 엘리야

석상이 있었다.

엘리야는 기원전 9세기에 이곳에서 바알과 아세라의 예언자 900명을 물리침으로써 야훼를 섬기는 유대교를 위기에서 구했다고 한다.《성경》의 열왕기 상편 18장의 기록에 의하면 그 당시 이스라엘의 왕 아합은 레바논 시돈의 왕 엣바알의 공주인 이제벨과 혼인을 했는데, 엣바알은 바알과 아스다롯의 제사장을 겸임한 자로 딸 이세벨을 통해 바알 신앙을 이스라엘에 보급시킴으로 야훼 신앙을 말살하려는 생각을 품었다고 한다. 이세벨은 시집올 때 바알신 신상과 아세라 목상을 가지고 와서 아합 왕뿐만 아니라 신하들과 온 백성에게까지 신봉하도록 강요했다. 아합은 바알을 숭배하여 사마리에 바알의 사당을 짓고 그 속에 바알을 위하여 단을 쌓고 또 아세라 목상을 만들었다. 이에 격노한 이스라엘의 하느님이 엘리야로 하여금 아합을 찾아가 앞으로 몇 해 동안 극심한 가뭄에 시달릴 것이라고 예언하도록 했다고 한다. 그 뒤 과연 3년이 넘게 가뭄이 계속되자 아합은 엘리야를 찾아 나섰다. 엘리야는 자기를 찾아온 아합 왕에게 이스라엘의 온 백성과 바알과 아세라의 예언자들을 갈멜 산에 모으도록 설득하였고, 그 곳에서 황소를 번제로 바치는 제단을 설치하고 각자 자기가 섬기는 신에게 청하여 제단의 황소를 구울 불을 붙이는 것으로 모시는 신의 우열을 판가름하는 기준으로 삼자고 제의했다고 한다. 바알과 아세라의 예언자들은 제물을 바치고 자신들의 신을 불렀으나 불을 붙이지 못했다. 엘리야가 제단을 쌓고 장작 위에 황소를 도막내어 얹고 물 네 항아리를 부은 뒤 "주님! 이 백성이 당신이야말로 하느님이시며, 바로 당신께서 그들의 마음을 돌이키게 하셨음을 알게 해 주십시오!"하고 말하자 곧바로 하늘에서 불길이 내려와 제단의 황소 도막과 장작과 돌과 먼지를 삼켜버리고 제단 주변에 고여 있던 물도 핥아버렸다고 한다. 그 모습을 본 백성들이 얼굴을 땅에 대고 "주님이야말로 참 하느님이십니다!"라는 말을 되풀이하자 엘리야는 그들에게 바알과 아세라의 예언자들을 모두 사로잡으라고 명령하여 그들을 키손 천으로 끌고 가서 죽였다고 한다. 그리고 근처의 동굴로 들어가 기도를 했는데, 그러자 곧 비가 내렸다고 한다. 엘리야가 기도를 했다는 동굴 위에는 지금은 스텔라 마리스 성당이 지어져 이 성당의 지하 층으로 내려가면 그 모습을 볼 수 있었다.

옥상에서 아래 층 입구로 내려가니 중국인 순례 팀이 가이드의 설명을 듣고 있었다. 아마 엘리야와 바알의 대결 내용일 것이다. 우리는 엘리야 기념 성당에서 미사를 보아야 했다. 비를 피하여 기다리느라 기념품 가게에 계속 머물러 있어야 했다. 나는 중국인 순례 객 한 사람에게 중국어로 어디서 왔냐고 물어보았다. 온주溫州의 한 교회에서 왔다고 했다. 온주 사람들이 옛날부터 상업에 종사하여 돈이 많아 여권 없는 사람이 없다더니 과연 그렇구나 싶었다. 해외여행을 나온 온주 사람들을 직접 만나다니! 나도 견문이 넓어진 셈인가 싶었다. 이런 생각을 하고 있는데 주변의 몇몇 중국인들이 내게 한국인이냐며 이런저런 말을 걸었다. 우리 가이드 신부님이 내게 "중국어도 할 줄 아세요?"하고 물었다. 나는 "중문과 교수예요."라고 대답했다. 온주 팀이 옥상으로 올라가자 우리나라 교회 팀이 기념품 가게로 들어왔다. 그 팀 한국인 가이드는 마치 동화 구연자 같이 오버스러운 말투로 엘리야와 바알의 싸움에 대하여 설명을 한다. 귀에 쏙쏙 들어왔다. 우리 팀 사람들도 모두 그의 이야기에 귀를 기울였다. 사건의 전말이 이해되는 느낌인데, 그 가이드가 "그런데 왜 엘리야가 바알의 예언자들을 키손 천까지 데리고 가서 죽였을까아-요?" 하고 우스꽝스러운 어조로 묻는다. 퀴즈인 것이다. 모두들 왜 그랬을까 하고 생각하고 있는데, 그는 "정답은 옥상으로 올라가보면 알 수 있습니다."라고 한다. 그 팀은 모두 옥상으로 올라가고 우리는 그냥 거기 남았다. 이미숙 교수가 정답을 듣고 싶어서 옥상으로 따라가고 싶다고 말했다. 사실 나도 그랬다. 그러나 미사가 언제 시작될지 몰라서 우리는 그들을 따라가면 안 되었다. 이제나저제나 하며 앞 팀의 미사가 끝나기를 한참 동안 기다리고 있는데, 드디어 성당의 문이 열리고 미사를 마친 서양 사람들이 나왔다.

우리는 성당 안으로 들어가 미사를 봤다. 우리 학교 교목실장 신부님과 가이드 신부님이 공동으로 미사를 집전했다. 진행은 철학과 박승찬 교수가 했다. 박승찬 교수는 철학과 교수지만 신학대학 출신이라 신부님에 버금갈 정도로 카톨릭 전례에 익숙하다. 진행을 아주 잘 했다. 목소리도 키도 김동진이었던가 하는 옛날 아나운서 한 분과 비슷했다. 우리 일행 중에는 종교학과 박일영 교수님과 그 부인, 그리고 신승환 교수도 신학대학 출신이었다. 박승찬 교수는 성지에서의 첫 미사를 자기 본명인 엘리야 기념 성당에서 하게 되어 더욱 뜻 깊게 생각된다고 했다. 이 미사에서 나는 독서를 했다. 미사를 마치고 성당 밖으로 나오자 비가 상당히 잦아들어 있었다.

우리는 다시 버스를 타고 다음 코스로 향했다. 다음 성지는 스텔라 마리스 성당이었다. 스텔라 마리스는 '바다의 별'이라는 의미인데 성모님을 뜻한다고 한다. 스텔라 마리스 성당은 천정과 벽의 상부가 '별'을 상징하느라 그런지 푸른 색 바탕에 성화가 그려져 있어 참 아름다웠다. 성당 건물은 대체로 천정이 매우 높은데 그 천정에 푸른 색 위주의 클래식 무드의 그림이 있으니 마음이 성스럽게 승화되는 느낌이 들었다. 모두들 성당의 천정과 창문, 제대, 제대 뒤의 푸른 옷을 입은 성모자상 등을 열심히 찍었다. 그리고 엘리야의 기도 동굴이 있다는 지하로 내려갔다. 한동안 동굴을 구경하고 우리는 성당을 나왔다.

길 건너편에 까페가 보였다. 우리는 모두 그곳으로 들어갔다. 총무를 담당하는 장혜성 교수님이 'A CUP OF COFFEE'를 애교스럽게 주장하자 비로 옷도 양말도 젖어 있었기 때문에 우리 모두 그 주장에 열렬히 찬동을 표했던 것이다. 그 까페는 많은 단체 손님을 수용할 수 있도록 좌석이 많고 넓었다. 무엇보다도 난로가 많은 게 좋았다. 우리는 거기서 커피도 마시고 느긋한 마음으로 무지막지하게 내리는 빗소리도 즐겼다. 심한 빗속에서 지붕과 벽 덕에 얻는 아늑함이라니! 담소가 깨소금 맛이었다. 러시아 정교 순례객들을 태운 버스가 몇 대씩이나 들어왔다 나가고 했다. 충분히 쉰 뒤 장 총무님의 활약으로 우리는 돈을 안 내고 화장실을 이용한 뒤 또 우리의 전세 버스에 올라 동쪽으로 계속 달렸다. 한 두 시간 반 정도 간다고 했던 것 같다.

우리의 목적지는 앞으로 3일 동안 갈릴리 지방 순례를 하는 동안 계속 머물 숙소였다. 가는 동안 비가 다시 세게 내렸다. 버스에서 찍은 사진들에 빗방울 무늬가 나타나 있다.

이스라엘은 남북은 길고 동서는 짧은 지형을 지녔다. 우리는 어두워지기 시작한 무렵에 갈릴리 호수 동남쪽 호반 '엔 게브'라고 불리는 곳에 있는 방갈로 촌에 도착했다. 비는 아직도 추적추적 내리고 있었다. 방갈로 하나에 두 사람씩 방이 배정되었다. 나는 여행 내내 이미숙 교수와 같은 방을 썼다. 이미숙 교수와 함께 우리에게 배정된 방갈로를 찾아가 어렵사리 현관 문을 열고 안으로 들어가니 작은 방에 싱글 침대가 하나, 큰 방에 싱글 침대를 바짝 붙여 더블처럼 만든 침대가 놓여 있었다. 큰 방은 꽤 크고 식탁과 주방시설까지 갖춰진 게 제법 넓었다. 작은 방은 너무 답답하고 옹색하여 우리는 둘이 함께 큰 방을 쓰기로 했다. 나는 식탁과 소파 쪽에 내 트렁크 가방을 놓고 이 교수는 TV가 놓인 장식장 위에 짐을 풀었다.

그리고 우산을 쓰고 식당으로 가서 식사를 했다. 이스라엘에서 처음으로 먹어보는 저녁 식사였다! 이스라엘에서는 아침 식사는 우유, 저녁 식사는 고기를 먹는다고 했다. 절대로 우유와 고기를 한꺼번에 먹지는 않는다고 한다. 단백질 과잉 섭취와 중성지방의 증가를 방지하기 위한 식단이구나 하는 생각이 들었다. 그들의 절제하는 지혜에 새삼 존경심이 생겼다. 소화력에는 자신이 있었으나 나는 오늘 아침 식사 이후 이곳에서는 조심해서 먹어야 된다는 생각을 하게 되었다. 접시에 치즈는 하나도 안 담고, 가지와 호박 찐 것이라든지 주로 익혀서 요리가 된 것 위주로 소화가 잘 될 것 같아 보이는 음식만 담았다. 아무래도 너무 서쪽으로 온 것 아닌가 하는 생각이 들었다. 소화효소가 전혀 첨가되지 않은 식품만 상대해야 하다니! 식사 후 우리는 피곤했다. 그래도 무리를 하여 지하 공간을 빌려 자기를 소개하는 친교의 시간을 가졌다. 모두들 자신의 종교 이력이나 순례에 나서게 된 내면의 동기를 말하는 방식으로 자기를 소개했기 때문에 말하는 시간도 길었지만 각자에 대한 이해가 깊어졌다.

2월 2일, 아침에 일어나니 오늘은 날씨가 좋았다. 식당에 가기 전 잠시 호수가로 가서 산책을 했다. 예수님과 제자들이 자주 왕래하셨던 갈리리 호수였다. 호수는 아침 노을 아래 평화로운 풍경을 하고 있었다. 권영순 선생님과 이화우 선생님이 기도를 하고 계셨다. 나도 내일은 아침 일찍 나와 이 호수가에서 기도를 하리라.

아침식사를 마치고 우리는 버스를 우리 숙소에서 우측으로 돌려 하요르단 강을 건너 가나 혼인잔치 기념성당과 나자렛 마을에 있는 예수 탄생 예고 기념 성당, 그리고 주님의 거룩한 변모 기념 성당이 있는 타보르 산을 순례했다.

그날 우리 버스가 맨 처음 찾아간 곳은 가나의 혼인잔치 기념 성당이었다. 큰 길에서 버스를 내려 기념품 파는 가게들이 즐비한 골목을 지나 마을 안으로 들어가니 일반 가정이 있었을 법한 위치에 두 개의 혼인잔치 기념 성당이 있었다. 하나는 프란치스코회에서 지어 놓은 로만 카톨릭 혼인잔치 기적 기념성당이고, 그것과 어슷한 대각선 방향에 러시안 정교쪽 혼인잔치 기적 기념성당이 있었다. 이스라엘에 있는 성지 가운데 예수 탄생 기념성당을 제외한 다른 성지는 사실 정확한 장소임을 100% 확신할 수 없다고 한다. 성경에 언급된 지역을 발굴하다가 비잔틴 양식의 모자이크가 나오면 그곳을 옛날에 성당이 있던 자리로 간주하여 예수님의 행적을 기념하는 성당들을 지었다고 한다. 이스라엘의 주요 성지에 있는 기념 성당들은 프란치스코회에서 지은 게 많다. 이곳도 그렇고, 예수 탄생 기념 성당과 무덤 성당도 그렇다고 한다. 예수님이 첫 번째 기적을 일으키신 가나의 혼인 잔치 기적 기념 성당은 러시아 그리스 정교와 로만 카톨릭에서 생각하는 위치가 서로 달라서 기념 성당이 엇비슷이 마주보고 있게 되었다고 한다. 이 마을에 살고 있는 사람들은 이스라엘 시민권을 가지고 있는 아랍인들이다. 이곳은 48년 독립전쟁 때 이스라엘로 편입되었고 이곳 아랍인들은 이스라엘 시민권을 받은 사람들이라고 한다.

성당을 둘러보고 나서 우리는 지하로 내려갔다. 지하에는 성당을 짓기 전에 발굴한 옛날 집터가 보존되어 있었다. 옛날 방이었을 공간에는 사람들이 1달러 짜리 지폐와 동전을 많이 던져 놓았다. 자기들의 사랑이 이루어지거나 유지되기를 기원한 것들이라고 한다.

밖으로 나와 정원을 건너 별채로 가서 우리는 일행 중 세 쌍의 부부의 혼인 갱신식을 거행했다. 두 분 신부님의 집례로 여섯 분의 혼인 갱신식을 마치고 이화우선생님의 제안으로 성가를 불렀다. 그러자 혼인 갱신식을 치른 박승찬 교수가 눈물을 글썽였다. 감동의 눈물이었다. 이화우 선생님도 반사적으로 눈물 바람을 했다. 박일영 교수님의 부인인 강영옥 교수도 눈물을 흘렸다. 모두들 몇 십 년씩 결혼생활을 한 사람들이니 어찌 회한과 감동이 없으랴? 나도 눈물 바람을 하지는 않았지만 혼인과 가정생활이라면 누구 못지않게 드라마틱한 스토리가 있지 않은가? 어떤 이는 50이 넘었지만 결혼 한 번 못해보았고, 또 어떤 이는 50이 넘자 남편이 다른 이와 사랑을 하여 이혼을 해줬는데 젊은 부인과 아이 둘 낳고 잘 살던 남편이 얼마 전 작고했고, 어떤 이는 시댁과의 마찰로 이혼을 생각하고 있다. 혼인 갱신식을 마치고 눈물을 글썽이는 저 세 쌍의 부부들은 예수님 기적지의 축복을 받아 영원무궁토록 사랑하고 행복을 누리기를 허락하시라고 기도했다. 혼인잔치 기적 기념성당의 레몬나무와 오린지 나무는 평화로운 모습을 하고 있었다.

혼인 갱신식을 마치고, 우리는 가나 마을을 떠나 나자렛으로 향했다. 나자렛을 다 가보게 되다니? 세상에 이럴 수가! 참으로 경탄스럽고 감탄스러웠다. 어려서부터 성경을 읽을 때 '나자렛'이란 내게 '천국'과 거의 마찬가지로 이 세상에 실재한다고 생각되지 않는 아련풋한 곳이었다. 그런데 그곳엘 실제로 오게 되다니! 하느님은 내 삶을 상식적으로 내가 예상했던 것보다 훨씬 더 훌륭한 것으로 빚어내고 계시지 않는가? 감사한 마음이 들었다. 가막리 유년 시절, 보순이네 집에 핀 앵두꽃과 우리집 부엌 뒤에 핀 감꽃을 보면 무한정 기뻤고, 눈이 탐스럽게 쌓인 나뭇가지나 장독대를 보면 가슴이 행복감으로 가득했다. 우리 동네 사람들은 감꽃을 감또개라고 부른다. 감또개를 따먹으면 입속에 가득한 그 달착지근하고 풋풋한 맛이라니? 집 뒤 대나무 밭가에 핀 노오란 골단초꽃을 따먹을 때에도 풋밤을 까먹을 때에도 나는 더 이상의 행복감을 동경할 필요를 전혀 느끼지 못했다. 그 시절 나는 인생은 그런 종류의 기쁨과 행복감으로 채워지는 것인 줄로 알았다. 마을 너머의 세계를 동경하거나 하지는 않았다. 나의 삶이 가막리 밖에서 전개될 줄 상상도 못했다. 그런 나를 오늘날 나자렛까지 인도하시다니! 하느님께 무량한 감사의 마음이 샘솟았다.

나자렛에 버스가 멈췄다. 버스를 내리자 맨 처음 우리의 눈길을 끈 것은 바로 옆에 서 있는 대추야자나무였다. 일행 중 누군가가 "야! 대추야자다!"하고 소리쳤다. 야자나무 몇 그루가 서 있는데, 자잘 자잘한 대추가 바나나처럼 큰 송이를 이루어 야자나무에 매달려 있었다. 나는 이전에 대추야자를 먹어본 적이 있다. 말린 대추야자 열매를 우리 둘째 딸인 지혜의 친구 연수가 두바이에 다녀왔다면서 선물로 가져온 적이 있었기 때문이다. 그리고 이스라엘에 온 이후 아침저녁으로 먹는 이스라엘식 뷔페에서 대추야자를 여러 번 보았다. 무척 달지만 약간 한약 냄새 같은 게 있어 매번 먹지는 않았다. 대만에서 석사 과정을 공부한 까닭에 나는 야자나무에 대해서 익숙하다. 대만대학은 교정 정중앙에 대왕 야자나무가 두 줄로 쭉 늘어서 있었다. 그러니 대만에 있던 몇 년 동안엔 하루에도 몇 번씩 야자나무를 안 본 날이 없을 정도였다. 그러나 대추야자나무는 본 적이 없다. 나무 모양이야 사실 대만대학에서 본 대왕야자나무보다 키가 훨씬 작을 뿐 별 차이가 없었다. 그런데 열매가 아주 이상한 모습이었다. 나무 한 그루에 여러 송이가 달려 있는데, 송이마다 수도 없이 많은 숫자의 노란 색 대추 야자가 파초를 여러 층 엮어 놓은 듯 달려 있었다. 그 무게가 상당할 것 같아 나무가 안스러울 정도였다. 나중에 안 사실인데, 대추야자 한 송이는 무게가 15~20kg이라고 한다. 그러니 여덟 송이가 열렸다 치면 나무 한 그루가 감당해야 할 열매의 무게는 최고 160kg이나 되는 것이다.

큰 길을 건너고 비탈길을 걸어 올라갔다. 아랍인들이 생활에 필요한 온갖 것을 다 파는 시장을 통과한 뒤 우리는 드디어 주님 탄생 예고 성당에 도달했다. 주님 탄생 예고 성당은 가브리엘 천사가 마리아 앞에 나타나 주님의 탄생을 예고한 동굴 위에 지어졌다고 한다. 규모가 굉장히 크고 웅장했다. 거기에도 대추 야자나무가 몇 그루 있었다. 우리 가이드 최동철 다미안 신부님은 우리에게 주님 탄생 예고 성당을 안내하지 않고 그냥 지나쳐버렸다. 그는 우리를 시나고그로 안내했다. 시나고그synagogē는 유대교의 회당이었다. 석조 건물인데, 문 안으로 들어가 반 층 내려가니 순례객들이 붐볐다. 사방 벽쪽에 한 줄로 놓인 긴 의자에 앉아있는 사람들. 서서 여기저기를 둘러보고 있는 사람들. 나도 그 대열에 끼어 여기저기를 둘러보고 이것저것을 살펴봤다. 갑자기 한 사람이 소리를 치기 시작한다. "코리언 빨리빨리. 껀띠니유! 껀띠뉴!" 프랑스계 가이드인 모양이었다. 자기 팀이 숫자가 많아서 우리가 나갔으면 하는 것인지, 우리 일행 중 일부가 이미 나가서인지 하여간 우리는 그의 외침 소리에 떠밀려 그곳을 서둘러 나왔다. 예수님이 회당에 남은 것을 모르고 그 부모가 집으로 돌아왔다가 아들이 따라오지 않은 것을 알아채고 다시 회당으로 찾아가 아들을 찾았다는 그 회당이 바로 저기라면 예수님의 집과 회당은 바로 지척의 거리에 있었던 것이다.

시나고그를 나와 우리는 다시 주님 탄생 예고 성당으로 향했다. 번듯한 성당의 전면 외벽의 위쪽에는 예수님을 낳을 것임을 알려주는 가브리엘 천사와 그 말씀을 듣고 있는 마리아의 모습과 이름이 음각되어 있고, 아래쪽에는 4복음 사가의 모습과 이름이 새겨져 있다. 앞마당 화단에도 가브리엘 천사와 성모 마리아의 청동상이 있는데, 두 사람의 얼굴이 모두 지나치게 뾰죽하다. 요즘 유행하는 V라인이랄까?

성당으로 들어가는 문은 육중해 보이는 청동문인데, 그 문에는 예수님의 일생 가운데 주요한 장면이 부조되어 있다. 왼쪽 위로부터 아래로 시계 반대방향으로 예수님의 탄생, 이집트 피난, 아버지 요셉의 지시를 듣고 있는 나자렛 목공 작업장, 예수님의 세례, 회중들 앞에서 하느님 나라 선포, 골고다의 십자가에 매달리신 모습 등 여섯 개의 광경이 양각되어 있다. 청동문의 문틀門框은 붉으스레한 대리석으로 되어 있는데, 위쪽에는 성부로부터 성령을 받고 있는 예수님을 중심으로 좌우에 성경 말씀이 음각되어 있다. 왼쪽에는 히브리서1장1절, 오른쪽에는 루가복음 6장13절이 적혀있다. 왼쪽 문설주에는 아담, 아브라함, 엘리야, 모세, 다윗 등의 모습이 새겨져 있고, 오른쪽 문설주에는 베드로사도, 야고보, 바르톨로메오, 요한, 안드레아, 마태오, 필립보 사도등이 음각되어 있다.

성당 안으로 들어가니 성당의 중앙에 주님 탄생 예고 동굴이 있었다. 그리고 그 동굴 앞쪽에 순례자들이 미사를 드릴 수 있는 공간이 있었다. 미사 장소는 사각형 동굴쪽으로 제대가 있고 몇 십 명이 미사를 볼 수 있도록 사각형의 세 변에 의자가 놓여 있어 참석자들이 동굴을 바라보며 또 동시에 서로를 마주보며 미사를 볼 수 있게 되어 있었다. 성당의 웅장한 규모에 비하면 미사 공간은 상대적으로 적었다. 버스 한 대에 탈 수 있는 순례객 한 팀이 미사를 보도록 고려한 때문이 아니었나 싶었다. 나중에 최동철신부님께 들으니 그래도 최다 120명 정도의 인원이 거기서 미사를 볼 수 있다고 한다.

전례는 엘리아 기념 성당에서와 마찬가지로 정태영신부님이 집전하고 최동철신부님이 보좌하고 박승찬교수가 진행했다. 독서는 권영순선생님이 하셨다. 권선생님은 나의 대모님이시다. 미사를 보는 동안 머리끝부터 발끝까지 온 몸을 관통하는 모종의 흐름이 몇 번 느껴졌다. 성령의 움직임일까? 지난 해 10월 꾸르실료 교육을 받을 때 많은 교우들이 나의 성화聖化를 위해 어두운 복도에서 양팔을 들고 묵주 기도를 올리고 있는 모습을 봤는데, 이제 여기 나자렛의 성당에서 그들이 원하던 나의 성화가 이루어진 것인가 하는 생각이 들었다. 며칠 후 박승찬 교수가 자기 부인에게 주님 탄생 예고 성당에서의 미사가 특별히 좋더라고 하는 말을 들었다. 아마 모두들 그 미사에서 같은 느낌을 받았는지 모른다.

우리는 미사를 마치고 성당 내부 여기저기를 둘러보며 가이드 신부님의 설명을 들었다. 원색으로 만들어진 창문의 스테인드 글래스도 구경하고, 옛날 주거지, 물 저장소, 곡식 저장소 등도 구경하고 2층으로 올라갔다. 2층에는 이곳 주민 신자들이 미사를 보는 본당이 있었다. 제대 뒤에는 성모님이 푸른 드레스를 입고 위쪽에 앉아 계시고 그 앞에 예수님과 베드로사도가 서

계시는 모자이크 벽화가 있었다. 예수님은 붉은 옷을 입고 두 팔을 뻗어 무엇인가를 선포하고 계시고 갈색 옷을 입은 베드로사도는 예수님의 오른 쪽 손이 향한 쪽을 바라보고 있었다. 예수님의 머리 위쪽에는 구름 속 삼각형 속에 성부 하느님을 상징하는 눈이 있고, 그 삼각형 바로 밑에는 성령을 상징하는 비둘기가 있다. 그림의 하단부와 좌우 측면에는 많은 사람들이 예수님의 선포를 듣고 있는데, 모자이크 그림의 여백 부분이 구름같은 느낌을 주어 천상세계임을 나타내고 있다고 생각된다. 제대 반대쪽에는 특이한 스테인드 글래스 장식이 있어 성당 안을 신비스런 빛으로 채워줬다. 특히 스테인드 글래스를 위로부터 한 개, 세 개, 네 개, 다섯 개, 여섯 개로, 그리고 밑으로 내려올수록 스테인드 글래스의 길이가 커지도록 여섯 줄을 배열하여 전체적으로 원추형을 이루고 있었다. 성당의 천정은 백합꽃을 뒤집은 모습을 형상화했다는데 밑에서 올려다보기에는 마치 한지로 만든 스탠드 갓 같아 보였다. 백합꽃은 꽃말이 '순결'이기 때문에 동정녀인 성모마리아께 드리는 꽃으로 생각하여 주님 탄생 예고 성당의 첨탑 내부를 백합꽃 모양으로 만들었다고 한다. 2층 성당을 나가니 발굴된 유물들이 있었다. 이 유물들은 1세기 나자렛의 것들로 곡물 저장고, 올리브 기름을 짜는 데 쓰였다는 기름틀, 마을의 흔적 등이 전시되어 있었다. 유물들을 본 뒤 우리는 성전의 회랑에 전시된 각국의 예술가들이 만들어 보낸 성모자 모자이크를 구경했다. 그리스에서 보낸 모자이크는 유난히 눈에 익은 모습이었다. 쪽진 머리에 푸른 색 계통의 한복을 입고 색동저고리를 입고 있는 예수님을 안고 있는 우리나라의 성모자상은 "평화의 모후여 하례하나이다"라고 쓰인 한글이 있어 다른 나라 성모자 모자이크 작품들과 확연히 구별되었다. 그리고 상단 양쪽에 장식

한 무궁화꽃도 이색적이었다.

성모자상을 모두 다 둘러본 뒤 우리는 위쪽에 있는 요셉 성당을 둘러보았다. 지하 경당에서 나는 특이한 스테인드 글래스 두 개를 발견하여 휴대폰으로 사진을 찍었다. 하나는 요셉과 마리아의 약혼 모습이었고, 다른 하나는 요셉의 임종 광경이었다. 마리아와 요셉의 약혼을 나타낸 것은 녹색 망토를 두른 집례자가 굽어보는 가운데 와인 빛 의상을 입은 요셉이 붉은 드레스에 푸른 숄을 두른 마리아에게 반지를 끼우고 있는 모습이었고, 요셉의 임종을 묘사한 것은 침상에 누워 숨을 거두고 있는 노인 모습의 요셉을 붉은 천을 두른 장성한 예수님이 머리를 받쳐주고 푸른 옷을 입은 성모 마리아가 요셉의 왼쪽 어깨와 왼 팔을 부축하고 있는 모습이었다. 우리 나라에서 본 성가정 그림은 대개 갓 태어난 예수님과 젊은 부모님이었는데, 이 요셉 성당에는 소년기 예수님과 노인 요셉을 묘사한 그림도 여러 폭 있었다.

요셉 성당을 둘러보고 난 뒤 우리는 성지를 나와 걸어서 나자렛 마을의 식당으로 갔다. 식당은 아랍인들이 경영하는 것이었다. 벌써 며칠 째 점심은 아랍 식으로 먹고 있었지만 이스라엘 식사와 별로 크게 차이가 나는 것 같지 않았다. 그날 점심을 먹은 식당은 우리가 이스라엘 순례를 하는 동안 들렀던 식당 가운데 가장 크고 손님이 많았다. 여기저기 손님이 꽉꽉 차고 홀도 굉장히 여러 개였으며 화장실도 편리했다. 우리는 바로 전 혼인잔치 기적 기념 성당에서 혼인 갱신식을 치른 전진석, 박일영, 박승찬 세 분 교수님 부부에게 혼인 기념으로 포도주를 내라고 졸라 반주로 포도주를 곁들여 멋들어진 식사를 하고 다시 버스에 올라 다음 코스로 향했다. 다음 코스는 타볼산이었다.

이스라엘 성지 순례(2) - 타볼산

2012년 3월 23일 오늘은 봄비가 촉촉이 내리고 있다. 어제는 어깨와 팔의 통증과 몸살 기운이 심했다. 견딜 수 없이 아프고 눈이 감길 만큼 졸려서 휴강을 할까 하는 생각을 했었다. 결국 3교시 수업은 15분 빨리 마치고 나왔다. 어제 퇴근길에 침을 맞고 온 탓인지 집 난방을 따듯하게 한 탓인지 오늘은 몸이 한결 편해졌다. 약국에 나가 옷에 붙이는 발열 팩을 사다 오른쪽 견갑골과 왼쪽 어깨에 붙이고 나니 훨씬 훈훈하다.

몸도 편하고 비도 부슬부슬 내리니 다시 타볼산 성지 순례 이야기를 이어볼까? 타볼산은 예수님이 십자가에 못 박히시기 40일 전, 그리고 카이사리아 필리피 근처 마을을 향하여 가면서 베드로가 "스승님은 살아계신 하느님의 아드님 그리스도입니다."라고 고백한 날로부터 8일 정도 후에 예수님께서 베드로와 야고보와 요한 세 사람을 데리고 올라가 기도하시던 중 모세와 엘리아를 만나 하얀 모습으로 거룩하게 변모하셨다는 곳으로 전해지는 산이다.

가이더 최동철 신부님에 의하면 성경에는 예수님이 거룩하게 변모하신 산이 어느 산인지 구체적으로 이름이 명시되어 있지는 않다고 한다. 그냥 높은 산이라고만 되어 있는데 오랫동안 나자렛과 갈릴리 호수 사이에 있는 타볼산이 그 산인 것으로 전승되어 왔다고 한다. 타볼산은 이즈르엘 평야의 북동쪽에 있는 해발 588m의 산으로 평지보다는 450m가 더 높다고 했다. 이 산은 '높은 산'이라는 의미의 '하르 타볼'이라고 불리기도 한단다.

우리는 타볼산을 다 올라가기 전에 산 중턱에서 버스를 내렸다. 거기서부터 타볼산 정상에 있는 주님의 거룩한 변모 기념 성당까지는 그 구간만 오가는 전용 소형 승합차를 타야했다. 차를 갈아타기 전에 좀 기다리는 시간이 있었다. 기념품 판매점이 있었다. 정영금 교수가 석류 주스 한 잔을 샀다. 한 컵에 3달러였다. 5달러짜리 커다란 석류 반 개를 짜면 석류 주스 한 컵이 나왔다. 열매만 골라 짜는 게 아니라 통째로 압축하기 때문에 하얀 속살에서도 수분이 추출되어 맛이 좀 시큼털털했다. 그래도 한 알 한 알 까먹는 것보다는 굉장히 간편해서 좋았다.

몇 사람은 기념품 가게에서 캐시미어 스카프를 구경하고 있었다. 나는 근처에 커다란 나무에 탐스럽게 핀 꽃을 가리키며 가이더 신부님께 무슨 꽃이냐고 물어보았다. 아몬드 꽃이란다. 다행이었다. 이 신부님은 이미 나무나 농작물에 대한 질문은 하지 말아 달라고 했기 때문이다. 이 꽃 이름은 그가 아는 것이었던 것이다. 매화하고 비슷하게 꽃잎이 다섯 개씩 달려 있는데 색깔이 분홍색이었다. 우리는 타볼산 정상으로 올라가는 셔틀 소형 승합차로 갈아탔다. 갈수록 길이 꼬불꼬불 구절양장이었다. 그리고 아래로 보이는 풍경이 기가 막혔다. 우리는 모두 탄성을 질렀다. 운전수 아저씨가 우리의 탄성에 감동을 받았는지 잠시 우리를 위해 버스를 멈춰줬다. 우리는 차에서 나가 내려다보이는 풍경을 찍었다. 나야 뭐 휴대폰으로 찍었지만. 그리고 다시 버스에 올라타 정상으로 향했다. 정상에는 '바람의 문'이 있었다. '바람의 문Gate of the Winds'은 파리 개선문과 약간 비슷한 모양이었다. 바람의 문을 지나 타볼 산 정상 주차장에 이르러 우리는 승합차를 내렸다.

주차장에서 나와 판석이 잘 깔린 길을 걸어서 철문을 들어서니 거룩한 변모 기념 성당이 보이는데 세로가 더 길어 보이는 네모반듯한 느낌의 석조 성당이었다. 지붕 세 개는 뾰죽뾰죽하고, 마당에는 커다란 나무와 오래 묵은 선인장과 한창 꽃이 핀 초화류로 정원이 잘 가꾸어져 있었다.

대성당 중앙 정면에는 예수님께서 거룩하게 변모를 하신 모습이 모자이크 되어 있었다. 예수님 옆 양쪽 공중에는 예수님보다는 조금 작은 체구의 모세와 엘리야가 구름을 타고 예수님과 말씀을 나누고 있고, 산상의 숲에는 베드로와 야고보와 요한이 깜짝 놀라는 모습을 하고 있었다.

대성당은 아치형으로 만든 두 줄의 기둥으로 삼등분 되어 있는데, 왼쪽은 성모님께 봉헌한 제대가 있고 오른쪽은 프란치스코 성인에게 봉헌한 제대가 있었다. 중앙 제대 바로 아래에는 아름답게 꾸며진 아담한 경당이 있었다. 대성당 중앙에서 12계단을 내려가면 중앙제대 바로 아래에 동굴처럼 되어 있는 경당이 나오는데 이곳은 비잔틴 시대에 세 번째 경당이 있었던 곳이라고 한다. 그후 십자군 시대에도 경당이 지어졌지만 무슬림들에 의해 파괴되었다는데, 경당의 바닥은 십자군 시대의 경당 흔적들을 볼 수 있도록 만들어져 있으며 제대는 십자군 시대의 성당 잔해물들로 만들어져 있었다. 중앙 제대 아래에 있는 이 경당에서 무엇보다도 눈길을 끄는 것은 제대 위 원통형 천장에 만들어 놓은 모자이크였다. 복음서에 기록되어 있는 예수님이 생전에 보여준 신비 모습을 네 가지를 표현한 것이데, 제대를 중심으로 왼쪽부터 시계방향으로 중앙에는 예수님과 그리고 좌우로 모세와 엘리야를 천사의 모습으로 표현하여 탄생에서부터 부활까지의 신비를 거룩한 변모의 모습으로 표현하고 있다. 제대 뒤편은 색유리와 창살로 아름답게 꾸며져 있고 공작새 두 마리가 서로 마주보고 있다.

성당 입구의 좌우에는 모세의 경당과 엘리야 경당이 있다. 모세 경당의 제대 위에는 모세가 하느님으로부터 십계명을 받은 시나이 산이 뒤에 보이고, 하느님께서 모세에게 당신을 보여주신 불타는 떨기, 모세가 지팡이로 바위를 쳐서 물이 터져 나오게 한 '마싸와 므리바의 물' 등이 프레스코화로 그려져 있었다. 엘리야의 경당도 비잔틴 시대에 있었던 경당 자리위에 지은 것으로 경당 바닥과 벽면에서는 비잔틴 시대와 십자군 시대의 흔적들이 남아 있다고 했다. 제대 위쪽의 프레스코화에는 엘리야가 카르멜 산에서 바알 예언자들과 대결하는 모습이 있었다.

기껏 주님의 거룩한 변모 기념 성당을 찾아와 그림 보기에 너무 열중하다 보니, 미술관에 온 건지 성지 순례를 온 건지 혼돈이 생겼다. 주객이 전도되었다는 느낌이 들었다. 그런 생각이 떠오르기도 하고 너무 춥기도 하여 일행들은 아직 성당안을 살피고 있었지만 나는 좀 일찍 밖으로 나왔다. 밖으로 나오니 그곳에서 오히려 예수님의 거룩한 변모의 분위기가 느껴졌다. 하늘에 해무리가 생겨 햇살의 빛줄기가 흰구름을 뒤로 하고 대지로 흘러 비추는데 그 빛줄기를 검은 먹구름에 가리고 있어, 특이한 모습으로 구획된 들판이 부분적으로 밝은 데도 있고, 어두운 데도 있는 게 두렵고 성스럽고 해 보였다.

평사낙안平沙落雁

김소월의 "엄마야 누나야 강변 살자"라는 시를 떠올리면 생각나는 곳이 있다. 장수 천천면 신기마을의 강가에 있던 우리 막내 고모의 초가집이다. 진안읍의 가막리와 천천면의 신기리는 금강 상류로 나뉘어져 있다. 지금은 두 동네를 연결하는 다리가 놓여 버스길이 나 있다. 내가 어렸을 때엔 그곳에 가려면 넓고 얕은 강물을 건너야 했다. 가막리 앞 논길을 걸어 장고먹 재를 넘어 산길을 내려가 강을 건넜다. 강물은 물살이 셌다. 혼자 건너면 우리 같은 어린 애들은 물살에 떠밀려 떠내려가기 마련이었다. 순애언니랑 예순언니, 그리고 봉자랑 나 네 사람은 손에 손을 잡고 강을 건넜다. 그렇게 강을 건널 때 보이는 고모네 집은 얼마나 아름답던지! 내 마음 속에 아름답고 따뜻한 정경으로 자리 잡아 정신적 양분을 주고 있다고 생각된다. 모래밭과 자갈밭 저쪽에 보이는 초가집이 그렇게 정겹고 사랑스러웠다. 우리 고모는 강변에 살고 있었던 것이다! 게다가 우리 고모는 싸리나무 울타리 밖에 맨드라미를 잔뜩 심어 맨드라미꽃들이 집 앞에 가득 피어 있었다. 잔잔한 물결을 일으키며 흐르는 푸른 강물과 하얀 모래밭과 자갈밭, 그리고 맨드라미가 가득 피어있는 초가집, 지금도 그 정경을 생각하면 잔잔한 즐거움이 느껴진다. 인정 많고 사람 좋은 막내고모 생각도 나서 가슴이 훈훈해진다.

그런데 중국 시에도 그와 비슷한 느낌을 주는 시가 있다. 소상팔경瀟湘八景의 〈평사낙안平沙落雁〉이라는 시가 그것인데, 먼저 그 시를 보자.

물결이 솟아오르면
평평한 모래밭이 빨아먹고
엷은 구름 사이를
기러기 한 마리가 밭 갈 듯 날아간다.
글자(기러기)들이
하늘에서 내려오니
가을은
물가를 향해 시를 쓴다.
달이 뜨자
엿보던 물고기들이 몰려든다.
바람이 없어도
상앗대를 피해서 몰려드는 것이다.
가느다란 피리 소리 몇 곡조가
들리기 시작하니
어디인들
슬프지 않는 곳이 있겠는가?

浪涌平沙吸, 雲痕一雁犁. 字從天上落, 秋向水邊題,
有月窺魚聚. 無風避槳栖. 數聲棧笛起, 何處不凄迷?

이 시는 작자가 정확히 밝혀져 있지 않다. 송나라 서예가 미불米芾의 작품이라는 설이 있는데 확실하지는 않다. 기러기떼가 달밤에 구름이 살짝 낀 하늘을 날다가 상수湘水의 강변 모래밭에 날아와 앉는 것을 보고 쓴 것인데, 구구절절이 너무나 아름답다. 물결이 모래밭으로 밀려와 없어지는 것을 '모래밭이 물결을 빨아먹는다'는 표현도 아름답고 동시 같으며, 기러기를 사람 인人자 모양으로 파악하여 기러기들이 하늘에서 내려오는 것을 '글자들이 하늘에서 내려온다'고 파악한 것도 참 재미있는 착안이다. 기러기가 모래밭에 내려앉은 것을 '가을은 물가를 향해 시를 쓴다'라고 한 것 역시 너무나 아름다운 발상이다. 게다가 배 밑에 까맣게 몰려드는 물고기떼까지 언급하니 우리 마음을 명경지수明鏡止水의 열반에까지 오르게 하는 것 같기도 하다.

2011년 9월 

환갑 여행을 다녀와서

어제 올라갔던 덕유산 향적봉도 비에 젖었겠다.

올해 환갑을 맞이한 초등학교 동창들이 졸업 이후 처음으로 1박2일 여행을 갔다. 무주 구천동의 한 콘도에서 1박을 했다. 총무를 맡은 춘영이가 만들어온 반찬으로 식사를 하고 회장인 귀생이 누님이 진안에서 싣고 오신 흑돼지 삼겹살로 진안 막걸리를 마시며 초저녁을 보냈다. 밤중에는 몇몇이 노래방으로 가서 노래를 불렀다. 거의 다 99점이 나와 기계가 점수를 99점으로 고정되어 있지않나 하는 의구심까지 생겼다. 그런데 어떤 친구가 부르고 나니 100점이 나왔다. 기계는 고득점으로 상향되어 있었나 보다. 그래도 기분은 좋았다. 점수 인플레에.

숙소로 돌아와 나는 여자 친구들 몇몇과 잠이 들었다. 12시를 넘기자 술을 계속 마시던 친구들 몇 사이에 말다툼이 벌어졌다. 한 친구가 고성을 지르고 다른 친구 몇몇이 좀 낮은 톤으로 대거리를 하고 하는 소리가 들렸다. 고성을 지르던 친구가 방으로 들어오더니 그길로 밤길을 걸어서 집으로 돌아가겠다고 호기를 부렸다. 잠들었던 친구들이 일어나 모두 그 친구를 지성으로 달래 겨우 마음을 가라 앉혔다. 덕택에 여행을 무사히 마칠 수 있었다.

지금 비가 오고 있으니 아직 피지 않고 작은 봉오리로 서 있던 덕유산의 향적봉 정상 가까이의 철쭉들도 비를 맞겠다. 비가 그치고 며칠 맑아지면 꽃이 피겠지?

덕유산에 있는 철쭉은 개꽃이 아니라 연한 분홍색의 고귀한 느낌을 가진 진짜 철쭉이었다. 누가 개꽃을 철쭉이라 부르기 시작했을까? 진짜 철쭉의 이미지를 해쳤다. 어제도 중턱에서 철쭉 몇 그루가 핀 것을 보았다. 너무 드문드문 해서 몇 그루 안 되었지만 참으로 고귀한 인품을 현현한 듯 고상하고 어여뻤다. 이제 그 꽃들은 비를 맞아 꽃잎을 다쳤겠다. 어릴 적 오천국민학교에 처음 입학하여 산 고개를 넘어 통학하던 때 그런 철쭉을 처음 보았었다. 어찌나 맑고 우아한 색깔을 하고 있던지! 나도 그런 사람으로 자라고 싶다는 생각을 했었다. 환갑을 지난 지금 내 모습이 외모야 어찌 그럴 수 있을까만사실 청춘 시절에도 나는 철쭉 같이 예쁘지는 못했다 그러나 마음만은 그렇게 해맑다고 할 수 있지 않을까? 그렇게 느껴지기도 한다. 오랜 객지 생활을 했어도, 나름 평탄하다고만은 할 수 없는 삶을 살았어도, 몇몇 사람과 제법 부대끼며 지낸 세월이 있었어도 지금의 나는 가막리 재를 넘어 숲길을 걸으면서 가졌던 여덟 살 동심의 맑음을 지니고 있다고 생각하고 싶다. 지난 60년의 세월을 보내며 몸은 노화하고 마음은 혹시 타성에 젖었을지도 모른다. 그러나 그렇더라도 이제부터는 내 영혼을 가꾸자. 인생의 최고봉은 노년에 완성해보자.

2013년 5월 29일

백제울의 페이스북 글쓰기

8월 4일, 경기도 안성 휴게소에서 아이스크림을 먹으며 휴대폰으로 페이스북에 글을 올린다 :

> 날씨가 좋다. 9월초면 우리나라는 늘 이렇게 날씨가 좋다. 썬 글라스를 끼고 고속도로를 운전해서 고향으로 간다. 칡꽃을 따러 가는데 말벌이 걱정이다. 여름에 보니까 벌들이 많았다. 차라리 그만두고 구경만 하고 돌아가는 게 낫지 않을까? 안식년이라 평일에 시골을 갈 수 있으니 참 좋다.

금방 동료 한 사람과 제자 한 사람이 '좋아요'를 보내왔다.

다시 운전을 하여 전라도로 향했다. 무주 적상면을 지나가다가 도로 가에 빨간 사과가 주렁주렁 달린 사과밭을 보았다. '사과 팝니다'라는 글구를 붙인 가게도 있었다. 차를 세우고 사과를 한 상자 사고 또 휴대폰으로 페이스북에 글을 올렸다:

> 무주 적상면 길가에 있는 사과밭이다. 이미 딴 사과 한 상자 샀다. 맛이 좋고 물이 많다.

그리고 사과가 달린 사과밭으로 걸어가 사진을 몇 장 찍었다. 땅에 은박지가 깔려 있어 거기서 반사된 빛이 합쳐져 사과가 그렇게 붉게 익었나 보다. 징그러울 정도로 많은 사과가 제법 높다란 나무에 달려 있었다. 사진은 파란 하늘을 배경으로 찍었지만 역광이라 그런지 실물처럼 잘 나오지 않았다. 다시 방향을 돌려 찍어보았지만 역시 시원치 않았다. 그래도 그 사과 사진이나마 페이스북에 올렸더니 금방 동료 한 사람과 제자 여섯 명이 '좋아요'를 보내왔다.

무주의 도로 가에 있는 칡들에 꽃이 보이지 않았다. 진안으로 가봤자 칡꽃이 안 피었을 것 같다는 판단을 하고 차를 예산으로 향했다. 8월 말 제주도에서 강순제 선생님과 산책할 때 길가에서 칡꽃이 핀 걸 보고 온 것인데, 진안이나 무주는 북쪽이라 아직 피지 않았나 보다고 생각했다.

예산의 백제울에 있는 나의 주말 농장에 도착하니 벌써 황혼이다. 배추를 심으러 모종을 사가지고 온 것인데, 배추를 심을 만한 땅이 없다. 봄에 채소를 심었던 땅엔 바라기가 엄청나게 자라 엉켜 있었다. 낫으로 바라기를 비롯한 풀들을 베내고 괭이로 땅을 파서 배추 밭을 만들어야 한다. 풀이 엄청나게 벋어난 밭을 보니 일을 미루고 싶다. 배추 심기는 내일로 미루자. 어차피 날이 저물어서 오늘 배추를 심을 수는 없다.

밤이 되었다. 글을 쓸 마음이 생겨 다시 페이스북에 글을 쓴다.

> 접동새가 울고 있다.
>
> 목이 막힌 듯한 소리이다.
>
> 하도 울어서 목이 아픈 듯하다.

접동새는 5월에 산나물 뜯을 때쯤 우는 것 같더니, 오늘밤은 9월인데도 울고 있다.

'접동- 접동-.'

높은 소리가 멀지 않은 데에서 들려오고

간간히 지하수 모터 소리가 목청을 다친 듯

'그윽- 그윽'

목쉰 듯한 소리를 낸다.

풀벌레 소리들이 물결처럼 들려오고.

산속의 밤은 조용하기만 한 것은 아니다.

정체를 알 수 있는 소리들이 이것저것 들린다.

혼자서 산 속 작은 방에 있으니 세상과 완전 절연되어 있다.

내가 세상을 뒤로 하고 왔어도

세상은 나의 부재로 인해 아무런 손실도 없고

나도 또 세상을 떠나 있어도 아무렇지도 않다.

아니다.

세상은 나를 필요로 하지 않지만 나는 그래도 세상을 필요로 하는 것 같다.

그 밤중에도 금방 제자 한 사람이 댓글을 보냈다.

세상은 저를 필요로 해요.

내가 페이스북에 올린 '세상은 나를 필요로 하지 않지만'이라는 말은 보편적 사실이 아니라 나를 두고만 한 말이다. 60을 넘긴 나는 세상이 꼭 필요로 하는 사람은 아니라고 생각되었기 때문에 한 말이다. 나만의 고유 기술이 있는 것도 아니고 자녀도 다 길러냈으니 나 없다고 못 살아갈 사람도 없다. 해서 나와 세상은 상호 독립적이다는 생각이 들었던 것이다. 그런데 졸업을 하고나서도 아직 취직을 하지 못해 고전하고 있는 그 제자는 이 말이 충격적이었던 모양이다. 미안한 생각이 들었다. 그래서 얼른 댓글을 썼다.

그럼 너는 세상이 필요로 하는 사람이지.

9월 5일, 새벽 4시 무렵에 고향 친구 은미에게 카톡 문자를 보냈다. 오늘 예산에 다녀가지 않겠느냐고. 은미는 성남에서 예산까지 혼자 운전을 하고 점심 무렵에 도착했다. 우리는 아산시와 대술면 경계 근처에 있는 '황토길 추어탕'집에서 추어탕을 먹었다. 그리고 다시 백제울의 우리집으로 왔다. 내가 밭에서 길러 딴 수박을 먹었다. 수박이 잘 익어 맛이 있었다. 은미가 그 수박 맛에 감탄을 연발하여 내 기분이 좋았다. 그러니 나는 아직 세상을 필요로 하는 것이지? 그러나 내가 굳이 세상에 필요한 존재가 아니라고 해서 뭐 대단히 잘못된 것은 아닐 것이다. 세상에 있는 수많은 생물들이 거의 다 있어도 좋고 없어도 무방한 것 아닐까? 민폐를 너무 끼치지나 않으면 다행인 것이지.

오후 내내 나는 배추를 심었다. 지하수를 틀어놓고. 은미는 파와 부추가 있는 곳의 풀을 뽑았다. 네 시 좀 지나서 은미가 집으로 돌아갔다. 혼자서 저녁을 먹고 또 밤이 되자 다시 페이스북을 열고 글을 쓴다.

구름이 잔뜩 끼었다.

비행기 지나가는 소리가 들리고.

건너 편 국제학교에선 아무 소리도 안 난다.

비행기가 지나가고나서도 길고 여린 잔음이 들리고.

우리집 지하수 모터는 여전히 숨을 껄떡거리는 소리를 낸다.

9월 6일, 비가 내린다. 모종하는 데에는 비가 오는 게 좋으므로 비 온다고 일을 하지 않을 수 없었다. 비옷을 입고 헬멧을 쓰고 모종을 했다. 일이 끝나자 또 페이스북을 찾는다.

어제 오후에 배추 모종을 마쳤고 오늘 새벽에는 무우 모종을 마쳤다. 이제 열무를 다듬어 씻고 바라기 풀을 뽑고 수박과 참외를 조사하여 익은 것을 골라 따고 서울로 가야지. 해놓은 밥을 다 먹었으니까 점심 먹기 전에 여기를 떠나자.

열무를 다듬어 씻고 있는데 위쪽 밭에 컨테이너를 세워놓고 나처럼 주말농장을 가꾸고 있는 김교수 내외가 왔다. 나는 평소 그들을 매우 반겨왔으나 이날은 "비가 오는데 왜 오셨느냐?"는 듣기에 따라서는 좀 마음이 상할 수 있는 질문을 하고 말았다. 김교수님은 하천 공사하는 산림청 사람들이 우리가 놓은 다리에 흙을 덮어놓은 걸 보고 마음이 안 좋은 듯 심기가 상한 듯 했다. 나는 계속 열무 씻기에 열중했다. 그들이 그냥 돌아간 줄 알았는데 그들이 다시 나타났다. 나는 좀 전에 엉뚱한 인사말을 건넌 게 미안하여 그 집 밭으로 가 좀 쉬어야겠다고 말했다. 이것저것 이야기를 하고 돌아오려는데 김교수님 부인이 수북이 쌓아놓은 호박 무더기에서 호박 세 개를 집어줬다. 호박을 받아들고 돌아오다 생각하니 나도 뭔가 그들에게 줘야겠다는 생각이 들었다. 수박은 익은 게 없고 참외는 있을 것 같아 찾아보니 벌레 먹은 것 몇 개와 성한 것 두 개가 발견되었다. 그 두 개를 가지고 가다가 그중에 큰 것을 그만 떨어뜨리고 말았다. 떨어진 참외는 쪽 갈라졌다. 참외를 들고 가 김교수님에게 참외를 먹자고 불러도 그는 오지 않았다. 갈라지지 않은 참외는 김교수님을 위해 남겨두고 갈라진 참외를 내가 깎아 썰었다. 맛이 기가 막혔다. 김교수님 부인은 우산을 쓰고 나는 비옷을 입고 그 우산 속에 나란히 서서 참외를 먹었다. 참 신선하고 신기한 정경 아닌가?

열무김치 담고 나서 뒤쪽 창문을 열고 보니 집 뒤에 있는 나무들을 감고 있는 칡 덩굴 사이에 무엇인가 붉으레 한 게 보였다. 또 페이스북을 열었다. 그리고 글을 쳤다.

> 비가 그치고 매미가 운다. 왕매미도 왕왕 울고 쓰르라미도 쓰르- 쓰르 운다. 집 뒤 칡덩굴 속에 무슨 꽃이 보이는데 누룽지 끓인 것 먹고 난 뒤 가봐야겠다.

집 뒤로 올라가 문제의 물체를 찾아보니 그것은 칡꽃이었다. 몇 송이를 딴 다음에 근처에 보이는 달맞이꽃도 세 송이 땄다. 꽃을 가지고 방으로 돌아온 뒤 예쁜 그릇을 꺼내 칡꽃과 달맞이꽃을 배열하여 사진을 찍고, 페이스북에 사진을 올리며 또 글을 쳤다.

> 집 뒤로 가보니 그것은 과연 칡꽃이었다. 비도 부슬부슬 내리고 벌레가 팔을 물고

하여 칡꽃을 많이 꺾지는 못하고 몇 송이만 따왔다. 흰 설탕으로 재거나 말리는 것이라는데 비가 오니 오늘 딴 칡꽃은 설탕에 재야겠다.

식영과 대학원에 다니는 학생 위푸티앤于福添이 댓글로 시를 한 수 지어 올렸다.

粉面細身掩嫵媚, 紫中螢黃成配對。雪盤托影高品位, 自然造物萬千美.

이 시구를 번역해 보면 다음과 같다.

분바른 얼굴에 가녀린 몸으로 아리따움을 가렸네.
보라색 속에 꾀꼬리빛 노란색이 짝을 이루고.
눈같이 하얀 받침이 고품위의 모습을 받치고 있으니
자연이 만들어낸 모습은 한없이 아름다워라!

그 시를 보고 나는 한글로 댓글을 쓴다.

칡꽃과 달맞이꽃 참 예쁘지? 다음에는 더 예쁘게 놓아봐야지. 가을꽃 채집을 나가야겠어.

2013년 9월 3~5일

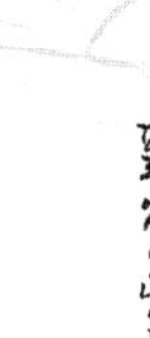

파리에서 보내온 합죽선

이남종

서울대 중문과 강사

닭고기나 돼지고기나 물고기나 마늘이나 닥치는 대로 먹으며, 살고 늙고 병들고 죽는 일은 때가 오면 그대로 행한다

- 배도

우담발화

가오슝 치씨엔루七賢路를 떠나온 지 석 달, 그 사이 많이 분주했었다. 모교의 출석수업 강의로 동서남북으로 원로를 자청했었다. 제주를 시작으로 울산, 진주, 광주, 인천, 안양, 청주 등지를 오가며 여러 강의를 소화해냈다. 모교 선배로서 전국에 흩어져있는 후배학우들을 만나는 즐거움이 적지 않았으나, 행로에는 늘 동식서숙의 산미酸味와 위기지학을 버려둔 자괴自愧가 따라다녔다. 지난 달 29일은 마지막 강의가 서울에서 있었다. 아들은 이 날 군에 입대하였다. 시회詩會가 있었던 30일의 대취는 까닭이 있었던 게다. 어제는 해정解酲을 위해 자리를 지켰다. 그리고 오늘이다. '눈물 젖은 쇠한 얼굴로 둔한 성품 한탄하네'가 한갓 병 없는 이의 신음소리일 수 있으랴? '어제 어린애가 오늘 늙은이로세, 백년 인생 전광석화인 것을.' 원대 사인 희익姬翼의 〈마음껏 어슬렁거리며恣逍遙〉에 보이는 구절이다. 백년 인생이 허무이고 보면 어슬렁거림 말고 또 무엇이 할 일일까? 허나 허무한 세월 속에서도 의미를 두어 기억해두고 싶은 일들이 없지 않다. 인생이 유정한 탓이다.

치씨엔루를 떠나오기 얼마 전 짧은 시 몇 수로 감개를 적었었다. 계절이 두 번 바뀐 뒤 꺼내보니 감회가 새롭다.

山雨 산비

隨緣暫住神仙窟	인연 따라 잠시 신선 굴에 머물자니
蝴蝶閒愁晝入夢	한가한 시름에 호랑나비 한낮의 꿈에 드네.
殘照低飛燕子回	석양빛에 제비들 나직이 날아 돌아오고
颼颼散打幽窓弄	후둑후둑 소낙비가 은자의 창 두드리네.

자동차를 타지 않고 중산대 교정으로 들어가자면 일정日政 때 파놓은 동굴을 통과해야 한다. 보행자와 자전거만을 위한 이 길을 지나면 바로 사철 해수욕이 가능한 바닷가가 나오는데 그곳이 바로 교정이다. 야자椰子, 빈랑檳榔, 룽수榕樹 등 열대 나무들이 사철 푸른 그곳에 대한 첫 느낌은 연명의 세외도원世外桃園이었다. 점심 후 오수는 내 어슬렁거림의 연장이다. 연중 비가 적었던 그곳에 그날 오후 시원히 비가 내렸다. 연구실은 씨즈완이 한눈에 내려다보이는 6층의 고대광실. 잠시 머물게 된 그곳에서 감미로운 잠결에 빗소리를 들었고 나비가 되어 있던 나는 원래의 모습으로 돌아왔다.

西子灣曉望 씨즈완 바다에서 새벽에 바라보다

月影滄茫西子海	달빛 창망한 미인 씨즈西子의 바다
艷陽吐出柴山上	고운 해 차이산柴山 위로 토해져 나오네.
隨波逐浪又浮沈	잔 물결 큰 파랑을 따르고 좇고 또 뜨고 잠기는 중
眼入分明群物狀	눈에는 분명히 뭇 사물의 모습이 들어오네.

씨즈완 바다는 타이완 8경의 하나이다. 학교 뒤는 미후獼猴 원숭이의 놀이

터인 차이샨柴山이다. 나는 매일 아침 그곳 바다에서 유영遊泳을 즐겼다. 물에 들어가는 시간이 6시 무렵, 바다 위에서 챠이산 위로 떠오르는 해를 보았다. 3, 4구에는 내 생애와 내 마음이 지나치게 드러나 있다. 약간 마음에 걸리지만 어찌하겠나.

8월 16일은 칠석七夕이었다. 대만이 이 날을 그들 나름의 발렌테인데이로 정해두고 있음은 라디오를 통해 알게 되었다. 이름 하여 칭런지에情人節이다. 과연 시내 거리마다 노소의 구별이 없이 짝을 이룬 남녀들이 물결을 이루고 있었다. 집에 남겨진 아내에 대한 가여운 생각으로 힘이 들 때였다. 비가 멎은 가오슝의 밤하늘에 초이레의 현월弦月이 빛났다. 연인들로 채워진 아이허愛河 주변의 산책로를 홀로 걸으며 이렇게 읊조렸다.

庚寅年七夕 - 高雄情人節 경인년 칠석 - 가오슝 칭런지에

二星分處無相見	견우 직녀 떨어져 지내며 만나지 못하건만
烏鵲戀橋何渺莽	까막까치 그리움의 다리는 어찌 그리 아득한가.
士女不知天上悲	사람들은 하늘 위의 슬픔은 아랑곳 아니하고
愛情河畔頻來往	애정의 강 언저리를 빈번히 오고가네.

아이허愛河 주변의 그날 밤 어슬렁거림은 금방 나를 피로하게 했다. 아직 풍정이 사위지 않았음이다. 다음 날 이것을 서법 교실에서 알게 된 좡莊형에게 보여주니 칭찬이 대단했다. 이것을 들고 며칠 전 방문했던 천陳화사를 다시 찾잿다. 그래서 또 다음 시가 있게 되었다.

農曆七月初八日, 與莊大人重探陳甘米畵師書室. 主人不嫌不速之客, 煎新茶示出古書, 款情移時彌篤. 弦月當空, 院落又有兩三朶剛開優曇鉢花, 奇香撲鼻, 忽覺置身仙界之感.

음력 7월 8일 장대인과 천깐미 화가의 서실을 재차 방문하였다. 주인은 초청하지 않은 손님을 꺼리지 않고 새로 수확한 차를 다리고 옛 서책들을 꺼내다 보여주며 객을 대하는 정성스런 정이 시간이 많이 지나도 더욱 도타웠다. 현월은 천공에 떠 있고 뜰 한 켠에는 방금 피어난 두 세 송이 우담발화가 있었다. 기이한 향기가 코에 다가들었다. 홀연 선계에 몸을 두었다는 느낌을 갖게 되었다.

興來再訪道人居	흥이 나 다시금 도인의 거처를 찾았더니
節入微涼秋夜初	계절이 서늘한 초가을 밤이로세.
賞畵觀書塵念遠	그림 감상 필적 구경에 세속의 생각 멀어지고
淸香又送逸情餘	맑은 향내 또 전해져 한가한 정취 넘쳐나네.

이 시에는 여러 내용이 들어있지만 실은 우담발화를 처음 보게 된 감개를 적은 것이다. 차가 몇 잔 돌려진 후 서실 앞 작은 정원에 나서서 하늘을 바라보고 있었다. 함께 따라나와 있던 주인은 뜰 안에 피어있던 꽃을 가리키며 '탄화이씨앤曇華一現'에 대하여 알고 있는지 물어왔다. 필요한 말만 겨우 이어나갈 정도의 나는 무슨 뜻인지 금방 알 수가 없었다. 그녀는 사전을 펼쳐 보여주었다. 그제야 달빛 아래 하얀 색으로 처연히 피어있는 그 꽃이 바로 우담발화이고 '탄화이씨앤'이 '담화일현曇華一現'임을 알 수 있었다. 우담발화는 3천 년에 한 번 꽃이 핀다고 하며, 불교에서 매우 드물고 희귀한 것에 대한

비유로 쓰이는 꽃이다. '여래가 나타날 때 꽃이 피고, 전륜성왕이 세상을 다스리면 감복해서 꽃이 핀다'고 하였고, '여래의 묘음을 듣는 것은 회유한 것으로 우담발화와 같다'고 하며, '꽃이 사람들에게 보이면 상서로운 일이 생길 징조'라고들 하는 것이 그 예이다. 피어서 두세 시간을 버티지 못하고 곧 시들어버리니 나타났다가는 곧바로 사라지는 인생의 허무를 상징하기도 한다. 뜻이 어떠하든 그 감동이 예사로울 수 없었다.

주인은 또 먹을 수 있는 꽃이라 하면서 먹는 방법을 설명하였다. 두 송이를 따 들고는 선물로 준다고 하였으나 그런 말들이 귀에 들어올 리 없었다. 나중에 안 일이지만 좡莊형께서는 그것들을 챙겨가 혼자서 입에 넣었다고 한다. 글을 정리 하면서 우담발화에 대한 전설을 새로 알게 되었다.

담화는 본디 꽃의 여신이라 한다. 그녀는 매일 꽃을 피워 일 년 사철 늘 아름다움을 발하였다. 그녀에게는 매일 물을 주고 잡초를 뽑아주는 수려한 외모의 청년이 있었다. 그녀는 자연스럽게 그를 사랑하게 되었다. 이 일이 천상의 옥제玉帝에게 알려졌다. 옥제는 천둥과 벼락을 내려 사랑하는 두 사람을 갈라놓으려 하였다. 그녀는 옥제의 뜻에 따라 1년에 한 번만 꽃을 피우고 사랑하는 이를 만날 수 없게 되었다. 화신을 돌보던 젊은이는 영취산으로 출가하여 위타韋陀라는 법명을 받고 잠심하여 불도를 익혔다. 그는 일체 세속의 일을 기억 저편으로 놓아버리고 구도자로서의 삶에 충실했다. 이 역시 옥제의 뜻임은 물론이다. 세월은 유수와 같이 흘렀다. '그저 당시에 이미 아득해져 버렸으니只是當時已惘然'라 했던가? 위타에게는 사랑의 기억이 망연해졌다. 하지만 꽃의 여신은 달랐다. 그녀는 위타가 매년 봄이 저물어갈 무렵 산을 내려와 스승이 마실 차를 끓이기 위해 아침이슬을 모아간다는 사실을 알고 꽃을 피울 시기로 저무는 봄을 택하였다. 그녀는 이 때가 되면 한 해 동안 온축해둔 체내의 모든 정기를 방출하여 극도의 화려함으로 꽃을 토해냈다. 사랑하는 이가 자신을 기억해주기를 바라는 간절한 염원을 담아 자신을 태우는 것이다. 허나 위타는 그녀를 기억해내지 못했다. 그녀는 속절없이 해마다 해마다 슬픈 사연을 담아 꽃을 피워냈고 위타는 언제고 그녀를 기억해내지 못했다.

내가 본 우담발화는 초가을에 개화하였으니 전설의 내용과 차이가 있다. 국내에서도 우담발화 소식을 듣곤 한다. 사진을 통해본 그것은 내가 본 것과는 많이 다르다. 삶과 사랑의 모습이 하나가 아닌 까닭이라 생각된다. 어떤 경우든 피었다가 곧 사라지니 그 외형의 차이야 또 무슨 의미를 낳겠는가? 무정한 세월을 다정하게 살아가야 된다는 교훈을 얻을 뿐이다.

일전에 중산대 지앤簡教授께서 전화를 주셨다. 내년 2월부터 한 해 동안 객좌교수로 초청하는 일이 결정되었다는 전갈이었다. 남은 두 달 사이 한두 차례 대취의 기회가 있을 법하다. 동식서숙의 신맛도 인생에 맛을 들이는 데 있어 빼놓을 수 없는 긴요한 맛이다. '어느 날이 돌아갈 해인가?'를 되뇌며 사월 대로 사위였으나 얼마간 남아있는 예의 풍정을 다시 기대해본다. 전광석화, 우담일현의 속절없는 세월도 힘이 되어줄 것이다.

2010년 12월 2일 

성태 형, 오랜만이오.

성태 형, 오랜만이오.

올해부터 동문회장직을 맡으셨다구요. 우선 축하말씀 전하는 바입니다. 30년이 다 되어 가는 우리 모교에서, 그리고 학교 근처에서 지내시기를 스무해를 넘기셨다구요. 그렇지요. 돌이켜보면 참으로 많은 세월이었습니다. 사람으로 치면 '이립'의 연륜에 해당하니 우리 모교 방송대 중문과는 이제 명실공히 여러 대학들과 어깨를 나란히 하여 발전에 발전을 거듭하며 세월의 두께를 불려가는 자랑스런 학과가 되었습니다. 그 사이 수를 헤아릴 수 없을 정도로 많은 동문이 배출되었고 또 어느 대학 어느 학과의 학생들보다도 학업에 열정적인 재학생 여러분들이 졸업을 기다리고 있습니다. 우리는 방송대학 중문과라는 테두리 안에서 늘 하나이며 그래서 행복합니다. 권설음 어려운 발음의 숙련도가 제각각일지라도 우리는 똑같이 어려운 학습의 과정을 공유하고 있습니다. 서로 멀리 떨어져 있어서, 혹은 학교에 재적한 기간이 서로 달라서 일면식이 없었다 하더라도 우리는 중국어발음연습과 간체자와 중국문화개관과 명시감상과 중급한문과 문학의 전통과 ……, 이렇게 많은 부분에서 같은 경험을 축적해왔습니다. 제주도, 전라남도, 전라북도, 경상북도, 경상남도, 충청북도, 충청남도, 강원도, 서울과 경기도, 그리고 더러는 해외까지도 방송과 인터넷이 통하는 곳이면 하나같이 우리들이 있습니다. 20대 초반 홍안의 청년남녀로부터 80이 넘으신 선배님들까지 세대를 초월하여 모두가 우리의 테두리 안에서 하나입니다.

성태 형, 그렇게 대단한 우리들을 앞에서 이끌어가는 리더가 되셨다구요. 다시 한 번 진심으로 축하드립니다. 나는 성태 형이 뛰어난 화가이며 사진찍기를 좋아하고, 그리고 기회가 주어졌을 때에 후배들 학습지도에 헌신하는, 또 중요한 행사가 있을 때마다 거의 빠지는 일 없이 정성껏 보살펴주는 마음씨 좋고 후덕한 분으로만 알고 있었습니다. 모두들 하나이지만 전국 각지에 흩어져있고 또 생활의 모습이 제각각 달라 참으로 넓은 폭을 가진 우리들을 하나로 엮어내는 힘겨운 일을 맡으실 거라곤 생각을 못했습니다. 그러나 형은 그 어려운 일을 뿌리치거나 회피하지 않고 순순히 맡아주셨군요. 그저 감사할 따름입니다.

하기는 지도력이라고 하는 것이 별도로 존재하는 것이 아니지요. 위에서 생각이 나는 대로 두서없이 적어놓은 바의 평소 형이 지니고 있는 고요한 성품과 온화한 사랑, 그리고 예술가로서의 창조적 기량과 통찰력이 바로 뛰어난 리더십의 기본적인 요소라는 점을 생각할 때에 우리의 리더가 된 것에 대하여 하등의 의구심을 가질 필요가 없는 것이지요.

오늘 이곳 타이완의 가오슝은 매우 특별했습니다. 형과 동기가 되나요? 하범식을 만났어요. 그는 지금 국립가오슝대학에서 전임교수로 재직 중입니다. 이곳에서 처음 그를 만난 것은 작년 이맘 때였는데 그 때는 그곳 학교에 어플라이를 하던 참이었지요. 그 뒤에 들은 이야기는 결과가 그다지 좋지 않았다고. 그런데 이번에 다시 그와 연락이 닿게 되었는데 참으로 장하게도 높은 경쟁률을 뚫고 한국인으로서 또 방송대 중문인으로서 이곳 낯선 타이완의 국립대학에 정식으로 자리를 얻게 되었다는 낭보를 전해왔답니다. 오늘은 하범식 교수가 현재 제가 1년 예정으로 머물고 있는 중산대학 가운데 정치학연구소에서 열린 좌담회에 논객으로 참여하는 날입니다. 서로 전공은 다르나 저도 방청객으로 참석했지요. 마치고 가까운 한국식당에서 오랜만에 삼겹살을 굽고 우리식 저녁을 먹었습니다. 맥주 두 병을 나누어 마시고. 돌아와 이 글을 쓰는 중이랍니다.

그를 처음 만난 것이 94년인가 합니다. 박사과정 수료하고 처음으로 모교에서 강의를 하기 시작한 때였지요. 어설픈 강의 뒤에 몇 차례 소주를 나누어 마신 기억이 있어요. 나는 당시 주량도 어지간했고 훌륭한 선배 소리를 들어야겠다는 생각에 후배들과 비교적 빈번한 만남을 가질 때였죠. 매주《논어집주》를 읽었는데 4, 5년은 족히 걸려서야 겨우 1회독을 마칠 수 있었으니 공부는 사실 뒷전이고 술 마시는 것이 일이었어요. 아마도 느리게 읽기 대회가 있다면 우수상 정도는 받을 수 있었으리라 생각됩니다. 최성은 박사 등이 당시 주요한 멤버였는데, 공부는 한두 시간으로 끝내고 소주며 맥주를 퍼마시는 나의 그다지 아름답지 못한 호기로 인하여 얌전하고 성실한 최박사 등이 적잖은 피해를 보았지요. 예나 지금이나 식견이 부족하기로는 달라진 것이 없는 저로서는 함께 읽기에 참여했던 후배들만 공부를 열심히 하는 줄로 알고 있었어요. 왜 이런 말을 길게 하느냐 하면 문제의 하범식은 도통 공부하고는 거리가 먼 인물인 줄 알았다는 겁니다.

2000년 여름인가요. 내가 학위를 마치고 타이뻬이에서 5개월 가량 머물다 규장각에 연구원으로 일하게 되어 귀국하고서 얼마 지나지 않았을 때입니다. 하범식을 몇 해 만에 다시 만난 것은 바로 그때 학교 앞 둘둘호프였지요. 그는 국내에서 적은 석사논문을 건네주며 타이뻬이 정치대학 박사과정에 합격하여 교수님들께 인사차 학교에 들렀던 참이라고 했습니다. 그러나 저로서는 낯선 곳으로 떠나는 그를 마냥 축원할 수만은 없었지요. 나라 안은 이른바 아이엠에프 구제금융으로 국가도산의 바로 앞까지 다가갔다가 근근이 숨결이나 이어나가는 정도였고 빛나는 학위를 가지고 있는 나로서도 거의 희망이 보이지 않는 상황이었기 때문이었습니다. 공부도 시원찮아(?) 보이는 그가 겪을 고생이 너무나 뻔해 보였어요. 그 뒤로 오랫동안 잊고 살았지요.

2009년 초였던가요? 그를 다시 만났습니다. 정치대학에서 학위를 해 돌아왔더군요. 그는 모교에서 강의를 하게 되었다는 내용과 함께 명함을 건네주었습니다. 여가가 있을 때 연락하마고 헤어졌는데 미안하지만 연락을 주지 못했습니다. 그해 여름방학이 끝나갈 무렵 나는 우연한 기회를 만나 이곳 중산대학에서 한국한문학 강의를 맡게 되었지요. 규장각에 몸담고 있던 10년 세월, 17~8세기 조선시대 문집 몇 질에 대한 정독과 《심양일기》 등에 대한 역주 작업에 참여했던 일 외에 따로 체계적인 공부가 없는 터라서 부담이 적지 않군요. 3개 학기를 마친 지금도 처음보다 수월해진 느낌을 가질 수가 없구요.

오늘 내가 청중석에서 만나본 하범식 교수는 의연했습니다. 치밀한 준비를 바탕으로 설득력 있는 발표를 통해 이곳 각 지역의 유수한 학자들과 어깨를 나란히 했습니다. 맥주를 나누어 마시며 물었지요. 어디서 그런 힘이 나오느냐고. 그는 대답했습니다. 스스로도 잘 모르겠다고. 낙원상가에서 배달하는 일을 통해 방송대학시절의 생활을 이어갔는데 그것이 자신이 가지고 있는 이른바 뚝심의 원천이 아닐까라고.

형의 동문회장 취임에 축하말씀을 전한다고 이야기를 시작했는데 하범식 얘기가 길어졌어요. 솔직히 축하만을 전하기가 어려운 것은 하범식이 낯선 곳으로 아무런 구체적인 그림도 없이 무작정 떠나갈 때에 나를 엄습했던 똑같은 걱정과 불안을 지울 수 없어서입니다. 그리고 간단히 축하의 말을 전하기에는 미안스런 점이 개인적으로 너무나 많기 때문입니다. 무거운 책임을 나누어져야 할 입장임을 잘 알면서도 번번이 무관심과 외면으로 일관해왔었지요. 형이 열거한 그립고 정겨운 마디 말들, 신주기획과 녹색세계와 최홍대 형과 강태진 형, 동숭동 동문회관, 그리고 여백으로 남겨 둔 수많은 우리들 ……. 또 제가 얘기를 꺼낸 둘둘호프와 …… 그리고 또 다른 많은 공간들.

막 내디딘 형의 발걸음은 결코 외롭지 않을 것임을 믿어 의심치 않습니다. 축원을 위하여 전해야 할 얘기들이 많고 또 고치고 다듬는 과정을 거쳐야 글의 모양새가 좀 날 텐데 밤이 많이 깊었습니다. 형을 포함하여 중문인들 모두 평안한 밤 되길 빌며 줄일까합니다. 안녕히.

멀리서 마음으로나마 축하와 성원을 보내며

타이완 가오슝에서

이남종 삼가 드림

2011년 10월 10일

쟝 쌰오웨이, 씨에씨에 니

어제 오늘 정서가 불안하다. 어제 좀 과하게 술을 마셨다. 맥주 서너 병이니 예전 주량으로 따지면 술을 입에 댔다고 말할 수조차 없는 적은 양이다. 허나 세월 탓을 할 수 밖에. 어제는 본디 술을 마실 날은 아니었다. 그제가 생일이었고 화상 전화로 가족들로부터 축하를 받았다. 행사는 그것으로 끝난 것이었다. 그런데 그 생일 행사를 어제 다시 치르게 되었다. 화요일 오후《동인시화東人詩話》를 읽는 수업에서다. 그들은 학기가 끝나갈 무렵 말이 잘 안 통하는 어설픈 선생에게 무언가를 해주고 싶었나보다. 학기가 마무리 단계에 접어들어 이른바 강의 평가가 있었다. 이곳에선 그것을 위해 30분 시간을 할애한다. 잠시 쉬고 있으려니 학생이 올라와 평가가 끝났다는 말을 전한다. 강의실엔 지난 학기에 만났던 몇몇 학생들까지 와 있었다. 교탁에는 예쁜 모양의 케이크가 놓여있었다. 그리고 그들은 생일축하 노래를 제창하였다. 학과에 비치된 서류를 통해 날짜를 확인했단다. 금년에는 기록용 생일과 실제 생일에 차이가 많지 않았다. 화상으로 축하를 받는 것으로 끝냈을 내 귀한 생일을 제대로 찾게 된 것이다. 감격했고, 그 결과 적지 않은 금액의 지출이 있었다.

젊은 시절 나는 술을 보면 사양하지 않았다. 회의의 정도가 늘어나고 있지만 음주에 있어서 나는 아직도 젊은 시절을 구가한다. 허나 이곳 학생들은 나와 많이 다르다. 나 모양으로 패기와 혈기 등, 각종 기를 온전히 발휘하고 있는 젊은 친구들을 아직까지 거의 보지 못했다. 관찰한 바로는 그들은 기본적으로 술을 입에 대지 않는다. 외지에서 온 유학생들이 조금 마시는 것을 본 일이 있으나 그들 모습 역시 나를 가만히 웃게 만들 정도에 그친다. 그런 연유로 몇 차례 반복해온 것처럼 어젯밤 나는 또 혼자서 도도히 취하였다. 예의가 깍듯한 그들 중 몇몇은 내 모습이 안됐는지 한두 잔 입에 대기도 했다.

아침에 일어나니 좋을 리 없었다. 점심은 홍콩에서 온 장쌰오웨이와 함께 했다. 나는 몇 가지 야채와 꽁치 한 도막을 골랐다. 어렸을 때에 생일이면 미역국 외에 구운 김과 꽁치가 빠지지 않았었다. 들기름을 고루 바르고 소금을 뿌려 화로에 구워낸 김에서는 반지르르 윤기가 흘렀다. 꽁치에 대한 기억도 선명하다. 일정한 간격으로 칼집을 내서 아궁이의 남은 불에 갓 구워낸 꽁치는 어느 고급 생선보다도 입 속에 감기는 맛이 있었다. 지금 눈앞의 꽁치 한 도막은 품격이 그에 많이 미치지 못한다. 허나 그 옛날 어머니의 손맛을 떠올리며 상상 속의 맛을 즐기는 참이었다. '식중불언'이라 했던가? 다소 이해하기 힘들었던 옛 말씀의 연유를 깨달은 것은 바로 오늘 점심에서다. 앞에 앉은 쌰오웨이에게 말을 건네지 말아야 했던 것이다. "꽁치 맛이 괜찮다고." 그는 나에게 한국에도 꽁치가 많으냐는 등의 질문과 함께 자신은 요즘 되도록 피하고 있다는 말을 전한다. 이유인 즉 일본 대지진의 여파로 해수의 오염상황과 내 입 속의 꽁치가 일본 해역에서 잡혔을 가능성이 크다는 점 등에 대하여 들려주었다. 그리고 내장부분에 독성물질이 모여 있으니 굳이 먹으려거든 그 부분은 피하는 것이 좋겠다는 친절한 조언을 덧붙였다.

아침에는 구운 김을 먹은 터였다. 가오슝지역의 한국 교민 연말모임에서 선물로 받은 한국산 포장김이다. 이곳에서 사업에 성공한 교민 중 한 분이 참석한 사람 모두에게 커다란 상자 하나씩을 선물하였다. 덕분에 며칠 째 감사한 마음으로 즐겨 먹고 있는 중이었다. 쌰오웨이와 헤어져 나는 다시 다소 무거워진 마음으로 컴퓨터 앞에 앉았다. 늘 하던 방식으로 인터넷 우리 신문을 열어본다. 우리 김양식의 현황에 대한 기사가 눈에 띈다. 염산 등 다량의 유해한 물질이 양식과정에서 사용되었을 가능성이 있다는 보도였다.

이곳에 온 뒤로 이따금 불현 듯 일어나는 향수로 괴로움이 적지 않았다. 비행기로 두 시간 반, 지척의 거리이다. 그러나 나름 고향을 '멀리' 그리고 '떠나 있다'는 두 사실 가운데 전자에 비중을 두어 한껏 고독한 느낌을 증폭시키고 그것에 집중해오던 터였다. 그러나 이제 나의 이러한 노력은 효과가 별무하게 되었다. 약간의 고통을 수반한 은밀한 고독의 즐거움, 그것을 조각낸 것은 '꽁치'와 '김'이다. '멀리'의 느낌을 즐기면서 어찌하여 고향 냄새가 묻어있는 것들에 대한 미련을 털지 못하였는지. 최근 몇 년 사이 서울에서 나는 대만산 꽁치 맛에 길들여져 있었다. 그런데 정작 이곳에선 일본산일 가능성에 대하여 염려하고 있다. 꽤나 먼 곳에 와있다는 느낌에 집중하여 스스로와 주변 사람들로부터 주의를 이끌어내고자 했던 의도는 아무런 효과도 없었음이 드러난 것이다. 전화로, 티브이로, 인터넷으로, 비행기로, 화상전화로 연결되기 훨씬 이전부터, 하늘로, 바다로 그리고 그곳을 타고 넘고 또 흐르는 바람으로, 천공에 떠서 기울고 차고 하는 달빛으로, 찰나에 우주를 섭렵하는 의념으로 동아시아 바다는 본디부터 연결되어 있었다. 그래서 멀고 가까움의 거리가 아예 존재하지 않았던 것이다. 그러니 내가 더러 힘들어하는 향수 따위는 부연하자면 세상물정 모르는 우둔함이나 그것이 진정 아니라면 관념의 사치에서 비롯되는 것이었을 따름이다.

오늘 저녁도 외출하고 돌아왔다. 서예반 송년 모임이었다. 이번 학기에 나는 이름만 학생이었다. 지난해에는 꽤나 성실한 모범생이었다. 진보도 꽤나 느껴졌었다. 이번에는 다르다. 단 한 차례도 제대로 출석 한 적이 없었다. 밥을 함께 먹는 등 이른바 이벤트가 있는 날만 얼굴을 내밀었었다. 오늘도 그런 경우였다. '정거장車站'이라는 오래된 대만어 노래를 현장에서 배우고 불렀다. 사랑하는 임을 기차에 실려 보내고 플랫폼을 서성이며 그리움을 호소하는 내용이다. '아리랑'도 부르고. 선생님께서는 현장에서 글씨를 써서 학생들에 나누어 주셨다. 동학들 중에도 눈에 띄게 발전한 작품들을 들고 나온 이가 여럿 있었다. 아무리 노래를 불러도 불성실했던 정도만큼 그들과의 거리가 느껴졌다. 처지가 참으로 고단하고 가련하다. 신년 인사 등 덕담을 주고받는 사이에 그들 중의 몇몇은 최근 모습을 감추게 된 독재자에 대한 추억과 염려를 전한다. 포도주며 위스키 등 적지 않은 양의 술이 목을 타고 흘러드는 사이에 두 시간 반 거리 지척의 나랏일을 떠올렸다. 그들 그룹에 나는 채식주의자로 인식되었던 탓에 내 앞에는 야채 몇 접시가 전부였다. 내가 수업에 빠지는 동안 그들은 내 삶의 철학과 방식이 이미 바뀌었다는 사실에 어두웠던 까닭이다. 정작 나는 채식주의자로서의 기억이 희미하다. 특별히 마련된 음식은 내 자리를 비켜가고 있었다. 그들의 기억력과 친절한 배려에 찬탄을 금하지 못하면서 한편으로 비관의 원인을 찾게 되어 다행으로 여겼다.

> "닭고기나 돼지고기나 물고기나 마늘이나 닥치는 대로 먹으며, 살고 늙고 병들고 죽는 일은 때가 오면 그대로 행한다.(계저어산(鷄猪魚蒜), 봉착즉끽(逢着則喫). 생노사병(生老死病), 시지즉행(時至則行).)"

허균許筠《성소부부고惺所覆瓿藁》〈한정록閒情錄·광회曠懷〉에 초록된 당唐나라 헌종憲宗 원화元和, 806~820 연간 재상을 지낸 배진공裴晉公 배도裴度의 말이다. 당시 당나라 조정은 지역에 기반을 둔 반군세력의 창궐로 영일이 없었다. 국론은 갈리고 반군은 테러를 자행했다. 자객의 손에 재상이 살해되었다. 이때 배도 역시 상해를 입었다. 조정의 중신들 대부분은 반군의 눈치를 살펴 그들과의 화해를 주장했다. 허나 죽음의 문턱까지 갔다가 가까스로 살아남은 그의 의지는 결연했다. 반군소탕의 당위성을 헌종에게 개진하였고 헌종은 그런 그를 가상히 여겼다. 배도는 이를 계기로 재상의 지위에 올라 나라의 명운을 가르는 반군과의 전쟁을 진두지휘한다. 많은 어려운 과정이 있었으나 전쟁의 승리는 배도와 헌종 쪽에 있었다. 명문장가 한유韓愈의 〈평회서비平淮西碑〉는 이 승리를 기념하기 위해 황제 헌종의 명으로 지어진 것이다.

배도는 술수術數를 믿지 않았다고 한다. 곤궁과 영달, 삶과 죽음 등의 문제로 점을 치는 등의 일을 하지 않았다는 말일 것이다. 그러한 그가 영양식과 강장식 등을 골라 먹거나, 선부른 채식주의자로 스스로를 얽어매거나, 절주

또는 금주의 계획을 세우고 또 그것을 수정하거나, 청주와 탁주의 품격을 가리거나 등등의 일에 심신을 피로하게 하지 않았을 것이다. "닭고기나 돼지고기나 물고기나 마늘이나 닥치는 대로 먹으며, 살고 늙고 병들고 죽는 일은 때가 오면 그대로 따른다." 음식의 선택은 삶의 일부이나 철학이 반영된 것이라는 생각이 새삼 든다. 편한 사고는 실용성을 담고 있다. 금과옥조로 삼을 일이다.

본디 섬세함과는 거리가 먼 성품이나 더욱 무딘 성격으로의 새로운 성형을 시작해야 될 듯하다. 그것이 현재와 미래의 삶이 요구하는 시대정신인 까닭이다. 화상미팅과, 꽁치 뱃속의 물질을 구성하는 성분과, 구워진 김에 들어있을 물질들의 래원來源과 철학적 의미, 교탁 위 생일 케이크에 담긴 애정에 대한 반응의 속도와 크기의 적절한 정도, 독재자의 존재 및 부재, 야채와 육류를 오가는 변덕, 글쓰기에서 맥락을 유지하는 문제, 술을 연거푸 마셔 저상된 정신작용, 정서의 안정과 불안정의 문제와 …… 이런 것들은 경험으로 볼 때에 합리적 사고로 풀기 어려운 문제들이다. 그렇다고 선불리 감정을 갖다 대서는 안 된다. 감정의 발동과 확대를 막고 한껏 흉회를 비우고 넓힐 일이다.

연이어 마신 몇 잔 술은 나를 이런 우주적 깨달음으로 인도해주었다. 그 깨달음을 놓지 않고서 귀국길에 오르련다. 밥 한 그릇 비우는 시간에 조용히 하는 것까지. "쌰오웨이야! 씨에씨에 니."

2011년 12월 28일 늦은 시간

리앤하이루(蓮海路) 우거(寓居)에서

북한산 청풍青楓

압구정 강마을을 뒤로하고 이곳 북한산 자락에 옮겨 살게 된지 반 년 남짓 세월이 흘렀다. 계곡과 산언저리에 은은한 꿀 향기를 전해주던 아카시아가 봄이 저물어 감을 말해주고 있었다. 옮겨오던 당시 산자락에 기대어 살아가는 것들은 어느 것 하나 빠짐없이 숨이 가빴다. 사람들은 100년 만의 가뭄이라고 했다. 늘 물이 흐르던 계곡엔 바싹 마른 자갈과 모래가 푸석한 모습의 맨살을 드러내고 있었고 새조차 목이 쉰 듯 지저귐이 멎어있었다. 풀과 나무들은 계절의 생기를 완전히 잃어버린 듯 말라갔다. 어쩌다 구름이 하늘 전체를 덮곤 했지만 비로 이어지지는 않았다. 안타까움으로 마음 졸여했던 탓이었을까? 당시에 느꼈던 갈증을 형언하기가 쉽지 않다. 그렇게 보름 정도가 지났다. 다 저녁때가 되어서 서쪽 하늘에서 시작된 짙은 검은빛 구름이 소리를 내기 시작했다. 우산을 챙겨들고 계곡 입구로 향했다. 빗방울이 굵어져 숲을 적셨다. 허나 계곡은 여전히 마른 채였다. 나는 그 자리에 두어 시간을 꼼짝도 하지 않고 서 있었다. 계곡이 흐름을 회복했을 때에 집으로 향했다.

이후 북한산 계곡과 언저리는 많이 편안하고 넉넉하다. 이따금 때에 맞게 풍성히 내려주신 비로 계곡엔 늘 흐르는 물이 소리를 냈다. 겨울에 접어들고 선 소복하게 눈이 쌓여 포근함을 더해주더니 오늘 아침부터는 또 비가 내려 내년의 풍년을 예고하고 있다. 자연은 그저 운행의 규율에 따라 제 일을 하고 있건만 우리네 사람은 희노와 애락의 감정으로 스스로를 애처롭게 만든다. 우주의 운행을 음양의 소장생식의 과정으로 파악하여 불요한 감정의 낭비를 최소화하도록 편리하고 유용한 지혜를 선사들께서 가르침으로 남겨주었건만 아직 나는 희노와 애락, 공구의 테두리로부터 한 발작도 벗어나지 못하고 있다. 박락의 시기가 회복과 태평의 시기로 변환되며 그 과정에 시간의 경과가 필수적임을 알고 있으나 늘 안달하고 급급해하니 애처로운 상태를 면하지 못하고 있는 거다.

옮겨온 집은 아래로 계곡을 바라고 있다. 문을 열면 집안이 온통 물소리로 가득해져 계곡과 하나가 된다. 하늘도 열려있어 달이 뜨는 밤이면 달빛이 가득하여 앉아서, 누워서 처연히 빛나는 달빛을 보느라 곧잘 실면을 하게 된다. 새벽에 오르는 약수터 계곡은 내가 손과 얼굴을 씻는 곳이다. 오가는 데 한 시간 남짓 거리에 있는 샘물은 이름이 영천靈泉이다. 몹시 가물었던 지난 여름조차 마르지 않고 어느 정도 수량을 유지하고 있었으니 영천이라는 이름이 과하지 않다 싶다. 지난 시절 더러 창석 선생님을 모시고 산행을 했었다. 선생님께서는 물을 만나시면 얼굴을 씻으시며 "계곡물에 세수하면 예뻐진다."는 말씀을 빼놓지 않으셨다. 수은주가 영하로 한참 내려가는 요즘에도 나는 아내가 챙겨준 수건을 들고 얼굴을 씻는다. 예뻐지기는 바랄 수 없겠으나 잠시 마음이 맑아지는 느낌이 좋아서다. 《운선잡기雲仙雜記》라는 책에 시인 도연명이 흐르는 물을 스승으로 삼았다는 이야기가 전한다. 정말로 맑은 물이 마음을 맑게 해주기는 하는 건가?

집에서 산까지는 걸어서 5분이다. 길 양편엔 산행객을 위한 음식점이 늘어서 있다. 막걸리와 빈대떡, 족발, 두부, 삼겹살, 냉면, 생선회, 찐빵 등을 판다. 소박한 산촌의 정취가 남아있다. 언젠가 술을 입에 대지 않는다고 선언 비슷하게 했던 나였다. 요즘은 마다하지 않는데, 환경 탓으로 돌리고 있다. 마시는 양은 일정하지 않으나 대체로 양은 많이 줄었다. 달과 그림자처럼 모자라는 친구만 곁에 두고 있으니 혼자 잔을 비우고 그림자에게 권하는 일도 쉽지만은 않다. 1100원에 파는 막걸리 한 병이 사나흘이 가기도 한다. 찻잔에 부어 기분만 내는 정도, 이 일도 좀 지나면 적잖이 애처롭게 느껴질 것 같아 걱정이다. 허나 어쩌랴. 성곽 밖 북쪽 동네에다가 내 마음은 멀어져 땅은 절로 더 치우치게 되었으니. 찾아주지 못하는 사람들을 탓할 수도 없는 것이다.

오늘 영천 언저리에서 단풍나무 숲을 보았다. 말라서 오그라진 잎들이 가지에 그대로 남아 있다. 지난 계절 내내 빛나는 청홍의 색택으로 주위를 물들여 보는 이를 황홀한 경지로 이끌었던 주인공이다. 그들 중 오늘 내 시선을 붙잡은 한 그루 나무는 홀로 앙상한 가지를 드러내고 있다. 줄기와 가지에는 푸른빛이 역력하다. 돌이켜보면 이 나무는 주위가 온통 붉은 색으로 물들어있을 때에도 홀로 푸른 색 그대로였다. 가을이 다하여 찬바람이 거세게 불어와 잎들이 하나 둘 그리고 한꺼번에 우수수 휘날릴 때에도 이 나무는 푸른색을 유지하고 있었다. 이 나무의 잎은 떨어지기 얼마 전에야 물이 들었는데 그 빛깔은 역시 붉은 색과는 거리가 있었다. 푸른빛이 더러 남아있는 노란 계통의 색이었다. 이 그루로 인하여 단풍 숲은 더욱 아름다울 수 있었다.

나는 단풍이라 하면 으레 때가 되면 붉게 물이 드는 것으로 알아왔다. 서책에서 보는 청풍포니 청풍계니 하는 것들도 단풍이 붉게 물들기 이전의 푸른 상태를 지칭하는 것으로만 알아왔다. 고인의 글들을 열독해보면 여름철에 찾은 단풍 숲을 일러 청풍이라 하는 경우가 많으니 그다지 구별을 해서 사용한 것 같지는 않다. 그러함에도 청풍은 한편으로 중국 남방의 소상 지역의 경물을 다룬 시문에서 자주 보이는데 대체로 내쳐진 신하의 암담한 정서를 드러내는 경우가 일반적이다. 두보杜甫가 기주夔州의 운안雲安에 머물 때 잠삼岑參에게 부친 시에서 "가을밤에 배를 댄 뒤 봄풀 자라는 시절 지내고, 청풍 아래 몸져누워 대궐과는 떨어졌네.泊船秋夜經春草, 伏枕靑楓限玉除."라는 구절도 이러한 범위에 든다. 임금과 소원해진 까닭이 대체로 지조를 지키고자 해서일 테니 두보가 본 운안의 청풍도 내가 오늘 아침 본 나무와 동일종일 가능성이 없진 않을 게다.

"새들 깃들 데 있음을 즐거워하고, 나 또한 내 오두막 사랑한다."고 한 도연명은 "오직 바라는 것은 술과 장수長壽이다"라고 했다. 그리고 "생각지 못한 변고가 더해지는 일이 없기만을 바랄 뿐이다."라고도 했다. 정릉 살이에 한 해를 넘기는 즈음 이와 비슷한 생각을 하게 된다.

2012년 12월 14일

'취서인醉瑞人'의 귀환을 고대하며

"임금이 난을 피해 도성을 떠나자, 백성들은 먹을 것이 모자라 술을 담그는 사람이 없었다. 뒤에 서울이 조금 편안해지자 한 사람 술에 취한 이가 나타났다. 사람들은 모여서 그의 취태를 구경하며 상서로운 일이라 여겼다." 당나라 덕종 시기의 일이다. 끼니 걱정으로 오랫동안 술은 엄두를 내지 못하고 있던 이들에게 취객은 희망의 전령이었다. 이것이 술에 취하여 상서로운 조짐을 보여준다는 '취서인醉瑞人'이란 말의 유래가 된다.

지금으로부터 100여 년 전 구한말시기 충청도 면천에서도 이러한 '취서인'의 귀환을 간절히 염원하는 사람이 있었다. 지난해 가을걷이로 모아둔 곡식은 새로 보리를 수확하기 훨씬 전부터 떨어져버렸다. 이른바 보릿고개이다. 그곳 현감을 지내던 하강荷江 박제경朴霽璟, 1831~1910은 은자 2000냥을 풀어 주린 백성들의 허기를 메워주고 간절한 염원을 담아 이렇게 노래했다.

槁苗似潤滂沱雨	마른 싹은 주룩주룩 내린 비에 윤기를 찾은 듯
病樹如逢浩蕩春	병든 나무들도 봄의 한창시절 만난 듯.
艱難苦恨何須說	가난의 어려움을 어찌 꼭 말할 것 있겠나?
麥熟將看醉瑞人	보리 여물면 '취서인(醉瑞人)'을 보게 될 텐데.

지난달 17일 서울 종로구 인사동 '피맛避馬골'에 대형 화재가 있었다. 화재의 진원지는 종로타워에서 공평동으로 들어가는 골목 어귀에 위치한 '육미집'이었다. 화마는 그곳을 삽시에 삼켜버렸고 인근의 술집이며 음식점들도 남겨두지 않았다. 육미는 문을 연지 20년 가까운 세월이 지났으나 유명세를 타기 시작한 것은 IMF 사태를 맞았던 90년대 말부터였다. 갑자기 일손을 놓게 된 많은 사람들에게 소주 한두 병, 막걸리 한두 잔이 참으로 귀하게 느껴지던 때였다. 어린 시절 경험했던 보릿고개는 그나마 나았다. 선정을 베풀어 당장의 허기를 해결해주고 알맞게 내려주는 비에 보리의 풍년을 기대하며 취객의 출현을 염원하는 하강荷江 같은 목민관이 없었던 까닭이 아니다. 농업에서 분리된 도시 서민들은 참고 넘으면 보리밥이나마 먹을 수 있게 해주는 그 '고개'라는 것조차 없었다. 대신 어디를 둘러보아도 절망의 한숨을 자아내게 하는 험산준령險山峻嶺, 그 어려웠던 시기에 육미는 1000원 소주 한 병에도 어묵탕을 기본으로 제공했다. 3500원 회덮밥 한 그릇은 점심으로도 저녁으로도 근사한 식사였다. 8개 식탁으로 시작된 육미는 서민들의 희망과 더불어 자라났다. 소실되기 전 650석 규모에 50가지 음식이 언제든 제공되는 초대형 선술집형 음식점으로 성장했었다. 예순에 가까워진 사장 부부가 직접 재료를 구하고 조리에 참여하며 신선한 맛과 저렴한 가격은 문을 열던 초기 그대로였다. 무엇보다도 언제나 시끌벅적한 잔칫집 분위기가 그대로여서 좋았다.

하강荷江이 세상을 떠난 후 우리 역사는 길고 어두웠던 일제치하 36년의 시간이 있었다. 뒤 이어 민주주의를 지켜내기 위한 3년 동안의 전쟁도 있었다. 이후 우리가 딛고 선 땅은 아무 것도 남은 것이 없는 폐허 그대로였다. 그러나 우리는 결코 절망하지 않았다. 고난 속에서도 웃음을 잃지 않고 애써 희망을 일구어냈다. 이 시절 술의 의미는 참으로 각별하였다. 일제 치하에서도 일경의 매서운 눈초리를 피해가며 술을 담갔다. 당시 음주행위엔 민족의 정기를 이어가는 비장함이 담겨있기도 했다. 전쟁이 남긴 폐허를 딛고 재건의 발걸음을 재촉하는 동안에는 술은 역시 없어서는 안될 필수 음식이었다. 거름이 모자라 척박해진 논과 밭에서, 남벌과 폭격 등으로 벌겋게 흙이 드러난 민둥산의 사방공사 현장에서, 도로를 닦고 공장을 짓는 건설현장에서 우리는 이것으로 허기를 메웠다.

....

지난해 우리는 무역액에 있어서 세계 8위를 랭크했다. 휴대폰을 비롯한 아이티통신, 자동차, 제철, 조선, 건설, 석유화학 등 각 분야에서 세계적인 기술 선진국으로 도약한 결과이다. 이제 세계는 우리가 만들어내는 물건을 소비하는 안마당이 되었고, 이에 따라 세계의 부가 우리에게로 흘러오고 있다. 이렇게 성장을 했으면 이제 육미와 같은 염가의 선술집은 그간의 서비스를 접어도 좋으리라 여겨지기도 한다. 그러나 상황은 전혀 그렇지 않다. 부의 흐름도 물의 흐름과 다르지 않아 깊고 넓게 축적되는 곳이 있는 반면 여전히 메마른 채 남아있는 곳이 있다. 나라 경제는 간판 기업들의 비약적인 성장에 힘입어 과거에 비할 바가 아니다. 그러나 우리 주위에는 많은 분들이 보릿고개를 넘던 목마름에서 벗어나지 못하고 있다. 구직 실패자나 비정규직근로 자만의 문제도 아니다. 자영업을 통해 일정수준의 소득을 유지하는 경우라도 사회가 성장하는 만큼 소득을 늘려나가지 못한다면 처분할 수 있는 소득은 시간이 흐를수록 줄어들게 된다. 흔히 말하는 '상대적 박탈감'만의 문제가 아닌 것이다. 서민에게 현실은 여전히 보릿고개 이상의 험산준령으로 남아있다. 이런 문제를 '술'이 해결해주는 것은 아닐 것이다. 하지만 그들이 정겨운 사람과 자리를 함께 하여 정성껏 구어진 꼬치안주와 오뎅국물을 안주로 한두 병 소주와 막걸리로부터 위안 받을 필요는 충분하다. 더구나 허름한 피맛골을 오가는 서민이야 말로 민족의 정기를 이어오고 위기극복에 힘을 모았던 너와 나 우리가 아니었던가.

....

육미집 사장 김진태씨는 하강이 현감을 지냈던 면천이 고향이다. 어려운 살림에 중학과정을 마치고는 곧바로 상경하였다. 여러 곳을 전전하다 부인과 함께 '1개 1천원' 리어카장사로 밑돈을 마련하여 육미를 열었다 한다. 그로부터 20년 그는 수많은 사람들에게 '취서인醉瑞人'의 희망을 주었다. 서로 교통은 없었으나 하강의 정신을 이어간 셈이다.

불에 탄 '인사동 피맛골' 식당가엔 육미식당만 있었던 것이 아니다. 졸지에 삶의 터전을 잃어버린 열한 곳 작은 음식점들 하나하나 우리의 포근한 안식처였다. 이들이 화마에 사라진 뒤 많은 이들이 망연자실해 했다. 남대문 화재사건과 견주어 애통해 하는 네티즌이 있을 정도였다. 이곳은 이미 외국 관광객들에게 까지 널리 알려져 있었으니, 화재는 세계적 명소 하나를 앗아갔다는 의미를 지니기도 한다.

오늘 아침 '인사동 피맛골 화재 사건'이 실화나 누전이 아닌 방화로 밝혀졌으며 범인도 확인되었다는 보도를 접했다. 그도 그곳 술꾼의 한사람이었는가 보다. 술에 대한 예찬을 늘어놓았는데 참으로 기가 막힐 노릇이다. 허나 그로 인하여 잠시라도 수많은 선량한 술꾼과 우리의 소주와 막걸리가 낮게 평가되는 일이 있어서는 안된다. 오히려 이런 때일수록 술꾼들을 위한 편안한 술자리를 마련해주자는 논의가 진행되어야 한다. 예전의 서민적 풍격을 간직하면서도 웬만한 불씨에도 끄떡없을 새 건물이 여전히 이 시대 힘없는 사람들이 주인으로 남아줄 수는 없을까? 육미집과 그 이웃들, 그리고 그곳을 출입했던 많은 사람들의 힘 빠진 어깨를 다독여주고 눈물을 닦아줄, 그런 대단한 기획을 기대해본다.

2013년 3월 9일 

청수장 어느 하루

봄이 더디 왔던 정릉에 가을은 일찍 찾아들었다. 이곳에 와서 두 번째 맞이하는 가을이다. 새벽에 배드민턴채 한 짝 달랑 챙겨들고 공원입구로 간다. 그곳 계곡 옆에는 정갈하게 가꾸어진 배드민턴장이 있다. 계절에 민감한 나무들로 바닥에는 벌써 낙엽이 수북하다. 여럿이 힘을 합쳐 쓸어 모으는 사이에 곱게 다져진 바닥과 경계선이 드러난다. 챙겨온 음료를 나누며 약간의 담소를 뒤로 활동에 들어간다. 준비운동, 레슨, 난타로 몸 풀기, 훌라후프 돌리기, 담배 피우기, 시합과 관전, 응원, 품평과 조언 등이다. 그러는 사이 시냇물은 쉼 없이 소리를 내며 머리털이 이쁜 오리들을 모은다. 주말이면 참여하는 회원이 부쩍 많아지고 음식과 술이 풍성하게 차려진다. 과자, 김밥, 밥, 삶은 계란, 양파와 몇 가지 약재를 함께 달여 비닐팩에 포장한 음료, 약식, 서울막걸리, 소주, 족발, 돼지껍데기, 김치 등이다. 회원제로 운영되며 회비는 월 1만원이다. 남편과 아내가 또는 아버지와 아들이, 더러는 전가족이 함께 오는 이들도 있다. 주말에 한하여 나는 이 모든 경우에 속한다. 운동에 참여하지 않고 회원이 아니면서 매일 출석하는 분도 계신데, 그는 음식 기부를 수시로 하는 것은 물론 찬조금도 후히 내는 친절한 성격을 지녔다. 자주 명랑한 얼굴로 전작前酌에 대하여 이야기하는 것을 보면 또 애주가임이 분명하다.

오늘은 저녁 후에 아내와 산책을 나갔다. 계곡 입구까지 10여분 길이다. 전에는 꽤 어둠 속에서도 계곡 길을 따라 약수터까지 한 시간 정도를 걸었었다. 그러던 것이 달포 전 북악능선길로 접어들 무렵 바로 눈앞에서 멧돼지의 돌진을 목격했다. 그 뒤로 우리는 어둠이 깔리기 시작하면 아예 마음을 내지 못하고 있었다. 오늘은 용기를 좀 냈다, 길을 나서는데 옆 동 아주머니를 만났다. 차를 마시러 오라 한다. 그녀는 한 해 위인 아내 영옥에게 언니라고 부르며 형제처럼 대해주었다. 길 건너 친구 가게에서 재미 삼아 잠시 일손을 돌보고 있는 중이라 한다. 그녀의 친구이자 찻집의 주인께서는 배드민턴 열성 회원이다. 친정 시댁 양가 부모를 모두 모시고 있는 효녀이기도 하다. 그런저런 연유로 우리는 산책을 마치고 돌아오는 길에 찻집에 들렀다. 잠시 앉아있으려니 배드민턴 전회장께서 지인과 찻집에 들르셨다. 그는 한사코 우리 테이블 값을 치르고자 한다. 멧돼지가 화제로 올랐다. 바로 어저께 건너편 인가에 다섯 마리가 한꺼번에 출몰했단다. 우리도 며칠 전 뉴스에서 고개 너머 수유동에 역시 대여섯 마리가 한꺼번에 나타났다는 보도를 접한 터이다. 예의 멧돼지 돌진을 경험한 우리로서는 무용담인 듯 이야기에 한 바탕 끼일 수 있다고 생각했었다. 그러나 그 정도는 예삿일인 듯 두려워들 하는 기색을 찾을 수 없다. 전회장께서 자리를 뜨고 우리도 막 일어서려는 참이었다. 애주가이신 그 비회원께서 찻집에 찾아주셨다. 좌정 후 그는 조심스레 의견을 꺼내놓는다. 차는 생략하고 술을 한 잔 하자는 제의였다. 아내와 나는 그를 따라나서 주점을 향했다. 전통주 한 주전자가 비워지고 다시 새 것이 나왔다. 안주는 미꾸라지 튀김, 50대 초반의 여인이 주인이다. 술은 누룩의 제조를 포함하여 양조의 전 과정을 자신이 직접 맡는다 하였다. 흡연을 꾸짖기도 했다. 이야기에서 자부심이 묻어났다. 두 주전자로 끝낸 것은 사실 절제의 미덕 때문이었다. 글을 끄적이고 있는 지금까지 복부에 따뜻함이 느껴지는 것을 보면 어젯밤 전통주의 품질에 신뢰가 간다.

내가 살고 있는 이곳엔 주막이 많다. 주막 숫자만큼이나 소박한 마음을 지닌 사람들도 많다. 옮겨오면서 삼백 잔을 불사했던 이태백을 피하여 비교적 안전한 술꾼 도연명을 흠모하기로 작정했었다. 주석에 초대되면 사양치 않았고 또 반드시 취하고자 했으나 취하고 나면 물러나는 그의 온건한 음주행태가 맘에 들었었다. 다만 어젯밤 일을 포함하여 지난 한 해를 돌아보건대 그에 대한 나의 흠모하는 마음에 다시 변덕이 끼어들까 마음이 걸린다. 허나 맑은 물과 푸른 산이 있고 소심인素心人과 주가酒家가 즐비한 이곳이야말로 꿈에 그리던 소도원小桃源이 아니고 그 무엇이겠나? 생각을 줄이고 경박함을 다투는 배드민턴에 몰두하여 근골을 단련하면 이곳 소박한 마음의 시민이 되기에 부족함이 없을 것이다.

2013년 9월 27일 

이병한

서울대학교 명예교수

난 치고 대나무 그리기

나이 들어 되찾는 동심童心

KAIST 학생들의 한시공부

우화등선羽化登仙

파리에서 보내온 합죽선

사람이 야위면 살 찌울 수 있지만
선비가 속되면 고칠수가 없다네

- 소식 〈제어잠승녹균헌〉

난 치고 대나무 그리기

우리나라나 중국의 선비들은 일찍부터 매梅, 난蘭, 국菊, 죽竹이 저마다 고결高潔하고 강견剛堅한 품성과 기상체질을 지니고 있다 하여 이들을 군자의 반열에 올려놓고 늘 가까이에 두고 그것을 스스로의 군자적 덕성 함양의 지표로 삼아 왔다. 그리고 그러한 심성은 오늘날까지 선비정신의 하나의 전통으로 이어져 내려오고 있다.

앞마당 한 쪽에 매실나무를 심고, 정원 모퉁이에 국화 심고, 뒷뜰 돌담 아래에는 대나무를 심고, 거실 탁자 위에 난분을 올려놓아 철 따라 피는 꽃을 감상하고 그 향을 맡으며 사는 것을 선비다운 생활 풍모로 여겼다. 국화나 청매실로는 술을 담그고 차를 정제하여 이따금 벗을 청하여 함께 나누어 마시면서 시문을 논하고 사는 이치를 궁구하는 것으로 여가를 즐기기도 하였다. 그리고 더러는 화선지 펼쳐 놓고 붓에 듬뿍 먹을 적셔 그 위에 난이나 대나무를 그리며 선비다운 아취雅趣에 젖어 보기도 하였다. 옛날 선비들에게 매, 난, 국, 죽은 그야말로 군자비덕君子比德의 대상이요 생활의 반려이기도 하였다.

그러나 21 세기 문명시대를 사는 현대인들은 저마다 세속적인 일에 매달리고 시간에 쫓겨 옛날 선비들처럼 여유 있고 운치 있는 생활을 한다는 것은 행여 꿈도 꾸어보기가 어렵게 되고 말았다. 참으로 안쓰럽고 안타까운 일이 아닐 수 없다. 나 스스로 도시에 살면서 아직 몸에 휴대전화 따위를 지니기 싫어해서 자주 주변 사람들에게 불편을 끼치는 일이 있는데 이도 내가 속물화 되어가는 속도를 될수록 늦춰 보려는 안간힘인 것이라고 자위해 보기도 한다.

매, 난, 국, 죽이 오래 전에 이미 군자의 반열에 올라 선비의 좋은 짝인 것만은 알겠으나 현대인이 도시생활을 영위하면서 이들을 산 채로 항상 가까이에 둘 수는 없는지라 그 아쉬움을 달래 보려고 얼마 전부터 나는 집 가까이에 있는 단원구檀園區 노인복지회관에 개설되어 있는 교육 프로그램에 등록하여 이른바 '사군자'를 묵화로 그리는 법을 배우기 시작하였다.

'사군자'는 매, 란, 국, 죽을 포괄하는 칭호인데 그것은 시절에 따른 배열이지 그림을 배우는 순서를 나타내는 것은 아닌지라 나는 우선 난 그리는 법부터 익히기 시작하였다. 초심자로서 획을 치기가 쉬웠고, 필획의 수나 대상의 규모도 작아서 공력면에서도 접근이 상대적으로 쉬울 것 같아서였다.

난을 치는 법을 익힘에 있어서도 높은 경지에 다다르자면 긴 시간에 걸쳐 많은 수련을 쌓아야 할 것이지만 초보과정을 마치고 나서 나는 자청해서 대나무 그리는 법을 배우는 과정으로 적을 옮겼다. 난에 이어 대나무 그리기 과정을 선택한 것은 대나무 그리기가 또한 매화나 국화 그리기 보다 수월할 것 같아서였다. 같은 교실에서 같은 선생님으로부터 지도를 받는 분들 가운데에는 나이가 80을 넘어 90을 바라보는 이도 있고, 연조나 기량 면에서도 월등히 앞선 분들이 많았다. 가을이 되면 나도 국화 그리기를 배우고, 내년 봄에는 매화를 그리고, 내년 겨울 쯤에는 소나무도 그려 볼 생각이다. 과일이나 음식에도 제철이 있는 것 처럼 사군자 그리기도 제철 따라 제철 것 그리기를 배우면 학습효과나 흥취 면에서도 분명 상승 작용을 기대할 수 있을 것이다.

복지관 '사군자 교실'에서 난을 치고 대나무 그리는 법을 익히면서 나는 기이한 점 하나를 발견하였다. 선배님들의 입학년도나 공력 면에서 분명 나보다 월등한 데 그들 가운데 자기가 그린 그림의 여백에 자필로 제題를 하는 분이 드물었다. 그들은 우선 손에 쥔 붓 끝으로 대상을 제법 그럴 듯 하게 그려는 낼 수 있으나 그림의 의경意境을 요약 제시할 수 있는 필재筆才나 문재文才가 상대적으로 모자랐던 것이다. 이에 비하여 중국문학과 교수 출신인 나는 그동안 중국이나 우리나라 문인들이 남겨 놓은 시나 산문을 폭 넓게 섭렵해 왔고, 시론詩論, 문론文論, 화론畵論, 제화시題畵詩까지도 관심을 가져 왔던 터라 그림을 그려 놓고 거기에 어울리는 화제를 고르는 일에 있어서 만큼은 내가 선배님들 보다 나을 것이라는 생각이 들기도 하였다.

제화題畵를 함에 있어도 기본서법을 어느 정도 익혀 놓아야 하며, 해서楷書보다는 행서行書가 제 격이라고 사람들은 말한다. 이 면에 있어서도 나는 평생 한자를 다루어 왔고, 복지관 한문 서예반에서 〈안근례비顔勤禮碑〉를 교본 삼아 안진경顔眞卿의 해서체를 어느 정도 익혔고, 지금은 조맹부체趙孟頫體로 행서를 이히고 있는 중이라 이 면에서도 선배님들에게 크게 뒤질 것 같지 않았다. 그러나 나의 이러한 경망한 자만심은 나로 하여금 글씨나 그림을 익히는 과정에서 필력을 다져 나가는 일을 소홀히 하는 역작용을 가져오기도 하였다.

대나무 그리는 법을 익히면서 나는 소식蘇軾의 〈제어잠승녹균헌題於潛僧綠

筠軒〉을 골라 읽었고, 이를 여러 차례 써 보기도 하였다.

밥상에 고기반찬 없을 수는 있겠으나
마당에 대나무가 없어서는 안 될 일
고기반찬 없으면 사람이 야위지만
대나무 없으면 사람 속 된다네
사람 야위면 살찌울 수 있지만
선비가 속 되면 고칠 수가 없다네
(可使食無肉, 不可居無竹. 無肉令人瘦, 無竹令人俗. 人瘦尙可肥, 士俗不可醫.)

미국산 쇠고기 수입과 관련하여 어린 학생들이 '촛불문화제'까지 벌이고 있을 때 나는 집에서 소동파의 시를 읽고 손에 붓 들고 대나무를 그리고 있었다. 나는 육식을 별로 즐기지 않는 터라 한우 값이 비싸고 공급량이 모자라 광우병 우려까지 무릅쓰고 미국으로부터 쇠고기를 수입하려는 정부의 정책의지를 아직도 잘 이해할 수 없다. 시래기 된장국이 항암 효능을 지녔다 말하고, 많은 사람들이 비만을 고치기 위하여 채식을 선호하는 판국에 온 국민 살찌우는 일에 정부와 수입업자들이 발 벗고 나섰으니 정녕 우리는 요순시대堯舜時代에 살고 있는 것 아닐까?

청 이방응李方膺은 자기의 대나무 그림 여백에 다음과 같은 시를 써 넣었다.

사람이 속 된 병에 걸리면 고치기가 어려운 데
기백(岐伯)이 내린 처방으로는 대나무가 으뜸

붓 갓 놓아 먹물 아직 마르지도 않았는 데

어느덧 맑은 바람이 폐장 속 찌거기를 말끔히 씻어내네

(人逢俗病便難醫, 岐伯良方竹最宜. 墨汁未乾纔擱筆, 淸風已淨肺腸泥.-〈竹石軸〉)

21 세기 첨단 의료기술로도 사람의 속병은 쉽게 고치지를 못하는 데 화가는 자기가 직접 그린 대나무 그림으로 돈 안 들이고 몸에 칼도 대지 않고 그 병을 말끔히 고쳤으니 참으로 놀라운 일이다. 기백은 먼 옛날 중국 황제黃帝 시대의 이름난 의원이다.

청 정섭鄭燮은 대나무 그림의 대가로 알려져 있다. 그는 어느 고을 원님으로 있을 때 대숲에서 들려오는 바람소리를 듣고 그것을 백성들이 고통을 호소하는 소리로 느꼈노라고 다음과 같은 시를 남기고 있다.

동헌에 누워 솔솔 대 숲의 바람소리 듣노라니

고통에 시달리는 백성들의 신음인가 하였네

이몸 하찮은 고을 낮은 벼슬아치 이지만

가지 하나 잎새 하나에도 마음이 쓰인다네

(衙齋臥聽蕭蕭聲, 疑是民間疾苦聲. 些小吾曹州縣吏, 一支一葉總關情.-〈題墨竹圖〉)

어제 우리나라 대통령은 청와대 기자실에 나타나 취임 100 일이 되도록 국민과의 소통이 잘못 되었던 것 같다고 남의 이야기 하듯 국민들을 상대로 사과의 뜻을 담은 짤막한 글을 짧은 시간 안에 읽고 그 자리를 떠났다. 우리나라 대통령의 국민들을 걱정하는 마음이 대숲에 부는 바람 소리에서도 백성들의 고통을 읽어내는 청나라 작은 고을 원님 만도 못하다는 생각이 든다.

정섭은 글씨를 쓰고 대나무를 그림에 있어 그 필법이 서로 통한다고 황산곡과 소동파를 예로 들어 다음과 같이 읊었다.

황산곡은 글씨 쓰기를 대나무 그리듯 하였고
소동파는 대나무 그리기를 글씨 쓰듯 하였다네
그들의 작품을 보통사람 붓놀림과 견주지 말지니
시원하고 소탈한 가운데 저마다 구름 위로 치솟는 기상 지녔다네
(山谷寫字如畵竹, 東坡畵竹如寫字. 不比尋常翰墨間, 蕭疎各有凌雲意.–〈竹〉)

정섭은 또 화법과 서법이 하나로 통한다고 그 이치를 다음과 같이 풀이하고 있다.

날마다 연못 가에서 먹을 갈지만
분 바르고 눈썹 그리는 일 따위 하지 않는다네
화법과 서법이 하나로 통함을 알아야 할지니
난 치고 대 그리는 일 초서 쓰고 예서 쓰는 것 같다네
(日日臨池把墨硏, 何嘗粉黛去爭硏. 要知畵法通書法, 蘭竹如同草隸然.–〈題畵蘭竹〉)

난초 치고 대나무 그리는 법을 익힘에 있어서 화법과 서법을 함께 통해야 하고, 초서草書 예서隸書까지 통달해야 한다니 내가 앞으로 매화 국화 그리고

소나무 오동나무 그리며 산 그리고 강물까지 그리려면 정녕 무슨 법까지 익혀야 할지 지금 당장은 그저 막막할 뿐이다. 다행히 내 나이 아직 젊으니 고개 푹 숙이고 우선 배워지는 데까지 배워 볼 생각이다.

나이 들어 되찾는 동심童心

나는 열세 살이 될 때까지 일제日帝 식민지치하植民統治下에서 초등학교 시절을 보냈다. 당시 일본은 중국과 미美·영英을 상대로 전쟁을 벌이고 있었다. 내가 다니던 학교는 도청 소재지에 있는 일급지 학교였지만 교정을 몽땅 채마밭으로 갈아엎고 어린 학생들까지 식량생산의 역군으로 내몰렸다. 그리고 학동들은 모내기, 보리 베기, 건초생산, 솔뿌리 캐기, 관솔 자르기 등 고된 노동에 동원되었다. 솔뿌리와 관솔은 거기에서 비행기를 움직이는 연료를 짜낸다고 하였다.

그 당시 일제日帝는 조선어문朝鮮語文 말살정책抹殺政策을 강력하게 추진해 오던 터라 교과서는 모두 일본어로 편찬된 것들 뿐 이었고, 우리들은 조선말로 된 글을 읽거나 조선말로 된 동시나 동요 따위는 아예 접해 볼 기회조차 없었다. 나는 일본어로 된 일본 동화 '모모타로'를 읽었고, 일본어로 일본 동요를 익혔고 일본어로 그 노래를 불렀다.

> 유야께 고야께데 히가 구레데 야마노 오데라노 가네가 나루. 오데데 쓰나이데 미나 가에로우. 가라스도 있쇼니 가에리마쇼.

그리고 구구단도 일본어로 외웠다. “니니가 시”, “니상가 로꾸”, “핫빠 로꾸 쥬용” 하면서.

학년이 높아지면서 전황戰況의 추이에 따라 학동들은 동요 대신 일본 군가를 자주 불렀다. 그 무렵 불렀던 일본 군가는 그 노랫말이나 가락이 초등학교 학생들에게는 꽤나 어려웠을 것인데 나는 지금껏 그것들을 고스라니 기억하고 있다. 세뇌효과洗腦效果였는지도 모른다.

> 텐니 가와리테 후기오 우쓰. 츄유무소오노 와가헤이와, 캉코노코에니 오꾸라레테 이마조 이데타쓰 후보노쿠니, 카타쓰바 이끼테 카에라지도 치카우 코코로노 이사마시사. (육군)

> 마모루모 세메루모 쿠로가네노 우까베루 시로조토 타노미나루
> 우까베루 소노시로 히노모토노 미꾸니노 요모오 마모루베시
> 마가네노 소노후네 히노모토니 아다나스 쿠니오 세메요하시. (해군)

> 아카이 치시오노 요까렌노 나나쓰 보탕와 사꾸라니 이카리
> 쿄모 토부토부 카스미가우라냐 테카이 기보오노 쿠모가 와꾸. (공군)

동요를 부르며 아름다운 세상을 꿈꾸어야 할 나이의 조선의 학동들이 식민통치하에서 일본 군가를 부르고 있었던 것이다.

전쟁이 끝나고 우리나라가 일본의 식민통치에서 해방된 이듬해에 나는 중학교에 입학하였다. 그러나 중학교 음악 선생님은 우리들에게 동요를 가

르쳐 주시지 않았다. 선생님이 가르쳐 주시지 않은 것이 아니고 그 사이 우리들의 나이가 훌쩍 동요를 배울 시기를 지나버린 것이다.

중학교 시절 우리는 우리나라 선생님으로부터 우리말로 된 우리 노래를 배웠고 외국의 민요나 가곡도 배웠다.

그러나 해방이 되자 국토가 남과 북으로 분단되고, 남과 북에는 이념과 체제가 다른 정부가 들어서 서로 극한적으로 대치하였다. 참으로 희한한 일이었다. 그리고 남쪽의 전국 학교에는 군대의 편제를 모방한 '학도 호국단'이 조직되고 현역군인이 배속장교로 부임해 왔다. 우리들은 다시 우리말로 된 군가를 부르기 시작하였다.

무명지 깨물어서 붉은 피를 흘려서 태극기 그려 놓고 천세만세 부르자.
한 글자 쓰는 사연 두 글자 쓰는 사연 대한민국 국군 되기 소원합니다.

양양한 앞길을 바라볼 때에 혈관에 파동 치는 애국의 깃발
넓고 넓은 사나이 마음 생사도 다 버리고 공명도 없다
보아라 휘날리는 태극깃발을 천지를 진동하는 승리의 함성

전우의 시체를 넘고 넘어 앞으로 앞으로
낙동강아 흐르거라 우리는 전진한다
원한이야 피에 맺힌 적군을 무찌르고서
꽃잎처럼 사라져 간 전우여 잘 자라

이런 노래들을 부르면서 싸우다가 수많은 학도병들이 전장에서 목숨을 잃었고, 남과 북은 세계 유일의 분단국가로 남아 그 후유증을 지금껏 앓고 있다.

이렇듯 군가를 부르며 넘긴 세월들이 아쉬웠음일까? 8순이 다 된 나이에 나는 요즘 부쩍 동시, 동화를 읽고 동요를 부르는 일에 열을 올리고 있다.

노인 복지회관에 나가 '하모니카' 불기를 배우기 시작하면서 나는 한에 맺힌 사람처럼 수 십 년 세월을 거꾸로 뛰어 넘어 동요의 세계로 빠져들었다.

동요를 부르고 있으면 어린 아이들의 순진한 마음이 느껴진다. 거기에는 평화가 있고 사랑이 있으며 꿈이 있다. 거기에는 시기, 반목, 증오, 질투, 탐욕 등 현세적 고뇌가 없다. 또 동요는 노랫말이 쉽고 건강하며 가락도 따라 부르기 쉽다.

〈섬집아기〉

엄마가 섬 그늘에 굴 따러 가면
아기가 혼자 남아 집을 보다가
바다가 들려주는 자장노래에
팔 베고 스르르 잠이 듭니다.

아기는 곤히 잠을 자고 있지만
갈매기 울음소리 맘이 설레어
못다 찬 굴 바구니 머리에 이고
엄마는 모랫길을 달려 옵니다.

섬에 사는 엄마와 아기의 일상이 군더더기 없이 눈앞에 펼쳐진다. 파도소리를 자장가 삼아 팔 베고 잠이 드는 아기의 모습에서, 갈매기 울음소리를 듣고 아기의 안위가 걱정되어 모랫길을 달려오는 엄마의 모습에서 자연과의 교감이 확인되고 엄마의 아기 사랑이 느껴진다.

〈산토끼〉

산토끼 도끼야 어디를 가는냐
깡충깡충 뛰면서 어디를 가느냐

〈파란 마음 하얀 마음〉

우리들 마음에 빛이 있다면
여름엔 여름엔 파랄거여요
산도 들도 나무도 파란 잎으로
파랗게 덮인 속에서
파아란 하늘 보고 자라니까요

〈산바람 강바람〉

산 위에서 부는 바람 서늘한 바람
그 바람은 좋은 바람 고마운 바람
여름에 나무꾼이 나무를 할 때
이마에 흐른 땀을 씻어 준데요

산토끼는 산에 살고 있는 토끼다. 동물원 우리 안에 갇혀 있는 토끼가 아니다. 아이들이 산토끼가 산에서 뛰어가는 모습을 본다면 얼마나 놀랍고 귀여울까? 여름의 산과 들 그리고 하늘의 푸르름을 마음에 지니고 자라는 아이들은 또 얼마나 건강하고 행복할까? 산이나 강에서 부는 바람을 고마워 할 줄 아는 아이는 바로 그 산의 주인 되고 그 강의 임자 될 자격이 있는 사람이다. 도시의 고층빌딩 사이로 불어오는 바람은 상처투성이의 바람이라고 안쓰러워하는 시인이 있었다.

정상적인 시대 상황이었다면 나는 이런 노래들을 70년 전에 불렀을 것이다. 그러나 지금 나는 80이 가까운 나이에 예전에 부르지 못했던 동요들을 '하모니카'로 불고 있는 것이다. 내가 어려졌음일까 동요가 나이를 먹었음일까? 아무렴 나이 든 사람이 동요를 부른다고 탓할 사람도 없을 것이니 나는 앞으로도 계속 밝고 즐거운 동요를 골라 '하모니카'로 불어나갈 생각이다.

지난해 1월, 나는 소정의 시험을 거쳐 '동화구연童話口演 지도사 자격'3급을 취득하였다. 그리고 이어 4월에는 '아이사랑 북시터' 양성교육과정을 수료하고 안산시 변두리 아동복지센터에 파견되어 '결손가정 아동지킴이'로 7개월 동안 봉사활동을 하였다. 그리고 나는 내가 맡은 일을 제대로 수행하기 위하여 우리말로 된 동시, 동화도 많이 읽었다.

대학 강단에서 수 십 년 동안 한시와 관련된 강좌를 담당하였고, 중국의 신화 전설, 지괴志怪, 전기傳奇소설도 꽤 섭렵했던 터에 나이 들어 새로 접하는 우리나라 동시나 동화는 나에게 신선한 감흥으로 다가 왔고 이어 색다른 즐거움으로 번졌다. 할아버지가 무릎 위에 손자 손녀 앉혀놓고 그들에게 옛날이야기를 들려주는 것이 아니고 할아버지가 오히려 손자 손녀들이 보는 책을 손에 들었으니 처지가 뒤바뀐 셈이다.

〈별 똥〉 정지용

별 똥 떨어진 곳,
마음에 두었다
다음날 가 보려,
벼르다 벼르다
이젠 다 자랐소.

어렸을 적 들은 이야기로는 밤하늘에 꼬리를 달고 흐르는 별이 사라지기 전에 마음에 품고 있던 소원을 세 번 되뇌이면 그 소원이 틀림없이 이루어진다 하였다. 그리고 땅 위에 떨어진 별 똥을 찾아 주어먹으면 무병장수하고 힘이 센 장수가 된다 하였다. 나도 어렸을 적엔 밤하늘을 가로질러 눈부시게 흐르는 별을 본 적이 있었지만 그 짧은 시간 안에 마음에 품고 있던 소원을 세 번 제대로 말해 본 일이 없었다. 그래서일까 이 나이 되도록 아직도 이루지 못한 소망들이 하늘만큼 땅 만큼 쌓여 있다. 그리고 별 똥을 아직 먹어 본 일도 없다. 그래서일까 자꾸 자꾸 나이만 먹고 흰머리만 늘어간다.

나야 그렇다 치고 지금 한창 자랄 나이의 우리나라 아이들이나 제발 컴퓨터에만 매달리지 말고 밤하늘 우러러 흐르는 별을 찾고 그 똥을 찾아먹고 건강했으면 좋겠다.

〈할아버지 안경〉 박일

고향 가는 길
보이지 않아서

할아버지는
안경 안에
또
안경을 끼신다

통일 되는 길
보이지 않아서

할아버지는
안경 안에
또
안경을 끼신다

별 똥 떨어진 곳 가 보려고 벼르기만 하다가 그만 다 자라버린 소년의 회한이나 통일 되는 길 보이지 않아 안경 안에 또 안경을 끼시는 할아버지의 모습에서 우리는 민족의 한을 느낀다. 동시의 형식을 빌어 썼지만 속에 담겨진 뜻은 통일에의 비원이다.

〈厠上〉 朴齊家

담 위로 해 오르니 꽃 그림자 짧아지고
담 발치에 까만 개미 퐁퐁퐁 솟아나네
언 땅 풀려 돌 들석 벌레들 기어나와
배 구르고 다리 펴며 여기저기 꼬물꼬물
(牆頭日上花影短, 牆根潑潑玄蟻散. 土解石動蟲子出, 弄腹伸股皆蠢蠢.)

동시가 아니지만 창작 동기나 수사기법에 동시적인 요소가 짙어 어린이들을 상대로 한 자연학습 교재로도 쓰일 만하다. 측간에 쭈구리고 앉아 봄날의 햇살 이동과 벌레들의 움직임을 섬세하게 관찰하고 이를 감각적인 필치로 담아 낸 시인의 해학적인 풍모가 엿보인다.

〈똥 눈다〉 김용택

집에 가다
똥 마려워 바위 뒤에 쭈구려 앉아
끙 끙 똥 눈다.
뒤에는 강물이 흘러간다.

바람이 분다.
궁둥이가 시원하다.
새들이 날아가다 내려다본다.
다람쥐가 뛰어가다 뒤돌아본다.

내 앞으로 메뚜기가 뛰어간다.
개구리가 뛰어간다.
파리가 날아온다.
나비가 날아간다.

집에 가다

똥 마려워 강 가에서

끙끙 똥 눈다.

나는 '아동복지센터' 아이들에게 이 시를 읽어 주면서 이 세상 어느 곳에 이처럼 호화로운 화장실이 또 있겠느냐고 물었다. 도시의 아이들은 대답 없이 그저 킬킬거리기만 한다. 시골 아이들은 또 그게 뭐 그리 대수냐 할 것이다. 나는 시골아이들 편이다.

〈雪中訪友人不遇〉 李奎報

눈 빛이 종이보다 더 하얘

채찍을 붓 삼아 이름을 써 놓고,

바람 불어 눈 쓸지 않아야

벗이 와 볼 텐데.

(雪色白於紙, 擧鞭書姓字. 莫敎風掃地, 好待主人至.)

선비가 눈이 오는 날 친구를 찾아갔다가 친구를 만나지 못하고 자기가 왔다간다는 흔적을 남기기 위하여 채찍을 들어 눈 위에 자기 이름 석자를 적었다. 그리고 바람이 불어 그 이름을 지우지 않기를 바랐다. 발상은 동시적童詩的이지만 행태는 서생기書生氣를 벗지 못했다는 느낌을 준다. 눈이 오면 아이들은 눈 위에서 뛰놀며 발자국을 남겼다가도 미련 없이 그 자리를 떠난다.

내가 아이들과 함께 동시를 읊조리고 동화를 읽으며 '하모니카'로 동요를 부르는 사이 내 마음도 분명 우리나라 전래동화에 나오는 〈젊어지는 샘물〉을 마신 노인처럼 젊어져 있을 것이다. 사람이 젊어지는 비결이 바로 여기에 있으니 젊어지는 비결을 돈 들이고 품 팔아 멀리 딴 곳에서 구할 것도 아니다.

맹자孟子는 "큰 사람은 어린이 마음을 잃지 않은 사람이다." 大人者,不失其赤子之心者也.-〈離婁 下〉라 하였고; 이지李贄는 "어린이는 사람의 처음 모습이며, 동심이란 마음의 시초다."童子者人之初也;童心者心之初也.-〈童心說〉라 하였다. 우리 모두 동심을 지켜 큰 사람 되자.

KAIST 학생들의 한시 공부

나는 지난해 가을 카이스트로부터 '경영인을 위한 인문학' 특강 요청을 받았다. 9월의 어느 날 〈한시를 읽는 즐거움〉이란 제목의 강연에 수강자들은 다음과 같은 강의평을 보내왔다.

....

이 강의를 접하기 전에 내게 있어 한시는 그저 어렵고 현학적으로만 느껴지는 선비들만의 것이었다. 그러나 이병한 교수님의 강의를 통해 접한 한시에는, 때로는 수묵화의 묵향과 같은 그윽한 향기와 여유가, 때로는 백마디, 천마디로 표현해야 할 것을 적은 언어로 함축시키는 절제가, 또 때로는 가벼운 마음으로 길 떠나는 나그네의 홍취가 살아있었다.

....

문학이라는 한 분야에 대해 생각해봤을 때 매우 어려운 한시라는 영역은 짧은 시간이긴 했지만 고문학의 근간과 실제의 내용을 엿볼 수 있는 좋은 시간이었고, 문학 이외에도 다른 예술 분야에 대해서도 알고 싶은 마음이 생기게 되었으며, 쉽게 접할 수 있는 한시들을 한번쯤은 꼭 읽어보고 싶다.

....

속도를 추구하는 삶이 정답인 줄 알았던, 많이 하는 것이 맞는 것인 줄 알았던, 손에 쥔 건을 포기하지 않기 위한 의사결정을 내려왔던 나에게 인문학이란 삶의 방향성에 대해 잠시 쉬며 다시 생각해 보는 계기가 되어주는 것 같다. 한 숨 쉬어가며 허실 없는 삶을 살고 싶다. 한시를 읽는 것도 참 좋을 것 같다.

....

아주 가끔은 한시를 통해 내 자신을 경영할 줄 아는 기회를 만들 수 있길 바라며, 중국의 성장 가능성을 함께 보며 자라나는 미래 세대를 위해 한자 교육 및 한문학 접목의 기회가 많이 생겨날 수 있기를 기대해 본다.

....

오랫동안 인문학을 공부하셔서 그런지 이병한 교수님의 삶에 대한 태도가 매우 편안해 보였다. 나이와 세월을 덤덤히 발아들이시는 여유가 부러웠다. 교수님께서도 덤으로 얻어지는 나이가 부담스럽게 느껴질 때가 있었는데, 나이를 다시 감산하며 살며 긍정적으로 생각하시게 되었다고 한다. 일년에 설을 신정과 구정 두 번 세니 나이가 빨리 감할 수 있어 좋다고 말씀 하실 때는 긍정적인 마음이 삶을 이렇게 선하게 바꿀 수 있구나 감동을 받았다.

명쾌한 한시에 관한 강의도 좋았지만 통찰력 있게 삶을 꿰뚫어 보시고 삶을 의연하게 바라보시는 자세에서 많은 교훈을 얻었다. 속도를 추구하면 시간을 상실한다, 스스로를 상실하면 아무런 의가 없다, 는 교수님의 말씀을 가슴 속에 새기며 빠른 삶 속에서 '나'는 어디에 있는지 꾸준히 찾으려는 노력을 해야겠다.

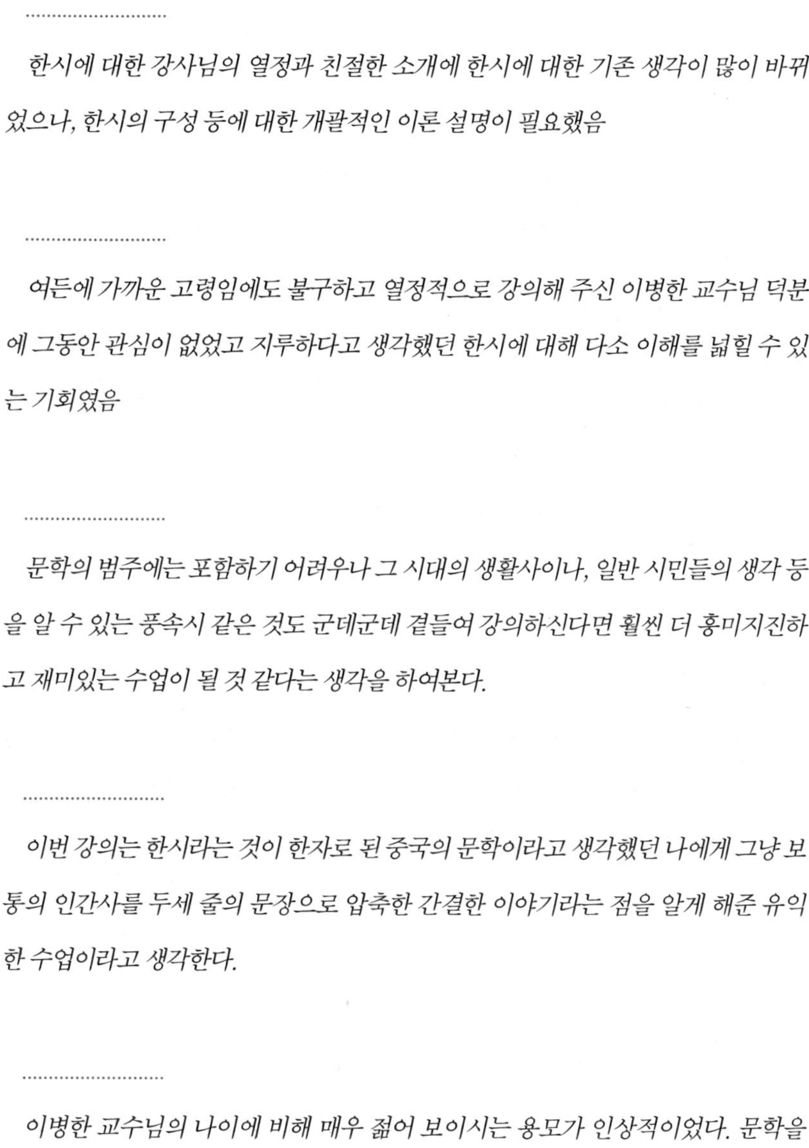

....

한시에 대한 강사님의 열정과 친절한 소개에 한시에 대한 기존 생각이 많이 바뀌었으나, 한시의 구성 등에 대한 개괄적인 이론 설명이 필요했음

....

여든에 가까운 고령임에도 불구하고 열정적으로 강의해 주신 이병한 교수님 덕분에 그동안 관심이 없었고 지루하다고 생각했던 한시에 대해 다소 이해를 넓힐 수 있는 기회였음

....

문학의 범주에는 포함하기 어려우나 그 시대의 생활사이나, 일반 시민들의 생각 등을 알 수 있는 풍속시 같은 것도 군데군데 곁들여 강의하신다면 훨씬 더 흥미지진하고 재미있는 수업이 될 것 같다는 생각을 하여본다.

....

이번 강의는 한시라는 것이 한자로 된 중국의 문학이라고 생각했던 나에게 그냥 보통의 인간사를 두세 줄의 문장으로 압축한 간결한 이야기라는 점을 알게 해준 유익한 수업이라고 생각한다.

....

이병한 교수님의 나이에 비해 매우 젊어 보이시는 용모가 인상적이었다. 문학을 전공하시고 한시를 가까이하는 깨끗한 마음이 세월을 더디 흘러가게 한 것 같다는 생

각이 들었다.

....

오늘 강연에서 참 신선하게 느껴진 내용은, 우리가 달력이나 시계 등으로 스스로를 힘들게 구속하는 습관에서 자유로워지면 나의 인생은 온전히 나의 것이 될 것이라는 것, 또 자연의 소리와 같이 자연스럽게 나를 위로해 주고 마음에 와 닿는 시를 찾아서 읽으면 된다는 것, 또 부드러움이 참으로 강한 것이며 욕심을 버리게 될 때 비로서 내 인생의 경영을 내가 주체가 되어 하게 된다는 말씀이었다. 평소의 습관에 매이고 마음의 굳어진 틀에 갇혀 놓치고 있던 많은 소중한 가치들을 다시 한 번 돌아보고 마음의 여유를 가질 수 있도록 해 준 좋은 강연이었다.

....

내가 모시는 CEO 께서는 직원들 훈시 시간에 한시 인용하는 것을 즐겨하셨다. 그냥 의미 없는 한시를 낭독하시는 것이 아니라 그 모임의 성격에 맞는 한시를 찾아 밤새 외워서 그 자리에서 낭독하셨다. 부디 이번 강의가 한시에 대한 약간의 관심으로 이어져 멋드러진 한시 한 구절로 모임을 시작하는 그런 경영자가 되는데 첫 걸음이 되길 바래본다.

....

오늘의 강의 또한 여러 한시의 구절이 한자로만 나와 있어 걱정이 앞섰으나 교수님께서는 쉽게 이에 대한 설명을 당시의 상황과 현 상황을 비교하면서 재미있게 설명을 해주셨다. 단지 한자 몇 글자로 써있는 한두 줄의 어려운 한문이 즐거운 설명으

로 다가와 한시의 깊은 뜻과 함께 한시에 대한 거부감을 없앨 수 있었다.

....

비즈니스에 도움이 되기를 원하기보다 곁에 두고 세월을 함께할 친구 같은 한시집 한 권을 마련해야겠다.

....

각 계절을 대표하는 한시들을 들으며 여유를 갖고 인생을 즐길 줄 알며, 주위의 변화에 귀 기울이고 살아있는 마음으로 살아야 한다는 큰 가르침을 얻은 이번 수업은 경영자로서 지녀야 할 인문학적 소양을 기를 수 있었음과 동시에 마음가짐을 새롭게 할 수 있었던 마음 속에 생명력을 불어넣을 수 있었던 좋은 계기가 되었다.

....

놀라운 것은 교수님의 밝은 표정과 '한시'에 대한 진지하면서도 애정이 넘치는 태도였다. 요즘 문화센터에 나가 아이들에게 한시를 가르치신다는 교수님의 표정은 그 어린아이들 만큼이나 해맑으셨다. 시계와 핸드폰을 버리고 얻은 자유. 탐이 났다. 갖고 싶었다. 이 와중에도 욕심이 온 몸을 휘감는 내가 교수님의 순수한 성정을 닮기는 쉽지 않을 것이다.

우화등선 羽化登仙

아! 세월은 잘 간다 아이 아이 아이
나 살던 곳 그리워라
아! 세월은 잘 간다 아이 아이 아이
나 살던 곳 그리워라
가슴에 날 품어다오 날 가슴에 품어다오
나를 사랑하여라 아이 아이 아이
내 마음을 바치리라 아이 아이 아이

철없던 소년시절, 나는 이 가락을 곧잘 읊조렸다. 세월이 잘 가면 나도 덩달아 쓸모 있는 사람으로 잘 자랄 것이고 내가 할 일도 그만큼 많을 것만 같았다.

정말 세월은 내 나이 여든이 되도록 잠시도 멎지 않고 잘도 갔다. 세월이 나를 데리고 여든 나이고개를 훌쩍 함께 넘었다. 세월 굽이굽이 풍상을 겪으며 또 헤쳐 나오면서 나는 거기에 나이를 얹어 켜켜이 탑을 쌓아 왔다. 유치원, 초등학교, 중학교, 고등학교, 대학교를 거쳐 석사 박사가 되고 모교인 서울대학교 교수직까지 역임하였다. 그리고 나이 예순다섯 되던 해 가을에 모교 교수직에서 정년퇴임하여 지금은 서울대학교 명예교수다.

나는 모교 명예교수가 되고서도 10여 년 동안이나 버리지 못하고 품에 안고 살아 온 짐 하나를 요 며칠 전 몽땅 내려놓았다. 대학공부를 시작하면서 60여 년 동안 많은 시간과 돈을 들여가며 애써 모아 온 책, 이른바 '장서'를 모교 서울대학교 중앙도서관에 아낌없이 기증하였다.

책이 나간 뒤 서재와 거실공간이 휑뎅그렁 넓어졌다. 책을 실어 보내고 나서 책이 나간 자리를 휘 둘러보는 나의 표정을 살피던 아내가 "후학들을 위하여 좋은 일 하신거예요!" 하고 위로의 말을 건넨다.

이제부터 나는 그동안 켜켜이 쌓아 올렸던 탑의 높이를 한층 한층 낮추어 나가고, 겹겹이 껴입었던 허울을 한겹 한겹 벗어 내려놓을 생각이다. 그리고 부지런히 유치원, 아동센터, 어린이집들을 찾아 다니면서 '독서나눔이 할아버지' 노릇을 계속하면서 아이들의 눈높이까지 나를 낮추어 나가고 아이들 따라 배워나갈 생각이다.

이러한 일들을 하기 위하여 나는 여러 해 전에 미리 '동화구연지도사' 자격을 따놓았고, 지금도 현장을 찾아 다니며 봉사활동을 하고 있다. 어린이들을 만나면 나는 우선 이름과 나이를 묻고 나의 이름과 나이도 일러 준다. 그리고 서로의 나이가 얼마나 차이가 나는지 한번 셈해 보라고 이르고, 또 그들의 나이와 나의 나이를 합하여 둘로 나누면 몇이 되며 그렇게 나이를 서로 주고 받으면 어떻겠느냐고 재우쳐 묻기도 한다. 그러나 나는 지금까지 선뜻 그렇게 하자고 응하고 나서는 아이를 한 명도 만나보지 못했다. 그들의 지각이 부쩍 늘고, 할아버지는 또 할아버지대로 생각이 부쩍 젊어질 수도 있을텐데…….

그들이 나의 청을 받아들이지 않는다면 나는 나대로 따로 궁리를 해야 할 것 같다. 내가 정성스럽게 그들을 향해 다가가고, 삼년고개를 거꾸로 넘고, 젊어지는 우물을 마구마구 퍼 마셔서 내가 그들처럼 순진하고 깨끗한 아이로 변신할 수 있으면 되지 않을까? 이러한 나의 소망이 언제 어떻게 이루어질지 장담할 수 없으나 나는 앞으로 그런 방향으로 살아 갈 생각이다.

이렇게 '어른 허물'을 끊임없이 벗어 내려놓다 보면 언젠가 양쪽 어깻죽지에 정말 신선날개가 돋아 우리 아이들 얼싸안고 함께 훨훨 하늘로 날아 오를 수도 있을 것이다. 이를 위하여 나는 허를 제어한다는 뜻을 담은 자호 '어허御虛'까지 마련해 놓고 있는 터이다.

히말라야 북쪽의 광야에 사는 학은 혹한의 계절이 오면 뼛속까지 비워 몸의 무게를 3분의1로 줄여 8천1백72 미터 높이까지 날아올라 제트 기류를 타고 설산을 넘어 인도 동부 갠지스 강 델타 지방에 내려앉아 그곳에서 건계乾季를 지낸다 하였다.고은 〈히말라야 시편〉, 서울 민음사 2000

그런데 지난날 우리네 선인들은 세월을 살아가는 의식이나 실천 면에서 나와는 크게 달랐던 것 같다. 그들은 흘러가는 세월을 두고 푸념을 늘어놓거나 심지어는 지나간 세월울 되돌리고 가는 세월을 붙잡으려 하거나 혹은 오는 세월을 막아서려 하였다. 그러나 그 모든 노력이 허사로 끝나거나 허무감에 사로잡혀 자기학대로 끝나고, 더러는 퇴폐사조에 물들어 사람들의 조롱거리가 되었을 뿐이다. 전해오는 우리나라 민요나 시조에는 그러한 흔적들이 쉽게 발견된다.

청춘홍안을 네 자랑 말어라
덧없는 세월에 백발이 되누나

세월이 가기는 흐르는 물 같고
인생이 늙기는 바람결 같구나

한평생 허덕이면서 남은 것이 그무엇인가
담소화락 엄벙덤벙 매양일 줄만 알았더니
야속한 무정세월이 이내 청춘만 앗아 갔네

무정세월아 가지를 말어라
장안의 호걸이 다 늙어 가누나

금강아 물어보자
고금사를 네 알리라
고왕금래 호걸들은 몇몇이나 지나든고
이후란
묻는 이 있거든 나도 함께 일러라

인생천지 백년간에
부귀공명여운이라
세사를 후리치고 산당으로 돌아오니

청산이 날더러 이르기를

더디왔다 하더라

일정 백년 산들 긔아니 초초한가

초초한 부생에 무엇을 하려 하여

내 잡아 권하는 잔을 덜 먹으려 하는가

천지간 무정키는 세월밖에 또 있는가

홍안이 어제일러니 백발이 무삼 일고

인생이 일장춘몽이니 아니 놀고 어이리

한 손에 가시 들고

또 한 손에 막대 쥐고

늙는 길 가시로 막고

오는 백발 막대로 치렸더니

백발이 제 먼저 알고 지름길로 오더라

어와 내 일이여

나도 내 일 모를로다

우리 님 저승 갈 제

못 가게 제 못 막고 보내고

이 긴긴 세월 살뜬 생각 어이료

우리네 선인들은 곧잘 세월의 무상함을 느껴 강산의 불변함을 교훈으로 끌어들여 인생의 지표로 삼거나 강산명월을 벗삼아 소요자적 하였는데 이 역시 천지자연의 유구함을 인생의 무상함에 대비시킨 것이다.

청산은 어찌하여 만고에 푸르르며
유수는 어찌하여 주야에 긋지 아니는고
우리도 긋지 말아 만고상청 하리라

십 년을 경영하여 초려 한 간 지어내니
반 간은 청풍이요
반 간은 명월이라
강산은 들일 데 없으니
둘러두고 보리라

....

〈우화등선〉 글을 몇 분의 지인들에게 이-메일로 보내드렸더니 곧 답신이 왔다.

보내주신 '羽化登仙' 잘 읽었습니다. 세월의 무상함 속에서도 달관하시는 선생님의 모습이 크게 다가오는 오후입니다. 적벽으로 배를 타고 건너던 때가 생각납니다. 책까지 전부 도서관에 기증하셨다고요

박한제 드림

어허 선생님,
붙여 보내주신 글 잘 받아 읽었습니다.
늙어감을 관조하며 감동적으로 대처하시는
선생의 자세에서 많은 것을 배웁니다.
고맙습니다.
내내 건강하시길 빌며

5월 28일
이상옥 드림

제자인 원종례교수는 환갑이 되어 초등학교 동창생 몇몇과 함께의 덕유산으로 1박2일 환갑기념 여행을 다녀왔다고 답신을 겸한 글을 보내왔다. 이에 대하여 나는 다시 다음과 같은 내용의 재답신을 보냈다.

환갑을 축하합니다.
원교수의 환갑 나이와 나의 산수 나이 차이가 딱 20년이네요. 백수의 선달게 내 나이로 한 10년 덜어드려도 나는 무관하다 셈해 보지만, 원교수에게 내 나이 한 10년 얹어드리기로 한다면 어떨까?
100이 90되고, 80이 90 되며, 80이 70 되고 60이 70 되는 것인데 뭐 그리 큰 일 날 것도 아닐테지만 그 속셈이 좀 치사하지요?
아무튼 우리 원교수, 앞으로 70, 80, 90, 100이 되고 100을 훨씬 넘겨서까지 내내 건강하시고 행복하시기 바랍니다.

선생님, 글 챙겨 보내주셔서 감사드립니다.
모임에서 뵙고 인사드리게 될 줄 알았는데,
그렇게 하지 못했습니다.
시간이 허락하지 않았답니다.
하기는 평소에도 소식을 전해드리지 못했지요.
저는 요즘 도연명 공부에 빠져있습니다.
산주변으로 거처를 옮겨와 진정으로 한가한 사람이 되어보고자 시작한 것인데
오히려 분주하기만하고 참되게 얻는 것은 느껴지질 않는군요.
우리나라 옛 어른 중에 "마음의 부담을 모두 내려놓고 도연명시를 읽는 이라면 '명사'라 할 수 있다"라고 말한 분이 있었습니다.
돌이켜보면 모두 자잘한 일일 뿐인데 여전히 허둥대고 있으니 아무리 도연명을 가까이 한들 무슨 소용이 닿겠는가 하여 저윽이 부끄러움만 더할 따름입니다.
선생님 주신 글 '우화등선', 잘 읽었습니다.
한이틀 섞어친 비바람에도 아카시아꽃이 아직 남아있습니다.
아름다운 계절 선생님 내외분 건강하시고 행복한 나날 되시기를 기원합니다.
뵈올 때까지 안녕히 계십시오.

남종 삼가 올림

선생님께
보내주신 소중한 글 감사속에 감동을 느끼며 읽었습니다.
진실된 정이 숨어있기에 더욱 감동을 끌어 냅니다.
그동안 애지중지 하시던 서책을 모두 도서관으로 보내셨으니 그 서운하신 마음을 제가 어찌 헤아릴 수 있겠습니까? 어떤 비유가 적절할 지 그 문구를 아직 찾지 못하고 있습니다.
御虛라는 자호를 지니심을 축하드립니다. 그 함의가 깊기에 저희와 늘 같이 하실 수 있는 게 좋습니다.
늘 건강하신 중에 노동의 기쁨이 함께하시기 바랍니다.

이종진 올림

이병한 선생님께.
보내주신 글 잘 읽었습니다.
청춘처럼 살아가시는 모습, 너무 존경스럽습니다.
어허,라는 호도 너무 멋지십니다.
제 개인 메일은 k***********@k*********.*** 입니다.
늘 건강하십시오.
궁리 대표 올림.

파리에서 보내온 합죽선

대통령의 방미訪美를 수행했던 청와대 대변인의, 현지 한국문화원 여직원을 상대로 한 성추문 사건, 삼복三伏의 더위에 더하여 원전비리原電非理, 한수원의 예비전력타령, 성수기에 국민들을 향한 국가기관의 절전 호소, 개성공단 조업, 금강산 관광, 이산가족 상봉 등을 둘러싼 남북 당국자 간 회담의 줄다리기, 국정원 정치개입 문제, 전직대통령 일가의 세금탈루와 이의 추징을 위한 압수수색, 국정조사를 놓고 여야 국회의원들이 벌이는 입씨름, 대통령기록물의 행방 등등 꼬리를 물고 일어나는 문제들로 선량한 국민들은 정말 울화가 치민다.

이런 상황에서 멍하니 앉아서 가을바람 불기만을 마냥 기다리고 있을 수만도 없는 일이다. 우선 내가 살아남아야 하니까. 그러나 묘책이 떠오르지 않는다.

나는 고층아파트 중간층에 산다. 다른 집들은 이른바 새시로 베란다를 꽁꽁 막고 에어콘을 틀고 사는데 우리집에는 그런 것들이 아예 없다. 벌레의 침입을 막기 위하여 망창網窓을 해 달았을 뿐이다. 내가 사는 아파트 단지내에서 새시를 추가로 시공하지 않은 집은 우리집뿐이다. 우리집은 수시로 문을 열어제치고 환기를 한다. 새시 시공료를 들이지 않고 거기에다 전기료 부담도 없이 수시로 자연풍으로 환기를 한다는 점에서 우리집이 최고다.

그러나 한여름 삼복더위에 창문만 열어놓는다 해서 될 일은 애당초 아니다. 우리 집에는 낡은 모델의 선풍기가 2대 있으나 별로 인기가 없다. 그 효능이 활짝 열어젖힌 창을 통하여 맘껏 불러들이는 자연풍만 못하기 때문이다.

나는 50년 전 더운 나라 타이완으로 유학을 가서 5년을 살다 왔다. 타이완의 한여름 낮더위는 섭씨 40도를 오르내려 참으로 견디기 어려웠다. 대학원생들에게 배당된 목조 2층 기숙사는 해가 진 뒤에도 한참을 열기를 머금고 있었다 . 타이완 유학시절 초기에 나는 여배우 사진이 인쇄되어 있는 막부채 한자루로 버텼다. 부채가 낡아서 드러난 대살이 이따금 살갗을 긁기도 하였으나 그게 오히려 잠시잠시 시원함을 느끼게도 하였다.

남학생 전용 목조 2층 숙사 건물은 양쪽으로 종려나무 그늘이 드리워져 있어서 밤에는 남학생들이 팬티 바람으로 의자를 복도 난간 곁까지 끌어내놓고 잠시 더위를 식히기도 하였다. 그리고 다시 의자를 방으로 끌고 들어와 백열등 아래에서 책을 읽었다. 한참을 그러고 앉아 있노라면 이따금 땀방울이 등골을 타고 조르르 흘러내렸고 그때마다 역설적으로 일종의 청량감淸凉感 같은 것을 맛볼 수도 있었다. 이런 여건 속에서 나는 피서避暑, 모서冒暑의 개념을 넘어선 화서和暑의 경지를 기웃거리기도 하였다.

나는 그동안 일정한 목표를 가지고 모아 왔거나 선물 받은 부채들을 꺼내어 음미하면서 나와 함께 이번 여름을 날 대표선자代表扇子를 골랐다. 그 가운데 1번 부채로 선정된 것이 바로 1982년 여름 왕원성王文生 교수 내외가 파리에서 나에게 보내준 중국제 합죽선이다.

부채의 앞면에는 왕 교수의 부인 뤄링羅岺여사가 부드러운 색감으로 홍매를 그렸고, 뒷면은 왕 교수가 단정한 필치의 해서楷書로 홍루몽紅樓夢 가운데 가보옥賈寶玉이 홍매를 청하는 내용의 시가 적혀 있어 문인의 아취가 흠뻑 넘쳐나 그야말로 시, 서, 화가 하나로 융합된 예술작품이라 할만하다. 그리고 그림 왼쪽 끝에 "왕원성이 글씨를 쓰고 아내 뤄링이 그림을 그린 것을 이병한 교수에게 드린다王文生書內子羅苓作畫奉李炳漢教授正."라고 그 부채의 연기내력緣起來歷을 밝혀 놓았다.

내가 이처럼 귀한 부채를 얻게 된 데에는 2년에 걸쳐 서울 - 홍콩 - 우한武漢 - 빠리에서 다시 서울로 이어진 학연學緣 덕이다.

1981년 가을 나는 '문교부파견연구교수' 신분으로 1년 예정으로 홍콩중문대학香港中文大學에 머무르고 있었다. 홍콩이 영국령 조차지租借地로 자유항이었으므로 나는 대륙에서 간행되는 각종 문헌자료를 자유롭게 열람하거나 사서 볼 수가 있었다. 다만 당시 한국과 중국 사이에는 아직 정식으로 국교가 수립되어 있지 않았으므로 국경을 넘어 중국으로 들어갈 수는 없었다. 대륙의 중국학자들과의 서신왕래도 영사관의 사전양해가 있어야만 했다.

1981년 가을, 중국고대문학이론학회中國古代文學理論學會가 우한 대학武漢大學에서 결성되고 궈사오위郭紹虞가 회장으로 선출되고 총간사로 왕원성(王文生)이 지명되었다는 소식이 대륙에서 발행되는 신문의 문화면에 실렸다. 대학에서 여러 해에 걸쳐 중국문학비평사, 중국시론, 중국문론 등 강좌를 담당해 왔던 터에 나는 그 학회의 활동에 관심이 컸다.

나는 곧 영사의 양해를 얻어 그 학회에 입회하고 싶다는 간곡한 뜻을 담은 서신을 보냈다. 그리고 그해 가을이 다 가기 전에 중국고대문학이론학회로부터 그들은 아직 외국학자를 회원으로 받아들일 준비가 되지 않아 나의 청을 들어줄 수가 없다는 내용이 담긴 정중한 표현의 회신을 받았다. 어쩔 수 없는 일이었다.

그러나 그해가 다 가기 전에 나는 궈사오위 선생이 친필로 서명하여 보낸 연하장을 받았다. 궈사오위 선생께서는 그들과 지척의 거리에서 그들을 만나보기를 원하면서도 그렇게 할 수 없어 아쉬워하는 한 외국인 학자의 마음을 그렇게라도 해서 달래주고 싶었을 것이다. 궈사오위 선생의 그러한 마음씀이 고마웠다.

나는 1982년 여름 홍콩에서 돌아왔고, 은사이신 차주환車柱環교수께서는 가을에 파리대학 초청으로 프랑스를 다녀오셨다. 선생님께서는 귀국하실 때 나에게 귀한 선물 하나를 가져다 주셨다. 파리 체류중 마침 그곳에 와 있던 왕원성 교수내외가 중국 합죽선 한 자루를 나에게 전해달라고 기탁하더라는 것이다.

부채의 앞면 오른편에는 큰 글씨로 '신선복수神仙福壽'라 쓰고, 그 아래에 작은 글씨로 "뤄링이 1982년 가을 노겸루勞謙樓에서 그리다羅岺一九八二年秋繪於勞

謙樓."라고 써넣었고 , 그 옆에 더 작은 글씨로 "계해년 4월에 파리에서 보충하여 쓰다癸亥四月於巴黎補記."라고 했다. 그림은 1982년에 그렸고, 계해년1983 4월에 보충 기록하였다 하였으니 짐작컨대 왕 교수 내외는 그들이 한해 전에 중국에서 그림을 그리고 글씨를 써놓았던 부채를 파리에까지 들고 와 보관하고 있다가 그것을 차주환 교수님 귀국편에 나에게 전해 준 것으로 보인다.

왕 교수는 예전에 그가 총간사로 있을 때 중국고전문학이론학회 회원으로 가입하고 싶다고 한 나의 요청을 받아주지 못했던 것을 내내 미안하게 여겨오다가 그것으로 마음의 빚을 갚고 싶었는지도 모른다.

나는 왕원성 교수 내외를 지금껏 만난 일이 없다. 그러나 내외 두 분이 합작한 부채를 이역만리 파리에까지 들고 갔다가 그것을 이병한의 은사 편에 보내 주었으니 그들의 우정의 두터움이 절실하게 가슴에 와 닿았다.

왕원성 교수의 은사 궈사오위 선생이나 이병한의 은사 차주환 교수 두 분 다 여러해 전에 이미 세상을 떠나셨고 , 지금은 나이가 80이 넘은 이병한이 30년 전에 은사님 편에 전해받은 왕원성 교수 내외의 정성어린 합죽선 선물을 손에 들고 흘러간 세월을 되새기고 있는 것이다. 지금 내가 손에 들고 있는 부채 한 자루는 두 세기에 걸쳐 한 · 중 학자들 사이에 이어져 온 학연學緣의 증좌證左이며, 끈끈한 우정의 실체이다.

왕원성 교수 내외는 어떤 분들이며, 그들은 지금쯤 어디서 어떻게 지내고 계실까? 대륙을 넘고 국경을 넘어, 역사를 건너고 바다를 건너 지난 세기말 그들이 파리에서 보내준 합죽선 한 자루를 손에 들고 나는 지금 그들을 그리워하고 있는 것이다. "이 세상에 나를 알아주는 사람이 있다면 하늘 끝이 언정 이웃에 있는 것과 같다."海內存知己, 天涯若比隣.- 唐 王勃 〈杜少府之任蜀州〉라 하지 않았던가!

나는 지난달에 우리나라 초서草書의 대가이신 현석 옹炫昔翁에게 청을 드려 전주특산 합죽선 하얀 화선지 바탕에 소동파의 시 한 수를 받아 놓았다.

> 검은 구름 미쳐 앞산도 가리기 전에/ 구슬같은 빗방울이 뱃전을 두들기네/
>
> 휘익 땅 쓸고 불어오던 바람 흩어지더니/ 망호루 아래 물과 하늘이 하나 되었네
>
> (黑雲翻墨未遮山, 白雨跳舟亂入船. 捲地風來忽吹散, 望湖樓下水如天.
>
> -宋 蘇軾〈六月二十七日望湖樓下醉書〉

나는 한국과 중국의 합죽선 두 자루로 금년 여름 무더위를 넘길 것이다.

내가 내 팔을 움직여 필요한 만큼 시원한 바람을 만들어내니 내 몸에 좋고,

행차 뒤의 나팔처럼 에너지를 절약하자고 목청을 높이는 위정자들이 내세우는 이른바 국책방향에도 부응할 수 있으니 이 아니 좋으냐!

이영주

서울대 중문과 교수

옥 같은 얼굴 시드는 것 차마 볼 수 없어서
일찌감치 천상의 사람이 되고자 하였나?
도솔궁의 꽃은 길이 늙지 않으니
채색 붓 그림이 매양 푸른 봄이리라

- 이영주 〈만가〉

습사일지習射日誌(1)

작년 연말에 강서구에 속한 우장산동으로 이사하였다. 평소 산책하기를 즐기는데 마침 집 옆에 우장산 공원이 있어서, 며칠 걸려 이삿짐을 대충 정리한 뒤 바로 산책길에 나섰다.

우장산은 나지막한 산으로, 산 전체가 공원으로 조성되어 있다. 정상까지 걸어서 20분도 채 걸리지 않아 등산을 좋아하는 사람에게는 아쉬운 감이 들겠지만 산책하기에는 제격이다. 정상에 올라 보니 우장산의 형태와 명칭에 대해 설명한 글이 있었다. 이 산은 예전에 기우제를 지내는 곳이었는데 산이 하도 영험하여 기우제를 지내고 나면 반드시 비가 오기 때문에 기우제 지내려 산에 오르는 이들이 우장雨裝을 미리 준비해야 했다는 데에서 명칭이 유래하였다는 사실을 알고서, 비를 유난히 좋아하는 나는 비오는 날의 산책이 이곳에 이사한 뒤 얻는 큰 즐거움이겠구나 생각했을 뿐, 그때까지 이 산 속에서 다른 즐거운 일이 나를 기다리고 있으리라고는 생각하지 못하였다.

정상에서 내려온 뒤 산책로로 삼을 만한 곳을 찾아 이곳저곳 둘러보던 나는 쪽동백 군락지에 마음이 가장 끌렸다. 군락지는 정상 바로 아래 동쪽 산록에 형성되어 있었다. 때가 아직 겨울이라 잎이 다 떨어진 가지뿐이었지만, 나무숲은 산비탈에 드문드문 있는 잔설殘雪, 그리고 가지 사이로 보이는 하늘과 어울려 정치 있는 겨울 풍경을 연출하고 있었다. 봄이 오면 드러낼 근사한 광경을 상상하면서 군락지 사이로 난 길을 내려가다가 길이 끝난 지역에서 기대하지 않았던 행운을 만나 절로 즐거운 탄성을 하였다. "여기에도 사정射亭이 있었네."

나는 전에 관악산 등상을 자주하였다. 호압사 쪽에서 등산하는 경우가 많은데, 버스를 타고 그곳에 가다가 관악산에 사정이 있다는 사실을 알게 되었다. 가보고 싶은 충동을 느꼈지만, 신림동 집에서 그곳까지 가려면 버스를 타고 가야하는 번거로움이 있었고, 또 그런 번거로움까지 겪으면서 꾸준하게 활을 배울 것 같지 않아 마음이 끌렸지만 실행에 옮기지는 못하였다. 그런데 새로 이사한 이곳은 집에서 지척인 거리에 사정이 있었던 것이다.

사정에는 공항정空港亭이라는 편액이 걸려 있었다. 분명 이 지역을 대표하는 것이 김포공항이라고 여겨서 그런 명칭을 지었겠지만, 사정은 전통적인 것이고 공항은 현대적인 것이라는 생각에 처음에는 사정 명칭으로 별로 어울리지 않는다고 느꼈다. 그러다가 비행기는 하늘을 날아가고 화살은 허공을 날아가니 공통점이 있다는 생각이 들자, 그 명칭도 나름대로 의미가 있어 보였다. 사정 입구에는 회원을 모집한다는 광고 천이 걸려 있었고 연락 전화번호가 적혀 있었다. 즉시 전화를 하였고, '입정入亭' 즉 사정 가입이 언제든지 가능하다는 말을 듣고서 다음 날 다시 가서 절차를 밟았으니, 이렇게 하여 나의 습사 생활은 시작되었다.

반년이 지난 지금 기억이 가물가물하여 처음 우장산 정상에 오르고 사정에 간 날이 정확하게 언제인지 단언할 수 없지만, 사정의 기록에 의하면 내가 정식으로 입정하여 집궁執弓한 날이 1월 3일인 것으로 보아 새해 첫날이

거나 그 다음 날일 것이라 짐작된다. 그러고 보면 습사習射로 무자년 새해를 시작한 셈인데. 나의 습사 일지는 언제까지 지속될 것인가? 지금 마음 같으면 건강이 허락하는 날까지 지속될 것 같다.

2008. 7. 1

습사일지習射日誌(2)

습사는 활 당기는 자세를 배우는 것으로부터 시작한다. 웬만큼 활을 당길 수 있는 능력이 생기고 자세가 그럴 듯하면 다음으로 주살질을 한다. 살촉에 줄을 맨 화살을 주살이라 하는데 이 주살로 쏘는 것이 주살질이다. 아직 활을 제대로 다루지 못하는 상태에서 살을 쏘다가 생길 수 있는 사고를 미연에 방지하려는 의도에서 먼저 주살질을 배우게 하는 것이리라. 여러 날 주살질을 한 뒤 자격이 갖추어졌다고 인정을 받으면 비로소 사대射臺에 서게 된다. 처음 사대에 서는 날, 제대로 살이 날아가기나 할까 하는 걱정을 하면서도 새로운 체험을 하게 된 데 따른 흥분이 나를 즐겁게 하였다. 국궁은 과녁까지의 거리가 145미터나 되기 때문에 처음 쏘는 이가 살을 그곳까지 보내기가 쉽지 않다. 내가 쏜 첫 살도 과녁에 한참 모자란 곳에 떨어졌다. 그러나 한 대 두 대 쏘다보니 점점 근접해 갔고, 습사의 재미도 커져 갔다. 그리고 어느 날 드디어 내가 쏜 살이 처음으로 과녁을 관중貫中하였다. '초일중初一中'을 한 것이다. 첫 경험이란 평생 한 번 밖에 겪을 수 없는 것인데, 그 순간이 왔던 것이다. 살이 관중하면서 내는 소리가 주는 쾌감을 처음 맛보면서 얼마나 즐거웠던지 모른다. 무어라고 말할 수 없는 그 즐거움은 겪어 본 사람만이 알 수 있을 것이다.

활을 쏠 때면 허리에 매는 궁띠에 살 다섯 대를 꽂는다. 다섯 대를 쏘는 것을 한 순巡이라 하고 그것을 단위로 기량을 평가한다. 한 순에서 일중一中하고, 다시 이중二中하고, 삼중三中하고, 사중四中해 가면서 시일이 흘러갔다. 사정에 가는 길에서 만나는 쪽동백도 봄 기운을 받아 새 잎을 만들어 푸르러져 갔다. 나는 아침에 눈을 뜨면 아침 햇살을 받으며 활을 쏘는 재미와 숲 내음을 맡으며 쪽동백 사이 길을 걷는 즐거움 때문에 거의 매일 우장산을 올랐다.

한 순 다섯 대를 다 관중하는 것, 즉 오시오중五矢五中을 '몰기沒技'라 한다. 몰기를 할 수 있다는 것은 활쏘기에 있어서 일정한 수준에 올랐음을 의미한다. 따라서 습사를 시작한 후 한 번도 몰기를 하지 못한 사원을 지칭하는 신사新射 딱지를 떼고 구사의 반열에 들게 된다. 즉 정식 궁사의 자격을 획득하게 된 셈이다. 그리고 신사를 가르칠 역량이 있다는 것을 인정받아, 남을 가르치는 사람이란 뜻을 가진 '접장接長'이란 칭호를 부여받게 된다.

몰기와 반대되는 것, 즉 한 대도 맞히지 못하는 것을 '불不'이라 한다. 한 대도 맞히지 못하면 '불 쏘았다'라고 하는데 이는 말이 쏜 것이지 실제의 결과는 한 대도 쏘지 않은 것과 다를 게 없다.

어쩌다가 삼중, 사중을 하기도 하였지만 툭하면 불을 쏘는 나에게 몰기는 지난한 경지로 보였다. 그리고 왜 몰기를 중하게 여기는지 그 이유를 알 것 같았다. 다섯 대를 다 관중시키기 위해서는 활을 쏘는 기량이 일정 수준에 이르러야 하지만 동시에 침착성과 집중력도 갖추어야 한다. 4중을 두 번 세 번 하기는 쉬어도 단 한 번이라도 완벽하게 쏘기는 어려운데, 그것은 마음 공부가 어느 경지에 이르러야만 가능하기 때문이다. 세 대나 네 대를 모두 맞히고 나면 절로 몰기를 기대하여 마음의 평정을 잃게 되고, 평정을 잃게 되는 순간 이미 관중하기는 어려워진다. 따라서 마음의 흔들림을 제어하며 침착하게 활을 쏘아야 한다.

과녁을 겨냥하는 것을 표標를 본다고 하는데 신사는 아직 표를 볼 능력이 없다. 따라서 어쩌다 관중하게 되면 그 때 어떻게 쏘았는지 기억을 떠올리고, 활과 화살 그리고 과녁이 어떤 모습을 이루었는지 그 찰나의 영상을 다시 재생시켜 다섯 대를 다 쏠 때까지 그 상태를 유지하고 반복해야 한다. 고도의 집중력이 있어야만 가능한 것이다.

평소에 두 팔로 힘쓰는 활동을 거의 해 본 적이 없는 나에게 활쏘기는 쉬운 일이 아니었다. 오른손 엄지손가락 하나로 시위를 당기다 보니, 계속 손가락이 붓고 심한 통증이 찾아왔다. 그리고 손가락이 늘어나 왼손 엄지와 오른손 엄지를 비교해보면 그 길이가 확연하게 차이가 났다. 왼손 아래 세 손가락으로 줌통을 잡고 억지로 활을 유지하다 보니 세 손가락에 무리가 와서, 아침이면 마비가 되어 손가락을 자연스럽게 펴고 오무릴 수가 없었다. 그리고 왼손 팔꿈치에도 통증이 찾아 왔다. 흔히 엘보우라고 칭하는 병증이 느껴진 것이다. 이러다가 관절염에 걸리지나 않을까, 손가락을 못 쓰게 되지나 않을까, 이런저런 걱정이 생겼지만, 평소 쓰지 않던 신체 부위에 힘이 가해지니 통증이 생기는 것은 당연한 일이라는 생각에 습사를 계속했다. 심지어는 손가락 하나 못쓰게 되었다고 일상에 큰 불편이야 있겠는가 하는 고집스런 생각까지 하면서 습사를 계속하였다.

입정한 지 4개월도 채 안된 4월 29일 오전 8시에 몰기를 하였다. 대다수의 신사가 6개월은 지나야 하고 어떤 이는 몇 년이 걸리기도 한다는 몰기를 비교적 빠른 시간에 한 것이다.

전에도 이런 저런 운동을 했지만 늘 운동 신경이 둔한 탓에 남 보다 습득이 늦었던 내가 비교적 단시간에 몰기를 하다니, 신기한 일이었다. 몰기한 순간을 돌이켜 보면, 어떻게 쏘았는지 전혀 기억이 나지 않는다. 사실 무엇을 제대로 알고 쏜 것이 아니라 엉겁결에 이루어진 일이니 기억이 나고 말고 할 게 없는 것이다.

몰기한 다음 날 아침에도 다시 몰기를 하였다. 한 번은 어쩌다 했다고 치더라도 연 이틀을 이어서 하였으니, 그렇다면 나도 모르는 사이에 기량이 늘었던 것일까? 혹 내 적성이 습사에 맞는 것은 아닐까? 나는 절로 어깨를 으쓱하였고 백발백중하는 나를 꿈꾸게 되었다. 그러나 그 꿈은 그 다음 날 산산이 깨어지고 말았다. 어제의 추억을 떠올리며 열심히 쏘았지만 잘해야 일중이고 못하면 불이었던 때문이다.

2008. 7. 10

습사일지習射日誌(3)

처음으로 삼중을 하고 사중을 하는 나를 보고 여러 선배 사원이 본인의 활을 직접 장만하여 쏘라고 조언하였다. 이때까지 나는 사정에 비치된 습사용 활을 사용하였는데, 그것은 여러 사람이 오랜 기간 사용하여 몸체가 많이 낡았고 탄력성도 좋지 않았다. 따라서 정밀도가 높은 새 활로 쏘아야 적중률을 더욱 높일 수 있는 것이다.

내 활을 장만하기로 마음을 정하고 나니, 어느 정도 세기의 활을 선택할지가 고민거리가 되었다. 사실 나는 팔 힘이 워낙 약하여 물건이 조금만 무거워도 들기가 버겁다. 손의 힘도 약하여 용기의 뚜껑이 빡빡하면 그것을 돌려 딸 때 애를 먹는 터라, 음료수 뚜껑을 따기 위해 남의 손을 빌리는 경우도 비일비재하였다. 당연히 연궁軟弓, 그 중에서도 아주 약한 것을 사용해야 마땅하지만 그것으로 결정하기가 싫었다. 연궁이 쏜 살이 과녁에 이르기 위해서는 강궁强弓에 비해 높은 포물선을 그리며 날아야 하고, 또 바람의 영향을 더 받기 때문에 적중률이 낮다는 사실을 알기 때문이기도 하지만, 실은 강한 것을 추구하려는 본능적 욕구가 더 큰 이유일 것이다. 허나 자기 능력이 따르지 못하는 것을 무리하게 선택하면 결국 제대로 다루지 못하게 되고, 그로 인해 더욱 나쁜 결과를 초래하게 될 것은 너무나 당연한 이치가 아니니가? 주위에서 조언해주는 이들의 말도 차이가 있었다. 어떤 이는 조금 무리라 싶을 정도의 것을 선택해도 점차 익숙해지니 문제가 없다 하고 어떤 이는 무리하지 말라고 하였다. 조언을 듣고 나니 선택이 더 어려워졌다. 결국 내가 결정할 수밖에 없는 일인 것이다.

혼자 이런저런 생각을 하였다. 활쏘기가 예전에 선비들이 필수적으로 익혀야 했던 기예인 육예六藝의 하나로 꼽혔는데, 그 이유가 어찌 힘겨루기에 있었겠는가? 공자께서 "활쏘기 시합은 과녁을 맞히는 것이 위주이지 과녁을 뚫는 것이 위주가 아니니, 이는 사람의 힘이 다르기 때문이다.射不主皮, 爲力不同科" 라고 하신 것이 바로 이 점을 알려준 게 아닌가? 그래 내 분수를 지켜야지.

생각 끝에 나는 약한 활을 사용하기로 마음을 정하였다. 그 뒤에 분명히 알게 된 일이지만, 이 날의 판단은 옳았다. 활이 비록 약하여도 시위를 가득 당기고 정확히 겨냥한 후 천천히 살을 쏘아야 적중하게 되는데, 힘에 부친 활을 쓰게 되면 시위를 제대로 당기지 못하고 빨리 쏘게 되어 명중하기가 어렵게 된다. 그리고 빨리 쏘는 버릇이 굳어지면 자세가 망가지게 된다. 강한 활이 적중률을 높이기는커녕 해만 끼치게 되는 것이다.

강한 것을 추구하는 것이 동물적 욕구인 만큼 강궁을 쏘고 싶어 하는 욕망은 대다수의 사람에게 있을 것이다. 그러나 인간사가 욕망대로 되지 않듯이 우리 몸도 뜻대로 되지 않는다. 내가 맹분孟賁, 오획烏獲 같은 역사力士가 되고 싶다하여도, 그것이 가능하겠는가? 사정에 걸려 있는 여러 습사 지침 중에 '활이 자기 몸에 맞지 않으면 맞힐 수 없다'는 조항이 있으니, 이는 바로 이 점을 경계시키기 위한 것이리라.

강하고 싶은 욕망에 유혹되기 쉬운 자신의 마음을 읽어내고 그 욕망을 절제하여 분수를 지키는 것, 이것이 활을 선택하는 과정에서 알게 된 마음 공부였다.

2008. 8. 1

습사일지習射日誌(4)

계절이 여름을 향해가면서 우장산은 다른 산과 마찬가지로 녹음이 짙어져 갔다. 쪽동백도 이미 꽃을 피워 숲은 온통 하얀 빛으로 꽃 잔치를 하였다. 개화된 모습을 보고서 비로소 왜 '동백'이라는 칭호가 붙었는지 알 수 있었다. 크기가 아주 작고 빛깔도 완전히 다르지만 모양은 동백처럼 생겼던 것이다.

사정 위로는 갖가지 새가 울었다. 특히 꾀꼬리의 우는 소리가 귀를 즐겁게 하였다. 한시에 등장하는 꾀꼬리는 봄 버들과 짝을 이루는 경우가 많아서 나는 꾀꼬리가 봄에 자주 출현할 것이라고 생각하였는데, 사정에는 여름에 주로 나타나 의아하였다. 책을 통해 얻은 지식이 잘못된 것인지 아니면 지역상의 차이인지 그 이유를 아직은 모른다.

아름다운 숲을 지나 사정에 이르고 아름다운 새 소리를 들으며 화살을 날렸다. 이미 몰기도 했고 활과 화살을 내 몸에 맞는 새 것으로 장만했으니 성적이 나날이 좋아져 가야 할 것이다. 그러나 기대는 기대일 뿐이었다. 어쩌다가 잘 맞는 날이면 평균 2중의 성적을 이루기도 했지만 그 다음날 연이어 불을 쏘는 경우가 허다하였다. 아니 이게 무슨 일이람.

잘 쏘는 선배들의 성적을 살펴보니, 그런 현상은 나에만 해당하는 것이 아니었다. 평균 4중을 하는 능수能手도 때로는 2중이나 1중을 하였다. 심할 경우 불을 쏘았다. 그런 뒤에 고개를 갸우뚱하면서.

사정의 격언 중 대표격인 것인 "발이부중發而不中, 반구저기反求諸己"이다. 그 말뜻은 쏘아서 맞히지 못하면 자기 자신에게서 문제점을 찾으라는 것이다. 이 격언대로 내 문제점을 찾아보았다. 내가 명중률이 낮은 것은 당연이 부족한 기량 탓이다. 그러나 매일 차이가 난다면 또 다른 문제점이 있을 것이다. 나의 일상을 살펴 본 결과 나는 몇 가지 답을 찾게 되었다. 전날 술을 먹었거나 혹 다른 이유로 몸에 부담을 주면, 체력이 떨어지는 것은 물론 집중력도 떨어지게 되고 그런 경우 어김없이 성적이 좋지 않았다. 어떤 일이 마음에 걸려 잡념이 생기는 날도 어김없이 성적이 저조하였다. 어쩌다가 잘 맞으면 교만심이 생기고 그러면 그 다음 살은 맞지 않았다. 맞지 않는다고 속을 끓이면 더욱 맞지 않았다. 아, 활쏘기는 내가 어떤 생활을 하고 있는지 어떤 마음가짐인지 그대로 보여주는 거울이었다.

맞지 않는 화살을 자주 쏘다 보니, 나는 맞고 맞지 않는 것에 대해 절로 달관하게 되었다. 만약 오늘 성적이 내일도 같다고 하자. 한 번 몰기한 뒤로 늘 몰기를 한다고 하자. 그러면 재미있을까? 결코 그렇지 않을 것이다. 매번 맞는다고 하면, 나의 어제의 생활, 활 쏘는 이 순간의 마음을 돌아볼 필요가 없다. 저조한 성적으로 인한 자성도, 지금부터라도 잘 쏘아보아야지 하는 의욕도 없게 될 것이다. 백발백중하는 경지에 이르게 된 순간, 더욱 노력하여 성취할 여지가 없어질 것이다. 그러나 현재 나에게는 너무도 많은 여지가 있으니 얼마나 좋은가? 그래서 나는 활쏘기의 의미에 대하여 다음과 같이 결론지었다.

"활쏘기의 묘미는 맞는 데 있지 않고 맞지 않는 데 있도다."

2009. 7. 1

습사일지習射日誌(5)

활을 배운 지 어언 삼사 년이 되었다. 처음에는 진보도 있었지만, 일 년도 못되어 나에게는 재주가 없음을 알게 되었다. 정확한 자세를 익히고 그것을 그대로 반복하면 될 일이라고 쉽게 생각하였는데 그렇지 않았다. 그 날 그 날 몸 상태가 다르니 똑 같은 자세일지라도 미세한 차이가 있고, 게다가 잡념 때문에 마음이 전일하기가 쉽지 않았기 때문이다. 선비가 활쏘기를 중시하고 고대에 그것을 육예의 하나로 여긴 까닭은 그것이 마음 수련에 유용하기 때문이 아닐까하는 생각이 들었다.

내가 다니는 사정射亭에 활을 잘 쏘는 접장이 여럿 있다. 그 중에 박건이라는 접장이 있는데 연이어 12몰기, 즉 60시矢를 연중한 적이 있다고 한다. 나의 경우 몇 달 만에 어쩌다 한번 몰기하였고 최고 기록도 연이어 두 번 몰기한 것에 불과하니, 나로서는 그의 활솜씨가 신기할 수밖에 없었다. 어떻게 60시를 쏠 동안 자세가 흐트러지지 않고 마음이 한결같을 수 있었을까? 생각할수록 그의 정력定力이 대단하게 여겨졌다. 박 접장은 중국 문화와 정치에 관심이 많았다. 중국 여행도 자주 하였다고 한다. 내가 중국문학을 좋아한다는 사실을 알고는 나를 친근하게 대해 주었고 한시에 대한 관심도 표하였다. 몇 차례 술자리도 함께 하였는데, 알고 보니 그는 술꾼이 아니었다. 주량도 그러하지만 술에 의한 일탈을 즐기지 않았다. 그런 그를 접하면서 그의 활쏘기 기량이 그런 마음가짐과 통한다는 사실을 알게 되었다.

이전에 나는 한동안 시 짓는 일에 몰두한 적이 있었다. 때문에 시 짓기와 활쏘기를 상호 비교해보게 되었다. 시를 짓는 일이나 활을 쏘는 일이나 간에 우선 좋아하는 마음이 있어야 시작하게 되고 또 지속하게 된다. 만약 좋은 성취를 얻고자 한다면 당연히 오랜 숙련이 필요하다. 그 외 여러 요건이 갖추어져야 할 터이지만 무엇보다도 중요한 것은 그것에 깊이 몰입하는 집중력이다. 그러나 같은 몰입이라도 둘 사이에 큰 차이가 있다. 활쏘기는 무심의 상태가 중요한 반면 시를 지을 때는 끊임없이 자유로운 상상을 해야 하는 것이다. 나도 시 짓기는 좋아하는 지라 늘 이런저런 상상에 몰입하고 때로는 이를 위해 술기운을 빌리기도 하였는데, 활쏘기에는 그런 식의 몰입이 도리어 장애가 되는 것이다.

여하튼 그런 그는 나의 관심을 끌었고 그를 두고 시를 한 수 지어야겠다는 창작욕을 불러 일으켰다. 그래서 어느 날 다음과 같이 시를 지어 그에게 증정하였더니 아주 좋아하였다.

贈朴建接長

吾子弓矢有精魄

盡日射候不出的

曾聞連中六十杆

始知人手可連百

解牛數年手應心

弄丸亦要工夫深

日日習弓無晨昏

已成癖嗜自難禁

玩物何以如此醉

欲借鏃尖修心地

應與衲子坐團時

專意話頭相不異

發矢流彗貫振霆

血氣猶定神色平

不見花而不聞鳥

却覺心眼獨惺惺

前手推山後曳虎

忽疑后羿引鉅黍

雄氣躍如掃萬人

試問膂力用何許

所爭唯射禮德優

寧欲夸技射臺儔

平生仇視蠹民者

庶以狐破豺狼憂

박건 접장에게 드리다

그대의 활과 화살에는 혼백이 들어 있어

종일 활을 쏨에 과녁을 벗어나지 않더라

일찍이 육십 살 연이어 맞추었다는 이야기를 듣고서
내 비로소 사람 손으로 백발백중도 가능함을 믿었어라

소 가르기 여러 해에야 손이 마음과 호응했고
구슬 놀이 하는 데에도 깊은 공력이 필요한 법
새벽 황혼 할 것 없이 날마다 습사하니
이미 성벽性癖이 되어 그만 둘 수 없어라

물건 가지고 노는 일에 어찌 그리 심취하시나
살촉 끝을 빌어 마음 바탕 닦고자 함이니
스님이 부들 방석에 앉아
화두에 오롯이 마음을 둠과 다를 것이 없어라

발시한 살이 살별처럼 흐르고 관중한 살이 우레 소리 떨쳐도
혈기는 여전히 안정되고 신색은 평온한데
피는 꽃도 보이지 않고 우는 새도 들리지 않아도
마음 눈은 홀로 성성하게 깨어있음을 느끼시지

앞 손은 태산을 밀고 뒤 손은 호랑이 꼬리를 당기니
문득 후예가 거서를 당기고 있나 의심 된다
씩씩한 그 기운 튀어나가 만인을 쓸어버릴 듯하나니
그 힘을 어디에 쓰실 지 한번 물어 볼까나

다툰 바 오직 활쏘기라 예와 덕이 넉넉하시니

어찌 사대射臺의 짝에게 솜씨 자랑하리오

백성을 해치는 도적을 평생 원수처럼 미워하셨으니

바라건대 호궁弧弓으로 이리 승냥이로 인한 시름을 깨어 부수시라.

그에 대해서 하고 싶은 말이 많았기 때문에 시는 고체로 지었다. 그러나 활쏘기는 법도를 중시하는 것이라 고체古體이면서도 근체시近體詩와 같은 엄정한 장법章法을 접목하고 싶었다. 그래서 시 전제를 26구로 하여 매 4구마다 뜻을 바꾸고 운韻도 바꾸었다. 그리고 매 4구를 단락으로 하면서 각 단락의 첫 구, 둘째 구, 넷째 구에 압운하였고, 운을 바꿀 때 평성운과 측성운을 번갈아 사용하였다. 게다가 측성운은 다시 상성, 거성, 입성을 각 한번 사용하여 사성을 번갈아 쓰는 즉 사성체용四聲遞用의 묘를 구하였다.

내용상으로는 그가 불교 신자라는 점을 고려하여 활쏘기를 참선과 연관지었고, 또 열렬한 사회운동가라는 사실을 염두에 두고 천궁성天弓星과 랑성狼星을 빌어 마지막 단락을 이루었다.

주위에 본받을 만한 사람이 있다는 것은 자신의 발전에 도움이 된다. 그를 모범으로 삼아 따르다 보면 배우는 것이 많기 때문이다. 박건 접장을 보면서 나도 정력을 길러 그처럼 몰기하는 횟수가 많아졌으면 한다. 그래서 이제부터는 일탈을 위한 음주 취미는 삼가고 참선이나 명상을 배워 마음을 비우고 마음을 전일하게 하는 데에 공을 들여야겠다고 다짐해 본다.

2010. 11. 2

민요 배우기

우장산으로 이사를 한 뒤 강서문화원에서 경기민요를 배우기 시작하였다.

오래 전부터 교양으로 국악을 배우고 싶다는 욕구가 있었지만 늘 일상에 쫓기는 처지라 실행하지 못하였다. 좀 더 젊은 시절이었으면 어떤 악기라도 하나를 정해서 배웠을 터이지만 솔직히 악기를 다룰 자신은 없고 능숙하게 되기까지는 시일도 많이 걸릴 것 같아서 포기해버리고 소리라도 배워보자고 생각하던 차였다.

마침 문화원이 집에서 가깝고 강습 시간도 일주일에 한 시간이고 월사금도 한 달에 만 원 정도였다. 그래서 오래된 숙원을 실천하기로 하였다. 판소리 반도 있었지만 그것은 아무래도 전문적일 것 같아 경기민요 반에 들었다.

경기 민요라고 쉬울 리는 없지만, 목표점이 낮았다. 그저 열 곡 정도 배워서 친구랑 술 마실 때 주흥이나 돋우려는 것이니, 크게 힘들지 않으리라 생각했다. 이삼십 대에는 애조가 느껴지는 곡을 좋아했지만, 그 사이 나도 나이가 들었는지 슬픈 곡은 싫고 흥겨운 것이 좋아서 '청춘가' '청부타령' '오봉산타령' 등 귀에 익은 노래를 골라서 배우면 되겠구나 생각했다.

초급반에 등록하여 '아리랑'부터 배우기 시작하였고, 얼마 뒤 '태평가'를 배웠다. '짜증은 내워서 무엇하나, 성화는 바치어 무엇하나. 속상한 일도 하도 많으니 놀기도 하면서 살아가세.' '성화를 바친다'는 말은 지금도 무슨 뜻인지 잘 모르지만 여하튼 흥겨웠다. 게다가 이 노래의 후렴인 '니나노'는 얼마나 정겨운 말인가. 빨리 배워서 술집에 가서 써먹어야겠다는 욕심에 목청을 높여 열심히 선생님의 소리를 따라 불렀다.

그러나 간단한 일이 아니었으니, 우선 가사를 잘 외울 수 없었다. 대중가요와 달리 가사가 긴 탓도 있지만 내 총기가 나이를 먹어가면서 형편없어졌음이 근본적 이유였다. 물론 열심히 반복 연습을 하며는 어떻게라도 되겠지만 따로 시간을 낼 수도 없고 그 정도로 열성이 있지도 않았다. 그저 일주일에 한 시간. 그것도 일이 있어 빠질 경우 이 주일에 한 시간 강습 시간에서만 부르니 가사가 도통 외워지지 않았다.

내 총기가 원래 그렇게 나빴던 것은 아니다. 십여 년 전만 하더라도 노래방에 가면 우리 또래가 즐겨 부르는 노래는 거의 다 따라 부를 수 있었다. 어떤 친구가 너는 공부는 안하고 노래만 불렀냐고 놀릴 정도였다. 기실 내가 따로 대중가요 연습을 한 적은 없다. 이 친구 저 친구 어울려 노래 부르다 보면 이 친구의 십팔번이 무엇이고 저 친구의 십팔번이 무엇인지 알게 되었고 그 노래를 몇 번 따라 불러 절로 그 곡에 익숙해졌던 것뿐이다. 게다가 대중가요라는 것이 가사도 단순하고 또 노래방에는 자막이 있으니 그것을 보면서 대충 부르면 그럭저럭 엇비슷할 수 있었다. 지금도 차 안이나 혹은 노래방에서 익숙한 대중가요가 나오면 그것을 즐겨 부르던 친구가 그리워지고 요즈음 어떻게 지내는지 궁금해진다.

그러던 나였는데 가사가 잘 외워지지 않다니. 세월이 만든 변화가 실감났다. 어려움은 가사 뿐이 아니었다. 정말 어렵게 느껴진 것은 가락이었다. 대중가요나 양악처럼 일정한 음계가 있지를 않아 전 가락을 민요 선생님이 부르는 것에 맞추어야 했다. 이 부분에서 '목소리를 굴려라', 이 부분에서 '꺽어라'라고 하는데, 도대체 어떤 것이 굴리는 것이고 어떤 것이 꺽는 것인지 감을 잡을 수가 없었다. 민요를 가르치고 배우는 것이 아직도 옛날 도제 방식이라는 사실을 비로소 알게 되었고, 배우기 쉽지 않겠다는 불안감이 들었다.

그래도 귀는 조금씩 터여서 어떤 소리가 듣기 좋고 어떤 소리가 아닌지 느껴졌다. 선생님이 선창할 때면 얼마나 감칠맛이 나던지 듣고만 있어도 즐거웠다. 그러다가 학생들이 따라 부르면 영 아니었다. 그 때부터 배우러 가는 즐거움은 줄고 선생님 소리 듣는 재미에 빠져들었으니, 무언가 잘못되어 가고 있었다.

민요를 배운 지 얼마 뒤 친구랑 술집에 가면서 소리 배운다고 자랑을 늘어놓았다. 한 번 해보라고 하여 짜증은 내어서 무엇하나라고 신나게 불러댔다. 반응은 예상 밖, 대뜸 그만 부르라는 것이다. 소리가 너무 아니어서 듣는 사람이 도리어 짜증이 난다나. 허긴 원래 음악에 소양이 있고 귀 밝은 친구니 듣기에 거북했을 것이다. 마음속으로 좌절감을 느끼기 시작한 순간이었다.

몇 달 뒤 이렇게 배워서는 안되겠다, 시간 낭비로구나 하는 결론에 도달하였다. 미련 없이 그만두었다. 그렇다고 민요 배우기를 완전히 포기한 것은 아니다. 가사와 가락을 어느 정도 익힌 뒤에 다시 선생님 지도를 받는 것이 좋겠다는 생각에 수업 듣는 것을 잠시 보류했을 뿐이다. 우선 경기민요 명창이 녹음한 테이프나 시디를 장만해서 집에서 틈틈이 들을 계획이다. 최소한 백 번 이상 반복하여 익숙해진 뒤에 다시 재도전하려 한다. 요즈음 일상이 바빠서 아직 실행하지 못하지만 곧 방학이 되니 그 기간을 이용하면 될 것이다. 가능할지 모르지만 언젠가는 듣는 이가 짜증나니 않도록 제법 근사하게 소리하는 날이 있기를 기대해본다.

2009. 5. 29

이명증耳鳴症

연초에 나이가 내 또래인 지인이 메일을 보내 새해 인사를 한 뒤 근황을 말하였다.

> 요즈음 나에게 없던 일이 생겨 목하 고민 중이다.
>
> 무엇이냐 하면 내 눈에 못된 곤충이 들어와 있는 것이다.
>
> 어떻게든 쫓아내려고 종일 눈알을 굴리며 속을 썩이지만 날아다닐 뿐 도통 떨어져 나가지 않아 괴롭다.
>
> 남들에게 물어보니 운이 좋으면 단기간에 없어지기도 하지만 거개가 평생 간다고 하니 이 일을 어찌하나.
>
> 그저 단기투숙객으로 묵다가 숙소를 옮겼으면 하는 바램뿐, 나로서는 불가항력일 듯하다.

비문증飛蚊症 이야기였다. 눈에 날아다니는 모기와 귀에서 울어대는 귀뚜라미이 소리는 사람에 따라서 다르기도 하다는 사람이 나이 들면 늘 받아들여할 존재가 아니던가? 지인에게 답장을 보냈다.

늦게나마 귀물을 만나게 된 것 축하한다.

살갗을 물어 피를 갈취하거나 여름날 곤한 단잠을 훼방하여 심신을 괴롭히지 않으니 모기는 모기로되 필시 선한 종자요, 책을 많이 읽어 공덕을 쌓아야만 찾아오니 분명 吉祥한 놈이라.

나는 10년도 더 전에 보았는데 자네는 이제야 보았다니 안복眼福은 없는 편이구나.

거개가 한 번 찾아오면 평생투숙객이 되지만 때로 박복한 이의 경우 잠시 있다가 훌쩍 떠나버린다 하더구나.

내가 처음 보았을 때 귀한 객이라 여겨 눈알을 굴리며 눈치를 보면서 정성껏 쫓아다니느라 애도 많이 썼지만 지금은 아예 잊고 산다. 내가 싫어 떠났거나 아니면 늘 함께 지내다 보니 무심히 대하게 된 탓이겠지.

혹 평생 같이 하는 기연을 얻게 되거든 적적한 글방의 평생 벗이라 생각하는 것이 어떨지?

다시 답이 왔다.

역시 공덕을 많이 쌓은 사람이라 보는 눈이 다르구나.

이 무슨 횡액인가 하며 가는 세월을 한탄했는데 갑가지 횡재한 기분이 든다.

고맙다.

한참 뒤에 추신을 써서 맥반석 불가마에 가서 뜨거운 불을 쳐다보며 원적외선을 쬐면 그 놈이 놀라 달아난다고 했더니, 지인은 그냥 데리고 살겠다고 하였다.

2010. 1. 5

만박덕기화가 挽朴德基畫家

내가 아는 사람 중에 여류 화가가 있었다. 나이는 내 또래인데 겉으로 보기에는 나 보다 적어도 20년 이상은 젊어보였다. 원래 미모인 데다가 늘 곱게 단장을 하여 역시 화가라서 다르구나 하는 생각을 하곤 했다. 꽃을 좋아하여 종종 나에게 꽃 이야기를 하였고 보여준 그림 속에도 대개 꽃이 그려져 있었다. 그야말로 꽃을 좋아하고 꽃을 즐겨 그린, 꽃 같은 사람이었다.

어느 날 핸드폰 문자로 부고가 왔는데, 그이가 죽었다는 것이다. 처음에는 믿지 않았다. 아마 부모 중에 누가 사망했을 것인데 '부친'이나 '모친'이라 말을 빠트렸나 보다고 생각했다. 그런데 확인해보니 바로 그이란다. 세상에 이런 일이 있다니. 나뿐만 아니라 빈소를 찾은 사람 대부분이 같은 생각이었다.

사인을 물어보니 수영장에서 수영하다 탈이나 119를 불러 대학병원 응급실에 실려 갔고 심장 근방의 혈관이 파열되어 7시간이나 되는 수술을 했지만 그대로 사망했다는 것이다. 같이 수영장에 있다가 119에 신고한 이의 말을 들어보니 수영을 무리하게 한 것도 아니었다. 혈압이 높아 혈압약을 쭉 복용해 오다가 몇 달 전부터 자연치유한다고 혈압약을 끊었다 하니 그게 혹 원인일까? 아니면 최근에 전시회를 준비한다더니 무리한 것이 원인일까? 여러 추축들이 무성했다. 부군이 의사임에도 돌연사를 하다니 명은 역시 하늘에 달렸구나 하며 탄식하는 이도 있었다.

그이는 꽃도 시들기 전에 떨어져야지 다 시든 뒤에 떨어지면 초라한 것처럼 사람도 너무 늙기 전에 죽는 것이 좋다는 말을 종종 하였다. 영국의 황태자비인 다이애나가 적당한 때에 죽었다고도 했다. 그러면서 자신도 추한 모습 보이기 전에 죽을 것이라고 했다. 아아, 그랬구나. 나는 그이의 영구차를 보내면서 불현 듯 그이의 그런 말이 떠올라 만가를 한 수 지었다.

玉容不忍看衰歇
寧願早爲天上人
兜率宮花長不老
彩毫所畵每靑春

옥 같은 얼굴 시드는 것 차마 볼 수 없어서
일찌감치 천상의 사람이 되고자 하였나?
도솔궁의 꽃은 길이 늙지 않으니
채색 붓 그림이 매양 푸른 봄이리라.

고인의 명복을 빈다.

2012. 9. 20

파리에서 보내온 합죽선

이장우

영남대학교 중문과 명예교수

진황도, 산해관 쪽으로 오니 또 산이 나타나기 시작한다. 아침부터 산해관의 관문을 구경하고, 진시황 때 만리장성을 쌓으러 나왔다가 제물로 희생된 남편을 찾아왔다가 죽었다는 맹강녀의 사당묘를 찾았다. 장성의 끝자락이 바다에 까지 들어간 노룡두까지 둘러 보고서, 4시간 이상 험준한 산길을 파고 새로 낸 고속도로를 달려 열하가 있는 승덕시까지 갔다.

- 이장우 〈신 열하일기〉

주례사

오늘 저는 매우 즐거운 마음으로 이 혼인의 주례를 맞게 되었습니다. 왜냐하면 오늘의 신부 동륜이는 제가 가르친 제자일뿐만 아니라, 저와 반생을 함께 하였던 친구 이휘교 교수의 막내 딸이기도 하기 때문입니다. 그 친구는 지금부터 27년 전인 1982년에 마흔 네 살의 나이로 이 세상을 하직하고 말았지만, 그 사람이 남겨둔 세 자녀가 모두 잘 자라고 또 열심히 공부하여 모두 차례 차례로 좋은 학교를 졸업하고, 좋은 직업을 잡았으며, 좋은 배필을 얻어 결혼을 하고, 오늘로 막내 딸인 동륜이가 여기서 또 이렇게 훌륭한 배필을 얻어 결혼을 하게 되니, 어찌 즐겁지 않겠습니까?

신랑 데이비드 맥클레인 군은 카나다 사람으로, 친가와 외가의 선조들은 영국과 러시아에서 살았다고 하며, 밴쿠버에 있는 세계적인 명문 브리티쉬 컬럼비아 대학교의 이학부를 졸업하였고, 지금은 울산에 있는 과학기술대학에서 강의하고 있으며, 장래에는 다시 카나다로 돌아가서 교직을 계속하려는 생각을 가지고 있는 청년입니다.

신부 동륜이는 영남대학교 중문과를 나오고, 연세대학교에 편입하여 아동학과를 마쳤으며, 또 영남대학 중문학과에서 석사까지 하였으나, 젊은 아이들을 가르치는 일에 흥미를 느껴 지금까지 몇 년 동안 대구에서 학원에서 영어를 가르치고 있었습니다.

저는 동륜이가 나이가 차가면서도 혼담이 들리지 않는 것을 매우 걱정하고 있었는데, 어머니인 류점숙 교수로부터 금년 봄에 이 카다나 사람과 사귄다는 말을 듣고서, 자청하여 이 사람을 류교수님과 함께 만나보기도 하였습니다. 이 사람은 키가 크고, 인상이 매우 부드러운데다가 성격도 퍽 온화하며, 앞으로의 인생설계도 자못 차분한 것 같아서, 사위감으로 모자람이 없으리라고 몇 마디 조언을 하여 드렸습니다.

오늘 모든 일이 두루 순조롭게 풀려, 멀리서 혼주 내외분이 이렇게 오셔서 양가 친척, 친지들이 모여 혼례를 올리게 되니 정말 즐거운 일입니다.

아마 여기 오신 여러분들이나, 국내의 친척분들 중에는 오늘 이 결혼이 아직은 한국에서 그렇게 흔하지 않는 이른바 "국제결혼"이기 때문에 좀 이채롭게 보이기도 하고, 또 앞으로 멀리 자식을 외국으로 떠나보내야 한다는 것 때문에, 누구보다도 신부의 어머니가 조금은 조바심하고 계신 것 같으나, 요즘 세상에서 누구와 결혼하느냐 하는 일은 궁극적으로 혼인을 하는 본인 당사자들의 의지가 가장 중요한 것으로 생각하며, 제가 보기에 이 데이비드나 동륜이가 모두 이미 동양이나 서양 두 지역의 습관이나, 문화나 언어에 모두 상당한 이해를 가지고 있기 때문에, 이 두 사람의 결혼생활에 큰 애로는 없을 것으로 생각합니다.

신랑측 혼주이신 맥클레인씨 내외분께서도 동륜이를 잘 보살펴주시고, 또 신부집에서도 데이비드를 사위로 사랑해 주시리라 믿습니다.

조금 전에 두 사람은 서로 마주 보면서 의미있는 혼인서약을 하였고, 저는 뜻깊은 성혼 선언문을 읽었습니다. 이 서약에 담긴 진실한 말과 선언문에 담긴 의미있는 말을 앞으로 살아가는데 두 사람은 한 시도 잊지 말고, 정말로 동양과 서양의 좋은 전통을 모두 보기좋게 아우른 훌륭한 한 가정을 이루기를 빕니다.

2009년 12월 20일 주례 이장우(李章佑) 

내가 지금까지 살아본 곳들

나는 지금까지 여러 곳을 옮겨 다니며 살아보았다.

열 살까지는 대개 고향인 경북 영덕군 창수면 인량리나라골에서 차라고는 한 번도 타본 일 없이 살았다. 다만 약간 예외가 있다면, 촌집 말고도, 어릴 때 10리 떨어진 영해 읍내에 어른께서 집을 하나 마련하고, 형님들을 영해 소학교에 넣으면서 포목점을 하나 운영하고 계셨기 때문에, 나도 어릴 때 주로 나라골 촌집에서 살았지만 가끔은 읍에 있는 그 상점에 가서 지낸 기억이 조금 있다. 그러나 그 때도 차를 구경만 하였지 타본 일은 전혀 없다.

시골 샌님 같은 어른이 장사를 하셨다는 게 믿어지지 않지만, 온 고을의 양반집들이 모두 물건을 많이 사주어 운영은 잘 되었고, 당시에는 경제적으로도 자못 윤택하였던 것같이 들었다. 그러나 일제 말이 되면서 면장이 너무 헌금 같은 것을 많이 내라고 자주 강요하여 그만 두시고 금강산 북쪽에 있는 통천이라는 곳에 가셔서 목재업을 하시다가 해방된 다음에 38선이 생기자 간신히 몸만 숨겨 빈손으로 돌아오셨다.

그 점포를 팔아버린 뒤부터는 우리들은 촌집에서만 지냈는데 경제적으로 내내 궁하게 살았다. 형님들도 고향 마을에서 더 가깝고 또 더 촌 학교인 창수국민학교로 전학을 하였기 때문에 나는 처음부터 창수국민학교에 들어가서 다니게 되었다. 이 학교에 몇 년 다니는 동안 "원족" 또는 "소풍"이라고 좀 먼 곳에 놀러가는 행사가 1년에 한두 번 씩은 꼭 있었지만 집에서 한 번도 거기에 보내어 주지도 않았다. 보내어 줄 만한 돈도 없었고, 또 한문을 배우지 않고 학교에 가는 일에 대하여 조부께서는 늘 불만을 가지고 계셨기 때문에, 무슨 일만 있으면 가지 말라고 하셨기 때문이다.

그 당시 좌우익 대립이 시골에서도 점점 격화되자 조부와 어머니만 시골에 남고, 서울로 미리 피신하여 가신 아버지와 형님들을 따라서 소학교 4학년 2학기에 서울로 올라가서, 돈암동 성신여중 앞의 앞뒷집이 서로 붙은 조그마한 기와집에 서울에 올라온 식구들이 전세 들어 살게 되었다. 나는 지역으로 보아서는 돈암국민학교에 가야 맞지만, 당시에도 이미 서울 인구가 급증하여 받아줄 수 없다고 하여, 하는 수 없이 거리도 먼 미아리에 있는 숭인국민학교에 편입하여 걸어 다녔다.

돈암동 집에는 수도가 설치되어 있기는 하였으나 물이 한 번도 나오지는 않아서 늘 어디서라도 물을 받을 수 있는 곳이 있으면 받으러 다녔다. 또 당시 미아리는 산에는 공동묘지요, 평지에는 인분으로 거름을 하는 채소 밭 뿐이었는데, 팔도의 가난뱅이들은 다 모인 곳인 것 같은 빈민촌이었다. 그 곳도 학령 아동은 많아서 5학년까지도 3부제로 수업을 진행할 정도였다.

이때부터 나는 영락없이 도시빈민의 아들이 되어 정말 늘 "춥고 배고프게"만 살았다. 어른은 서울에 오셔서 별로 하시는 일이 없는 실업자가 되셨고, 어머님이 시골에서 지어 보내시는 양식으로 몇몇 식구가 겨우 연명을 하고 학교에도 다니자니, 고생이 이루 말할 수 없었다. 그런데 소학교 6학년 때 6·25 난리가 나자 두어 달을 정말 매일 본격적으로 굶주리다가, 충청도의 계룡산 밑에 와서 살고 계시던 형수님의 친정댁까지 걸어가서 몇 달을 지낸 뒤에 세상이 다시 뒤집혀진 뒤에 다시 고향으로 돌아가서 소학교를 졸업하고, 10리 밖에 있는 영해중학교를 3년 동안 걸어 다녔다.

시골 농업고등학교를 2학년까지, 고향 마을에서 60리 떨어진 영덕읍에 나가서 다니기도 하였으나, 고생만 되었지 공부에 별 도움이 될 것 같지도 않아서 자퇴를 한 뒤 집에서 독학을 하였는데, 오히려 그렇게 하는 것이 더 능률적이었다. 당시 서울에서 대학을 다니면서 알바로 학원 강사를 하고 계시던 형님이 불러주어 또다시 서울로 가서 그 당시 서울에서 가장 지명도가 낮았던 장충고등학교를 찾아가서 겨우 3달 다니고서 졸업장을 얻었다.

대학에 가서도 가난하기는 마찬가지였다. 서울서도 우범자가 많이 산다는 아현동의 산7 번지, 심지어 창녀촌으로 알려진 종로 3가속칭 종3에 형님이 가르치는 학원이 있었기 때문에, 그 근처에 형님내외분이 전세를 얻어 살림을 차리셔서, 그 같은 험악한 곳에서 몇 년을 함께 살면서, 명색이 대학생활이라는 것을, 어떤 낭만은커녕, 늘 매우 우울하고 불만스럽게만 하였다. 그때는 설사 졸업을 하여도 전공을 살려 취직할 곳도 거의 없었고, 온 세상은 부정부패만 만연하였다. 대학 4학년 때 4 · 19가 터지는 것을 보았는데, 종로거리를 메운 그 도도한 군중 속에 뛰어들어 정말 "결사항쟁"을 하다가 죽어버리고 싶었지만, 시골 부모님의 엄명을 받은 형님 내외분이 막는 통에, 울분을 한번 제대로 펴보지도 못하였다. 지금 생각하여보니 평생 처음으로 한번 호기를 마음껏 부려볼만한 절호의 기회를 놓친 것이 한심하고 부끄럽기만 하다.

대학을 마치고, 사병으로 입대하여 논산에서 기본 훈련, 영천에서 경리經

理 교육을 받았고, 서울, 부산, 대구, 다시 서울로 옮겨 다니면서 3년 동안 복무하였다. 내 인생에서 그래도 매우 떳떳하고 소중한 경험이었다.

그 뒤에 대만에 유학 가서 만 3년을 지냈고, 다시 서울에 돌아와서 1968년 가을부터 1978년 봄까지 10년 가까이 지냈다. 그 뒤로 형님은 학원의 수학 선생으로 이름이 크게 나서 큰 집은 형편이 좀 좋아졌다. 마포의 서강대학 남쪽언덕에 형님이 미국 유학을 가신 사이에, 형수가 혼자서 주관하여 돌로 지은 제법 조촐한 집에서 우리는 결혼을 하였으나, 나는 그 당시에 대학의 시간강사 신세였기 때문에, 그 근처에서 처음에는 단칸방, 그 다음에는 두 칸 방 전세를 얻어 살았다.

그 다음에 수유리로 가서 처음으로 무작정 조그마한 집을 하나 샀으나, 집을 산 빚을 갚을 길도 없고 아이들은 연년생으로 생겨, 초산 전까지 종합병원에서 약사로 근무하였던 내자가 다시 약국이라도 차려야 살 길이 나올 것 같다고 딱하게 하소연 하였다. 하는 수 없이 고려대학 서쪽의 안암동 언덕 위에 있는 대광아파트로 가서 그 입구에 있는 약국을 하나 인수 받아서 2년 동안 약국을 하면서 사는 집도 그 아파트로 옮겼다.

그 때 어린 아이들 둘을 키우랴, 약국을 이른 아침부터 밤늦게까지 하느라 내자도 고생이 많았고, 나도 명색의 어느 대학의 전임이 되기는 하였으나, 도저히 집에만 오면 아무 것도 내 일을 할 도리가 없었다. 그래서 제법 잘 되는 그 약국을 2년 만에 치우게 하고, 영동의 7단지의 청담동 영동고등학교 부근에 부지 60평, 아담한 잔디밭이 있는 나지막한 시영 주택 집을 하나 다시 사서 이사를 하였다. 그 때 와서야 겨우 좀 마음이 놓였다. 아이들이 다시 서울로 진학한 뒤에 그 집이 어찌되었는지 한번 가서 둘러보았더니 그 일대가 모두 2층짜리 고급 주택가로 변하고 말았다. 아마 지금은 시가 2,30억은 할 것이다.

내 근무지가 한남동의 단국대학에서 다시 정릉에 있는 국민대학으로 바뀌게 되자 다시 서대문 구청 맞은편에 있는 홍은동의 아담한 단독 주택으로 이사를 하였으나, 1년 반 만에 영대로 내려오는 바람에 또 대구로 이사를 하였다.

대구로 내려온 뒤에 지금 까지 34년이 지났는데, 그 사이에 미국의 스탠포드대학에 1년, 다시 대만의 국립중앙연구원에 8개월, 일본의 경도대학에 2개월, 프랑스의 빠리 제7대학에 1년, 하버드대학에 1년 동안 가서 있었고, 겨울이나 여름 방학 때를 이용하여 2, 3개월 단기간으로 가본 곳은 카나다의 UBC대학에 2차례 합하여 5개월, 중국 남경대학에 1개월 반, 딸이 근무하는 쎄인트 루이스의 워싱턴대학에 3차례 합하여 8개월 정도 머물렀다.

이밖에도 보스턴에는 딸아이가 하버드에 유학하고 있는 동안 몇 차례나 더 갔고, 그 시에서 정책적으로 여러 빛깔의 인종들을 섞어 살게 하기 위하여 새로 짓는다는 타운 하우스 형 아파트 집 하나를 신청하였더니, 당시 나의 소득을 감안하여 시가의 반값으로 배정하여주어서, 내 명의로 몇 년 동안은 그 집을 가지고 있으면서 방학 때 더러 가서 지내기도 하였고, 딸아이가 혼자서 살기도 하였다. 정말 뜻하지 않은 행운이었다.

그러나 지금까지 내가 살아온 중에 가장 오래 산 곳은 단연코 대구, 경산, 청도 일대이다. 대구시내에서 연년생인 아이들이 소학교에 다니는 동안은 만촌동 교수주택, 중고등학교에 다닐 때는 범어동의 청구아파트, 둘 다 서울로 진학한 뒤에는 경산으로 나와서 정평동 우방아파트에 2년, 사동의 효동

아파트에 6년, 삼풍동의 태왕아파트에 12년을 살았고, 청도의 수무동 촌집으로 주말에 내왕한 것도 15년이나 된다.

몇 년 전에 주민등록 등본을 떼어보니 내가 결혼한 뒤에 주소지를 옮긴 것이 13차례나 되었다. 이게 과연 잘한 짓인가? 잘못한 짓인가? 초년에는 살림이 궁해서 불가피하게 옮겨 다닌 일이 많았으나, 그 뒤로는 사람이 살기에 좀 더 쾌적하고 조용한 곳을 찾는다고 마구 옮겨 다니게 되었다. 지금 다시 이 북한산 서북쪽 끝자락으로 옮겨오게 되었으나 이 마을도 역시 서울치고는 그래도 한적하다.

앞으로 여기서 몇 년이나 계속하여 살 수 있을 것인가? 가령 100살까지 산다고 하여도 25년밖에는 남지 않았으니, 지금까지 산 것의 4분의 1 밖에는 되지 않을 기간이다. 지난 세월을 생각하니 덧없고, 또 앞으로 정말 오래 산다는 게 얼마나 보람이 있을지? 되돌아보나, 예측하고자 하나 두루 아득할 뿐이다.

2012년 12월 31일 제야에

다시 연민淵民 선생님을 생각한다.

1

내가 연민 선생님에 관한 이야기를 처음 들은 것은 시골에서 중·고등학교를 다닐 때로 생각한다. 이퇴계 종녀宗女인 나의 큰 형수님께서 가끔 성함은 누구라고 말씀하지 않으면서, 시골에서 흔하게 돌아다니는 한글 내방가사 같은 것을 볼 때면 가끔 "이런 것도 무슨 쓸모가 있다고 모아가는 사람이 있디더"라고 하셨다. 그런 말을 들을 때 마다 참 세상에 좀 특수한 사람도 있구나 싶었다. 그 뒤에 큰형님께서 부산으로 피난 온 서울대학교 물리학과에 입학을 하신 뒤부터 자주 연민선생님 성함을 들면서 "한국에서 정인보 선생 이후로는 한문을 제일 잘 하는 분"을 직접 만나본 이야기를 매우 자랑스럽게 하셨고, 할아버지께서도 더러 "아무리 요즘 세상이라고 해도 한문을 공부하는 게 으뜸이지! 가원이를 보면 알지!"라고 하시면서 매우 대견하다는 말씀을 하시는 것을 들은 일이 있다.

나는 여기서 좀 쑥스러운 일이기는 하지만, 우리 집안과 연민선생 집안과의 인연을 좀 자세하게 다시 틀어놓지 않을 수 없다. 집의 조부와 연민선생의 당숙堂叔되시는 퇴계 14대 종손인 참봉參奉[霞汀 李忠鎬] 어른과는 동갑이시고 절친한 친구사이셨다. 그래서 당시의 습관에 따라서 큰형님과 참봉어른의 큰 징손녀 되는 형수와의 혼사가 오직 양가의 어른들의 의사에 따라서 결정이 된 것이다. 그 때 형님은 겨우 열네 살이 였고, 형수는 4년 뒤인 열여덟 살이 었다. 그러니 연민 선생은 형수님의 8촌 할아버지가 되셨다.

시골말에 "사돈의 팔촌"이라는 말이 있다. 알만한 사이라고 말하기도 어렵고, 그렇다고 사뭇 모르는 사이라고 말하기도 어려운 관계를 말한다. 나는 말하자면 연민선생과 "사돈의 팔촌"에 해당하는 사람이다. 그런데 나는 어릴 때 서울에 잠시 옮겨와서 살다가 6 · 25 사변을 만나서, 형님 내외분을 따라서 당시에 충청도 계룡산 아래 신도안에 역시 잠시 옮겨와서 살고 있던 형님의 처가에 가서 3개월을 피난 생활을 하게 되었다. 그래서 나는 비록 사가査家이기는 하지만, 연민선생님의 큰 집 사람들과 매우 친하게 되었고 지금까지도 그렇게 느끼며 살고 있다.

2

6 · 25 사변을 겪은 뒤로 우리 집은 매우 심한 경제적인 피해를 입어 우리들 형제들은 고향으로 돌아가서 매우 어려운 처지에서 시골 학교를 다녔다. 그 때는 식구들이 하루 세 끼 끼니도 잇기가 어려운 형편이었는데, 학교에 다닌다는 것은 도무지 말도 안 되는 일이었다. 그러나 어른이 어떻게 학적이라도 유지하여야 한다고는 생각하시고, 10리 밖에 있는 시골에서 처음 생긴 중학교와 60리 밖에 있는 농업고등학교에 들어가는 것은 허락하셨다. 그러나 월사금 한번 제 때 내어본 일이 없어, 시험 때만 되면 늘 무기정학을 당하고, 주말이면 60리 길을 차비가 없이 고향집까지 걸어 다닌 일도 많았다.

이러한 곤궁한 틈에도, 집에서는 어릴 때부터 우리 형제들에게 한문을 꼭 가르치셨다. 그래서 나는 한글을 익히기 전부터 한자를 배우기 시작하였고 소학교 4학년 때부터 맹자를 배우기 시작하여 고등학교 2학년 때까지는 틈틈이 사서는 다 배우고 시경 첫 머리까지 좀 배웠다. 이러한 곤궁 속에서도 나보다 7살 위인 큰형님은 서울대학교의 문리과대학에 수석으로 합격을 하셨고, 3살 위인 중형도 연세대학교 이과에 들어가셨다. 그래서 나도 대학에 가기는 해야 하는데 생각하여 보니, 농고에 다니면서 서울에 있는 좋은 대학에 지원을 한다는 것이 도저히 불가능한 일 같아서, 2학년을 마칠 때 쯤 아예 그 학교를 자퇴를 하여 버리고 시골집에 들어와서 조부에게 한문이나 배우면서 영어 공부부터 다시 독학을 하기 시작하였는데, 차라리 혼자서 독학을 하는 것이, 시시하게 학교를 다닌다는 것보다도, 더 학습에는 능률적이었다.

그 때 서울에서 학원에서 수학 강사를 하면서 고학을 하고 계시던 큰 형님이 나를 서울로 불러서 당시에는 고계高啓고등학교라고 부르던 지금의 장충고등학교에, 3학년 졸업을 몇 달 밖에 남겨 두지 않았는데 편법으로 과감하게 편입을 시켜주셔서, 낮에는 그 학교를 3개월 다니고 밤에는 형님이 가르치는 학원에 가서 수학을 배우면서 겨우 진학에 대한 꿈을 꾸기 시작하였다. 당시 학원 강사로 영어로는 안현필이라는 분이 계셨는데, 시골서 영어를 독학할 때 그분의 강의 교재를 구하여 보았고, 수학으로는 이지흠이라는 분이 계셨는데 바로 나의 큰 형님인 이용태 박사의 가명이었다. 그러니 나는 이 때 적어도 입시에 관한 정보와 지도만은 어느 누구 부럽지 않게 받은 것으로 생각된다.

서울대학의 문과 계통을 가고 싶은데, 나는 사학과를 가고 싶었지만, 형님은 중문과를 가라고 하셨다. 그 이유는 당시에 중문과라는 것이 컬트 라인도 가장 낮아서 지원하기에 안전하다는 점을 첫 번째로 고려하기는 하였지만, 형님 나름으로 중문과에 관하여서도 조금은 정보를 가지고 계셨다. 당신이 직접 중문과 강의도 들어보셨다고 하고, 또 당시에 신설된 성대 중문학과의 초대 주임교수이셨던 이가원 교수에게도 중문과에 관하여 이야기를 들었다고 하셨다. "너는 딴 것은 남보다 나을 게 별로 없지만 한문을 좀 배운 게 덕이 될 것 같으니, 중문과를 가면 좀 공부하는데 유리할 것도 같고, 또 앞으로 중국문학이 빛을 볼 날도 있을 게다"라고 하셨다. 그래서 당시에 남보다는 그래도 중국문학이 무엇인지 조금은 이야기를 듣고서 진로를 확정하였다고 할 수 있는데, 여기에는 정말 "사돈의 8촌"인 연민 선생님과의 인연도 크게 작용한 것이라고 말 할 수 있다.

3

대학에 들어가서 보니, 교양학부 1학년 때에는 초급중국어와 중국문학사 이외에는 자연과학개론까지 포함하여 일반 교양과목을 많이 들었는데, 그 중에서도 영어가 두 과목이나 되었고 제2외국어로 독일어도 선택하여 들었는데, 특히 영어 선생님 두 분이 모두 까다롭기로 이름난 분들이라서 영어 과목 학점 따는데 힘이 많이 들었고, 독일어, 중국어 같은 외국어 공부를 하는데 많은 시간을 보냈다.

2학년부터 전공과목 수업인데, 당시에는 교과서라는 것도 없었고 과목 개설도 미리 정하여진 커리큐럼이라는 것도 없어, 교수가 자기가 연구하고 있는 것을 학부의 과목명으로 개설하기도 하였는데, 대개 입으로 불러주는 것을 받아 적는 것이었다. 더구나 지금 생각하여보면 가장 이상한 일은 그렇게 불러 주는 내용이 대개 문학사니, 소설사니, 희곡사 하는 이론과목들이 였는데, 정작 그 기초가 되는 문학 작품들을 차근차근하게 강독하는 과목은 별로 없었다. 그러니 그러한 전공과목에 대한 흥미가 생길 수도 없는데다, 또 당시에는 전공을 아무리 열심히 공부한들 영어를 잘 못한다면 졸업 뒤에 취직 시험을 출 데가 없었다.

이렇게 학과 공부에 실망하고 있을 때, 더러 연민 선생님을 찾아가 뵈온 일이 있다. 그 때는 이미 연대 국문과로 옮겨 가신 뒤였지만, 서울대학교 중문학과에서 무엇을 가르치는지, 또 내가 무엇을 아는지 모르는지 많은 관심을 가지고 여러 가지를 물어보셨다. "허참! 그런 좋은 자리에 있으면서 그렇게 밖에는 못하다니!"하시면서 매우 교수들이 못마땅하다는 말씀도 하시고, 책을 펴놓고 읽어 보라고 하시면서 틀리면 고개를 짓기도 하셨다.

4

내가 연민 선생님을 아주 가까이 모신 것은 대만에서 유학하고 돌아와서 시간 강사로 지내면서 가장 곤궁할 때이다. 그 때는 지금까지 잘 보살펴 주시던 큰형님도 마침 미국에 학위를 하기 위하여 출국중이 셔서 어디 경제적인 도움을 받을 길도 없고, 정말 앞길이 막막하였다. 그런대 연민 선생님께서 연대에 있는 당신의 연구실에 나와서 공부나 하라고 해서 1년 동안을 그 어른의 조수노릇을 하면서 지냈다. 가끔 시키시는 일도 하였지만, 나에게는 그 때 어느 대학의 강사라는 신분보다는 "한국 제일의 한문학자인" 연민 선생님의 조수라는 것이 한결 더 명예로운 것이었다. 그 덕분에 결혼도 하게 되었다. 아내의 말을 들으면 당시에 장인께서 시간 강사가 얼마나 어려운 직업이라는 것은 생각지 않으시고, 앞으로 "연민을 이을 학자가 될 사람"으로만 생각하셨다는 것이다.

그 뒤에 민족문화추진회에 말씀을 하셔서 한문 고전 번역도 좀 하게 되었고, 또 국립도서관 고서실에 처음 생긴 고서연구원이라는 임시직을 얻어 이태동안 근무하게 되었는데, 월급은 보잘 것 없었지만 나로서는 그래도 평생에 처음 얻은 상근 직장이고, 무엇보다도 좋은 책을 많이 보게 된 것이 매우 큰 보람이었다. 그 때 우리 또래에 한문을 좀 안다는 친구들이 여러 명 그 쪽에 모여 함께 일하였는데, 그 뒤에 대개 다 한국의 한학계에서는 이름 있는 사람들이 된 것도 즐거운 일이다. 지금의 한국고전번역원의 이동환 원장, 한국국학진흥원원의 이정섭 교수, 성균관대학의 송항룡 교수 같은 교문회嶠文會, 영남출신 한학전공자 모임 회원들이 태반이나 거기를 거친 사람들이다.

그 때 연민 선생께서는 국립도서관의 자문역인 고서위원으로 계시면서, 정기적으로 열리는 고서 감정회의에 참석하셔서, 국사학이나, 서지학을 전공한 이름 있는 교수들을 밀어두고서 귀중한 한문책에 적힌 도장들을 읽어내시고, 초서로 적힌 내용도 거침없이 밝혀내셨다. 딴 분들이 들고서 우물우물하고 있을 때 "그 뭐, 물리文理로 뜯어보아야지" 하시던 말씀이 생생하게 기억된다.

5

내가 대구에 내려가서 34년을 살다가 보니, 서울에 있을 때 보다는 자주 찾아뵙지는 못하였으나, 가끔 퇴계학회에서 뵙는 기회가 있었고, 또 퇴계 시를 오래 동안 번역을 하다가 보니 선생님이 앞서 하신 퇴계 시 완역을 가끔

참고하게도 되었다. 그 번역은 한글 4,4 조의 내방 가사 체와 같은 음조를 중시한 번역이 되어, 뜻풀이를 위주로 한 나의 번역과는 경향이 좀 다른 것이다. 그런대 선생님께서는 『퇴계학보』에 실리는 나의 번역을 보시고 매우 반기시면서 자주 "어디 어디는 내가 좀 생각을 못하던 것을 자네가 맞게 옮긴 것 같네. 자네가 하는 일을 모아서 책을 내면 좋겠네"라고 너그럽게 격려를 하여 주셨다.

대구에 살다가 어느 해에 큰마음을 먹고 한번 댁으로 추석날 인사를 갔다. "자네, 환갑을 지냈나? 머리가 이렇게 희노?" 하시던 말씀을 듣고는 매우 내 자신이 갑자기 매우 초라하여 짐을 느끼게 되었다. 한 동안 조수 노릇까지 하였는데, "내 나이까지 이렇게 잊어버리시다니? 대구로 내려가서 내가 이렇게 선생님의 관심에서는 밀리어 나간 것인가?" 하면서 명륜동 성균관의 긴 돌 담을 돌아 나오면서 자못 풀이 죽은 일이 있다.

지금 34년 만에 서울에 다시 올라와서, 명륜동에 있는 퇴계학연구원에 자주 나가게 되면서, 선생님의 고택故宅에 더러 찾아다니던 일을 새삼 기억하게 되었다. 몇일 전에 어떤 친구를 만났더니, 그 집이 그냥 그대로 있는 것을 보았다고 하였다. "연민선생의 뒤를 이을 한학자"가 되지는 못하였지만, 오늘까지 내가 이 정도라도 교수가 되기도 하고, 명색이 학자노릇도 할 수 있는 데는 음으로 양으로 선생님의 후광을 입은 바 크다. 요즘 창덕궁의 돈화문敦化門 앞을 자주 지나가면서 "대덕大德은 돈화敦化하고, 소덕小德은 천류川流한다"는 중용에 나오는 말의 의미를 생각하여 본다. 연민 선생의 학덕이 나에게도 미치고 있음을 실감한다.

댁에서는 늘 한복을 입으시고 조그마한 안상을 앞에 놓고, 환대하며 담소를 하시던 모습을 지금도 잊을 수가 없다. 선생님께서 내게 주신 세 가지 휘호 — 하나는 나의 결혼 축하 시구 2행, 하나는 정거서옥鼎擧書屋이라는 나의 서실 액자, 하나는 내가 대만 친구에게서 선물 받은 고궁박물원에서 나온 족자 그림 영인에 대한 서화書題 — 는 내가 가장 아끼는 소중한 가보이다.

2013. 4. 30

신 열하일기

7월 4일 목 맑음. 압록강에서 북한 땅을 바라보다.

새벽 3시 반에 시계가 울어 잠에서 깨어 집의 차로 6호선 전철 연신내역까지 갔으나, 서울역으로 가는 버스만 좀 다닐 뿐 딴 방법이 없어, 택시로 옮겨 타고 서쪽으로 나가서 월드컵 경기장 근처에서 인천공항으로 나가는 전철을 타보려고 하였으나, 역시 아직 문을 열지 않아서 다시 택시로 공항까지 가니 내가 제일 먼저 도착하였다. 8시 10분 비행기니, 좀 더 기다리다가 전철을 타고와도 될 것을, 아침 6시까지 공항에 모이라는 것만 보고 오다가 보니 새벽부터 차비만 많이 썼다.

일행은 안동에서 고문서를 연구하는 임덕선 박사고문헌연구소소장 이외에는 대개 대동한문학회회장 이종호 안동대교수에 속한 영남대김혈조, 송병열, 안동대이종호, 신두환, 김남기,황만기, 김동석 등의 교수 · 강사들이 많은데, 고대김언종, 성대김영진, 원광대권문봉, 대구한의대이내종 교수도 있었다. 최근에 가장 잘된《열하일기》의 역자인 김혈조 교수를 위시하여 대개 연행록과 한중 관계를 연구하는 사람들이 많았다. 15명 일행 중에 홍일점으로 동행한 이정희 교수는 계명대에 한문학과에서 강의하는 조선족 출신의 50대 초반의 학자인데, 한말에 김추사의 〈세한도歲寒圖〉를 중국에 가지고 가서 여러 중국문인들의 발문을 받아온 유명한 역관 이상적李尙迪 연구로 박사를 받은 분이다.

나이는 40대에서 60대인 것 같은데, 내가 단연코 제일 많았다. 그러나 나도 약 40년 전에 김창업金昌業의 《노가재연행록》을 번역하였고, 근년에 병자호란 뒤의 격동기인 인조 · 효종 · 현종 조에 재상을 지낸 정태화鄭太和의 문집과 실기를 공역한 일이 있기에, 이 사람들의 이 행차에 동참하여 보는 것이 좋을 것 같아서 신청을 하였다.

심양까지는 비행기를 타고, 거기서 몇일 동안 대절하여둔 관광버스를 타고서 3시간 정도 남하하여 오후부터 본격적인 여정을 시작하였다. 심양에는 이전에 두어 번 와본 일이 있지만, 겨울 공기에 유연탄 냄새가 역겹게 느껴지던 일과, 북쪽에 납치될 위험이 많으니 몸단속을 잘 하라던 으스스한 기억 이외에는 별로 없다. 두 번째 온 것은 큰 집에서 운영하는 삼보 공장 낙성식에 맞춘 것인데, 그 때 "완샤원샷, 완샤"하면서 호기롭게 술을 권하던 시장도 뒤에 부패 공직자로 몰려 옥사하였다고 한다. 다만 그때 버스를 타고 남쪽으로 1시간 쯤 내려와서 본계本溪라는 만주족 촌에 가서 1시간 반쯤 배를 타고 동굴 안 유람을 한 것은 대단히 경이로운 추억으로 남아 있다.

오늘은 새로 난 고속도로를 따라서 내려오는데, 역시 본계라는 곳을 지나게 되니 매우 반가웠다. 점심도 그 근처의 길가 식당에서 먹었다. 압록강 국경 지대에 접어들기 전에 옛날 교통의 요지이던 구련성九連城 쪽을 경유하였는데 아는 지명이 나오니 반가웠다.

첫 걸음으로 호산虎山이라고 하는 국경지대의 산성에 올라가 보았다. 근년에 중국에서 "《명사明史》에 근거하여" 쌓았다는 "만리장성의 동쪽 끝"이라고 주장하는 구조물이다. 반시간 이상 힘들게 올라가 보니 바로 아래 북한 땅으로 되어 있는 강과 섬과 밭들이 보인다. 아! 얼마나 슬픈 일인가? 오직 이 곳만은 막혀 있다니! 한참 둘러보다가 내려와서 선착장으로 가서 배를 타고서 북한 수역水域을 한 시간쯤 선유하고 나왔다.

배를 타기 전에 조선족 가이드가 몇 가지 조심할 점을 이야기하면서 잘못하면 돌발 사고가 일어날 수도 있다고 겁을 주었는데, 정작 그 안에 들어가서 북한 사람들이 보이기 시작하니까, 그 녀석이 먼저 나서서 큰 소리로 고함을 치고, 손을 흔들어 댔다. 얼마나 말과 행동이 다른 녀석인지? 우리 일행은 대개 감회에 젖어 울적해 하고 있는데, 다시 버스에 타더니 여교수도 한 사람 있는데도 음탕한 농담을 한 바탕 늘어놓으면서 제 밑천을 자랑하였다. 하기는 이러한 유의 가이드를 좋아하는 부류의 관광객도 많은 모양이다.

6 · 25 사변 때 미군에 의하여 폭파된 압록강 대교에 갔다가 저녁을 먹고 아파트에 들어가서 짐을 푼 뒤에, 김혈조, 이내종 교수와 함께 다시 압록강변에 나와서 산책을 하였다. 밤이라 강 건너 북한 지역은 아무 것도 보이지 않는데, 단동 지역 강변에는 불과 10년 안에 들어선 아파트들이 즐비하였다. 이 교수가 "10 수년 전에는 상해 푸뚱 지역에도 아무 것도 없었는데, 지금은 완전히 변하였으니 10년 후에 북한 지역에도 그러할 날이 올는지?"하면서 긴 한숨을 쉬었다. 아무튼 세상에 변하지 않는 것은 하나도 없으니, 저 캄캄한 맞은 편 강둑에도 환한 빛이 감돌 날이 오기만 기대하여 본다.

호텔로 들어오는데 보니, 우리 일행들이 길목 가판에서 양 꼬치와, 술, 과실을 사놓고, 길바닥에 돌을 깔고 앉아서 노래잔치를 벌리고 있다. 몇몇 사람은 전에도 더러 어울려 논 적이 있는 듯, 매우 즐겁게 시도 외우고 유쾌하게 노래도 부른다. 같이 어울려 양 꼬치도 몇 가지 뜯고 맥주도 한두 잔 마시다가 일어났다.

7월 5일 금요일 구름. 봉황산鳳凰山 구비를 돌다.

하루 종일 어제 비행기에서 내렸던 심양으로 다시 올라가는데, 어제와는 달리 옛 연행루트를 찾아본다고 해서 지방의 소로도 많이 찾아 다녔다. 대개는 지금의 철도노선과 연행도로가 일치하지만 좀 자세하게 보려면 작은 차를 타고 찾아다니며 샅샅이 찾아보는 게 좋다고 한다.

아침에 구련성 유적지라는 표시판이 있는 시골 길 가게 앞에서 잠시 내렸다. 내가 번역한 연행록에 보면 이 곳에 5백명이 넘는 사람들이 말 5백여 필을 끌고 들어와서 야영을 하는데, 정사正使등 높은 어른들은 급조한 간이 온돌 위에 눕고, 아랫사람들은 불을 크게 피워놓고서 자는데 호랑이가 나타날까보아, 밤새도록 조를 짜서 불침번을 서면서 큰 소리로 고함을 질러대어 일행이 모두 잠을 이루기가 힘들다고 하였다.

지금 보니 심양서 이 일대까지 여전히 산은 많기는 하나, 고속도로의외에 철도도 진작 놓이고 지방 소로도 많이 나고 또 웬만한 평지는 모두 농지로 개발되어서, 호랑이가 이런 데에 있었다는 것은 도저히 상상되지 않는다.

책에서만 신비하게 여기던 곳을 이제 와서 보니, 초라한 가게 처마 밑에 놓인 "구련성구지舊址"라는 볼품없는 세멘트 표석 하나뿐이니 안타까운 생각이 든다. 앞으로 나라가 통일이 되어 국세도 크게 떨치고, 양국의 우호도 좀 더 돈독하여진다면 이러한 곳 처처에 볼만한 사적비를 세우게 될 날을 꿈꾸어 본다. 수 천백년 동안 수많은 한 · 중 인물들이 번갈아가며 지나다닌 길목마다 말이다.

연변에서 나온 가이드 이외에, 한국학중앙연구원에 유학하여 연행관계로 석사까지 하였다는 심양에서 나온 가이드 한 사람도 처음부터 동승하여 열심히 안내를 하기도 하였는데, 아는 것도 많고 또 매우 학구적인 것 같았으나 이야기 내용에 가끔 사신들이 지은 한시 같은 것도 인용하는데다가 우리 말 발음조차도 좀 이상하여 다 알아듣기 힘들었다. 그 사람이 시키는 대로 차를 몰고 가다가 더러는 길이 너무 좁아서 막히기도 하고, 또 돌아가기도 하였다.

오늘 구련성 다음에 책문이니, 통원보니, 초하구니, 연산관이니, 첨수참이니 하는 들어본 것 같은 지명을 많이 지나갔는데, 가장 인상에 남는 것은 책문과 통원보 사이에 있는 봉황산이다. 높이도 북한산과 비슷한데다 거의 바위 돌로 된 점도 비슷하다.

요양이라는 오래된 도시에 들어가서 잤다.

7월 6일 토요일 맑음. 청의 옛 도읍지 요양遼陽

오전에 요양박물관과 백탑이라는 높이 71.2미터의 요금 시대의 전탑을 구경한 뒤에 오후에는 약 2시간 쯤 달려서 심양에 다시 들어가서 잤다. 요양은 현재 인구 80만, 청 태조 누루하치가 4년 동안 도읍을 삼았던 곳이다.

저녁에 호텔 방에 모두 모여 술을 마셔가면서 안동대 한문과의 황만기 박사에게 그가 전공한 척화 대신 청음 김상헌金尙憲 선생에 관한 이야기를 청하여 들었다. 그의 척화주장과, 억류생활에 관하여 잘 설명하였다. 나도 같은 친명파로 의심을 받아 경상감사로 재직 중에 봉황성鳳凰城까지 불려가서 청나라의 장군 용골대龍骨大 앞에서 청음과 함께 문초를 받은 적이 있는 정태화의 청음에 관한 증언을,《양파집》과《양파실기》에서 읽은 대로 조금 소개하였다.

생각하여 보면, 지금 우리들이 다니고 있는 이 길이 한 때는 조상님들이 피눈물을 뿌리며 다니시던 한 맺힌 길이 아니었던가?

7월 7일 일요일 맑음. 청 태종의 소릉은 그래도 좀 산듯하였다.

오전에 소현세자의 주거지를 찾아서 아동도서관에 가 보았으나, 이 근처일 것이라는 그 도서관의 전관장의 말만 전화로 확인하였을 뿐이다. 중국 전체로 보아도 인구가 몇 번째로 많은 이 큰 도시 안에, 주말이라 사람이 많이 붐비고 일부는 수리 중이라 먼지가 펄펄 나는 지저분한 청나라 초기의 고궁, 규모가 매우 큰 요녕성 박물관 등을 둘러보다가 지쳤다.

그러나 오후에 북쪽 교외 한적한 곳에 있는 소릉에 가서 보니, 지역도 넓은데다가 큰 호수도 있고, 주변을 감도는 성벽도 있어 올라가서 걸어보니 더운 날 도심에서 지친 기분이 한결 가라앉았다.

저녁에는 의무려산醫巫閭山 근처의 호텔에 투숙하였다. 좀 허름하였지만 한적하여 좋았다.

7월 8일 일요일 비. 의무려산에 비를 맞고 오르다.

홍대용의《의산문답》이라는 책의 제목에도 나오는 이 산을 이름만 듣다가 찾아와서 오르게 되니 감개가 무량하다. 요동반도의 평야 가운데서 돌 바위로 이루어진 높이 867미터의 오뚝한 산이나, 지금은 너무 인공 가공물이 많이 들어서서 오히려 그렇게 높다는 생각도, 또 신비하다는 느낌도 들지는 않는다. 내려와서 평지의 언덕 위에 있는 이 산의 산신을 제사지내는 북진묘北

鎭廟라는 사당에 들어가서 보았다. 넓은 마당에 건륭황제가 여기 여러 차례 와서 지은 시, 올린 제문 등의 친필을 세긴 비가 수 10개나 서 있다. 역시 황제는 이래서 할 만한 모양이다.

금주錦州라는 지역으로 내려가서 명나라 말기에 조선족의 후예로 이 요동 지방에서 권력을 장악하였던 이성량李成梁 장군의 패루牌樓를 찾아갔다. 정말 지저분한 시장 한쪽 구석에 있었는데 마침 수리 중이었다. 그는 임진란 때 조선지원병 사령관이었던 이여송 장군의 아버지인데, 명말 청초의 격동기에 비록 몇 차례 부침은 있었지만, 명나라 조정으로부터도 능력을 인정받아 부귀를 누릴 수 있었고, 만주족의 통합에도 도움을 준 은덕을 뒷날 청 왕조에서 인정하여 이러한 기념물을 세우게 하였다니 정말 대단한 능력을 가진 인물이었던 것 같다.

다시 영원성寧遠城으로 내려와서 역시 시장 끝에 있는 명나라 말기의 조대수祖大壽 장군의 패루를 찾아보았다. 같은 시장이나 이 곳은 매우 깨끗하니 도리어 이상하다. 조씨 가문은 4대에 걸쳐 명나라에서 큰 무공을 세웠으나, 청군이 들어올 때 고립무원한 상태에서 어쩔 수 없이 청에 항복한 비운의 주인공이라고 한다. 그의 무덤과 이 패루의 축소형을 카나다의 황립온타리오 박물관Royal Ontario Museum 안에 옮겨 놓은 것을 2년 전에 내가 가서 직접 본 일이 있다. 무덤까지 파 옮겨 놓다니 정말 고약한 처사로 생각되었다.

저녁에는 만리장성의 동쪽 끝이 있는 진황도에 와서 자게 되었다. 심양 이후로는 심양에서 나왔던 가이드는 따라오지 않은 대신, 버스 안에서 김혈조, 허권수경상대, 송병열영남대 교수 등이 번갈아 가면서 명말 청초의 역사, 인물들에 관하여 이야기를 하였다. 탐학 무도하였던 명나라 마지막 숭정崇禎황제, 산해관을 끝까지 잘 버티고 있었으나 도리어 황제의 의심을 받아 비참하게 살해된 원숭환袁崇煥 장군, 어쩔 수 없어 청나라에 항복하였으나 다시 청에 반기를 들었던 오삼계吳三桂 장군 등에 관한 비사悲史는 매우 구슬프지만 들을 만하였다.

진황도 호텔에 도착하자 처음부터 이까지 따라 다니던 연변 쪽의 가이드와, 그 사람의 견습생 2명과 버스는 되돌아가고, 북경에서 나온 가이드가 새 버스를 가지고 와서 교대하였다. 역시 조선족이지만 앞의 사람보다는 함경도식 어투가 덜하다.

7월 9일 월요일 흐림. 산해관山海關에 오르다.

진황도, 산해관 쪽으로 오니 또 산이 나타나기 시작한다. 아침부터 산해관의 관문을 구경하고, 진시황 때 만리장성을 쌓으러 나왔다가 제물로 희생된 남편을 찾아왔다가 죽었다는 맹강녀의 사당묘孟姜女廟을 찾았다. 장성의 끝자락이 바다에 까지 들어간 노룡두老龍頭까지 둘러 보고서, 4시간 이상 험준한 산길을 파고 새로 낸 고속도로를 달려 열하가 있는 승덕承德 시까지 갔다.

산해관의 관문 안에서 노인들 두 사람이 전통 관인들 복장을 하고서 중국돈 10원씩 받고서, 옛날식 관문 출입증을 붓으로 적어 주었다. 일행 중 몇 사람이 장난으로 그것을 받았는데 보니 신분은 "조선인 씨명氏名"이라고 적고서, 본인의 성명 3자를 물어 적은 뒤에 증명을 만들어 주었다. 장난기가 심한 안동대의 신두환 교수를 보고서 "신분란에 기왕이면 조선 정사朝鮮正使라고 적어 달라고 하지요"라고 하였더니, 정말 그렇게 적어 달라고 해서 받아 들고서는 매우 의기양양하였다. 그 통에 그는 지갑을 잃어 버렸는데, 성위에 올라가서 돌아다닐 때 그것을 주운 중국 사람이 지갑에 있는 신분증의 얼굴을 보고서 찾아다니다가 만나서 전하여 주었다고 하면서 또 매우 감격하였다. 자칭 신경림 시인 등을 포함한 "아주 신씨 3대시인"중의 한 사람이라고도 한다. 연전에《선비 임금을 꾸짖다》라는 책을 내었는데 매우 많이 팔렸다고 한다.

산해관에서 승덕까지는 험한 산들 뿐인데, 멀리서 보이는 산봉우리 모습은 대개 퍽 기괴하게 생겼다. 그러나 길 근처에 보이는 산들은 어찌 된 셈인지 고목은 별로 보이지 않고, 또 대개 산 중턱까지도 과수원이나 밭으로 개발하여 두어 별 볼 품이 없고, 또 낮은 골짜기에는 더러는 시멘트 공장, 돌 공장이 수 없이 늘어서서 야산의 산세를 형편없이 망가트리고 있다. 이전에 중국 본토를 여러 곳 여행할 때도 보니 대개 이 모양이라서 크게 아쉬워하였다. 그러나 이번에 요동에 들어와서 보니 대개 산세가 험준한 산악지역에는 산림이 잘 보전되어 참 다행스럽다고 여겼더니, 이 일대에 와서 또 다시 이러한 예사스럽지 못한 모습을 접하게 되니 참 안타깝다. 인구가 너무 많다가 보니 산까지 다 갉아야 살 길이 나오는지?

승덕시에 가까워 오자, 예상치 못하였던 산뜻한 새 도시가 나타난다. 불과 10여년 만에 인구 200만에 이르는 이 현대 도시가 생겨났다고 한다. 지하자원, 석재, 관광업 등이 이 도시를 먹여 살린다고 한다. 연 평균 기온이 섭씨 10도 정도이기 때문에, 옛날뿐만 아니라 지금도 여름 휴양지로도 좋다고 한다. 지금 북경까지 고속도로가 개통되었으니 호황을 누릴만한 것 같다. 이래서 중국은 알 수 없는 곳이다. 지금까지 다녀온 곳에서 가끔 보게 된 더러운 시장골목과 고약한 재래식 변소들을 생각하면 곧 구역질이 날 지경인데, 이러한 선경仙境같은 현대도시가 갑자기 나타나다니?

7월 10일 수요일 흐림, 피서산장 유람

먼저 문묘에 갔다가, 붐비는 사람들 틈 사이에 끼어 피서산장을 유람하였다. 컴컴한 궁전 건물들을 좀 보고서, 관광객을 태우고 넓은 구내를 도는 작은 차로 경내를 한 바퀴 돌았다.

연암선생이 들린 곳이라고 해서 공자묘문묘에 갔는데, 규모는 상당히 컸으나 주변에 고층 아파트가 들어서서 빛을 잃고 있다. 꼭 절간과 같이 공자와 그 제자 상을 조작하여 모셔놓고, 헌금함을 그 앞에 놓아두었다. 이전에 사천성의 삼국지 유적지 투어에 참가하였을 때 보니 이름난 전적지마다 장군들 상을 모신 큰 사당을 세우고서는 이렇게 하여 두었고, 또 무이산에 갔을 때도 보니 주자의 사당에도 이렇게 하여 두고서 돈을 넣고 "절을 하면 복을 받는다"고 권유하는 것을 보았는데, 여기서도 이러한 모습을 보니 유학의 전통이 처량하게 변모한 것 같아서 서글프다. 그러나 옛날에 천자가 자주 와서 배알하였다는 기념비만은 아직도 우뚝하다.

피서산장의 면적은 5백 만 평이 넘는다니, 별궁치고는 대단한 규모라고 할 수 있으나 한동안은 관리를 제대로 하지 못하였는지 높은 구릉 같은 데에 서있었을 고목은 거의 보이지 않는다. 유네스코 세계문화유산에 걸맞게 관리를 하자면 앞으로 많은 배려를 하여야할 것 같다.

"열하熱河"라는 이름은 겨울에도 얼지 않는 샘물이 산장의 연못 한쪽 구석에서 나오기 때문에 붙여진 것이라고 한다. 연암선생이 가 보았다는 라마교의 사원들은 언덕 위에서 바라만 보았지 가 보지는 않았다.

오후에 북경으로 들어가는 길에 연암선생이 들렸다는 만리장성이 지나가는 한 마을에 들려 보았다. 신작로를 내느라 장성을 끊어 놓았는데, 이전에 황제가 열하로 다녔다는 길을 보존하고 있고, 마을에서 민박을 받는다고도 한다. 바쁘지만 않으면 이런 마을에서 하룻밤 자고 가도 좋을 것 같았다.

북경 국제공항이 가까운 호텔에 들어가서, 이번 여행의 마지막 여장을 풀어 놓고, 몇 명은 발마사지를 받고 왔고, 몇 명은 북한쪽에서 운영하는 식당에 가서 가무를 구경하다가 왔다고 한다. 인물은 모두 잘 생겼지만 어쩐지 "노래하는 기계"와 같이 보이더라고 한다. 안타까운 일이다.

7월 11 일 목요일 흐림. 귀국

아침에 북경국제공항에 나가서 입국 수속을 한 뒤에 낮 비행기를 타고 김포공항에 들어오니 오후 3시 10분인데, 전철을 3번, 버스를 1번 갈아타고 집에 왔다. 1시간 밖에 걸리지 않았고, 돈도 버스비 1,050원 밖에 들지 않았다.

이번 여행에 중국에서 산 물건이라야 의무려산에 올라갈 때 산 우산 하나 중국돈 20원 뿐이고, 마지막 날 저녁에 북경에서 발 마싸지에 안마까지 한다고 185원을 더 썼을 뿐이다. 우산을 버리고 올까하다가 가지고 왔는데 집에 와서 다시 펴보니 벌써 천이 한쪽 찢어지고 있다. 나 같은 경우, 중국에서는 책이나 살까 딴 것은 살 게 별로 없는 것 같다.

책에서만 읽었던 곳을 한 차례 다녀온 것은 좋은 일이었으나, 아직도 중국의 오지 여행이 그렇게 편하지는 않았다. 그 중 제일 곤란한 것은 역시 화장실 사용이었다.

그러나 공부를 같이 하는 사람들끼리 다니다 보니 많은 것을 배우게 되었고, 좋은 정보도 많이 얻게 되었다. 흘린 땀이 값지다고 생각한다.

2013. 7. 13 오후 

영어 5형식과 한문

한문 문법과 영어 문법이 어떻게 다른가 살펴보기 위하여 영문 5형식에 나오는 문장들을 한문으로 고쳐보았다.

1. 제1형식

Birds sing. 鳥鳴.

The bell rings. 鐘鳴.

Birds fly. 鳥飛.

There is a pen. 有一鋼筆於此.

There once lived a wise king in Korea. 有一賢君, 嘗在於朝鮮也.

Joseph lay on the grass. 趙涉臥於草上.

Any chair will do. 何任可堪矣.

This job pays 100 dollars. 此職受百弗也.

The house stands on the hill. 其屋置於其丘上也.

2. 제2형식

Joseph is a good boy. 趙涉是一善少年也.

It grows dark. 天漸黑矣.

All the leaves turned red and yellow. 葉葉皆變紅黃矣.

This milk tastes sour. 此乳味酸矣.

Joseph went mad. 趙涉嘗發狂矣.

Joseph turned pale. 趙涉嘗蒼白矣.

3. 제3형식

Joseph lovers her. 趙涉今愛其女.

Joseph enjoys reading detective novels. 趙涉今愛讀探偵小說矣.

Joseph has three dogs. 趙涉今養三隻狗也.

Joseph does not agree that she is cute. 趙涉不認其女之嬌也.

Joseph once hoped to be a good docter. 趙涉嘗願爲一善醫也.

They resemble each other.其人皆相類也.

Joseph married my cousine.趙涉與我從妹婚姻也.

4. 제4형식

Joseph gave her the pen. 趙涉與其小姐一枝鋼筆也.

5. 제5형식

I expect him to succeed. 我待望其可成功矣.

Joseph heard his name called. 趙涉已聽得呼其名矣.

He let me use the car. 其人使我駛其車.

I saw Joseph beat the dog. 我已睹趙涉之打其犬矣.

I saw Joseph beating the dog. 我嘗睹趙涉之方打其犬矣.

I saw Joseph beaten. 我嘗見趙涉被擊矣.

Joseph had the girl clean the room. 趙涉陪一小姐, 掃除其房.

Joseph had the room cleaned. 趙涉嘗有一所淸齋.

Joseph heard her playing the violin. 趙涉已聽其女之彈洋絃.

Joseph saw her steal the book. 趙涉已睹其女之竊盜其書矣.

Do not let the fire go out. 莫使其火出.

Joseph will make her study hard. 趙涉將使其女更好學矣.

특히 한문 문법에서는 특별히 보어라고 할 만한 것이 별로 없는 것이 큰 차이라고 한다. 또 번역을 하다가 보니, 영어에는 없는 어조사也, 矣가 들어가야 맛이 좀 나고, 동사 자체에는 시제의 변화를 나타낼 길이 없어 시제를 나타내는 부사嘗, 已, 方, 將를 첨가하여야하고, 또 단수 복수도 없기 때문에 꼭 그것을 구분하려면 역시 그런 말을 나타내는 부사어一, 皆를 넣어야만 한다. 또 한문문장에서는 같은 말이라도 좀 더 우아하고 장중하게 표현할 수 있는 여지가 얼마든지 있다女-小姐, 房-齋. 또 한문 문장에서는 비록 산문이라고 하여도 그 나름의 절주節奏 같은 게 있어 글자 수와 구절을 끊는 것을 적절하게 조절하여 가면서 글을 적어가야만 된다.

2013. 7. 20

6월 15일 토요일, 맑음.
제천 단양 나들이.

안동지역 출신 서울경기지역 교수 모임인 동연회東硏會의 나들이를 따라서 제천에 가서 세명대학을 보고, 청풍관광단지로 가서 배를 타고 단양으로 들어갔다가 서울로 돌아왔다. 가족까지 합하여 모두 34명이 동행하였다.

세명대학은 안동출신의 기업가 권영우 씨가 설립한 사립대학인데, 7년 전에 이 단체에서 한번 오늘과 똑같은 나들이를 하고자 하였으나, 마침 그 날 새벽에 그 분이 갑자기 서거하여 무산된 적이 있다. 오늘은 이 학교의 초대 총장을 지내고 지금은 이사장으로 있는 김엽 선생이 나와서 학교 안내를 하고 구내에서 점심을 대접하였다.

특히 권씨는 지금 경북도청이 들어서고 있는 풍서면 갈전리 출신으로, 나의 처가와 같은 마을 사람인데, 나이도 우리 또래이기 때문에 잘 알고 지내던 사이인데, 이미 죽은 지 7년이 되었다고 하고, 기념관이 세워지고, 그 앞에 동상이 만들어져 좌대 위에 앉아 있으니 정말 인생의 무상함을 느끼겠다. 동행한 내자도 그 분의 어릴 때 모습을 보여주는 다큐멘타리 영상물을 보는데, 눈물이 흘러 자세히 볼 수가 없었다고 한다. 그러나 사람은 가도 유업은 잘 계승되는 것 같으니 다행이다.

단양의 옥순봉, 거북바위 같은 풍경은 정말 경이롭다. 둘러보니 대개 험준한 돌산들이고, 뭍에 나와서 버스를 타고 서울로 향하는 데도 큰 산들이 첩첩이 둘러 있다.

원래 이 모임의 이러한 행사에는 차례로 돌아가며 자기의 근황도 이야기하면서, 은근히 자기 자랑도 하고, 서로 덕담도 하여 가면서 화기애애한 분위기 지속되었는데…… 근래에는 하루 종일 함께 다녀도 누구인지도 잘 모르고 지내는 수가 많다. 오늘은 회장김광억 서울대 인류학과 금년 퇴직이 바뀌면서 잘 모르던 젊은 회원들을 많이 데리고 왔는데도, 말도 한 마디 서로 나누지 않은 사람이 태반이다. 알고 보면 대개 이미 알고 있는 사람들의 자질子姪들이거나, 학계에서도 탄탄한 명성을 쌓아가고 있는 자랑스러운 사람들일 터인데 말이다.

6월 11일 화요일 저녁 비. 몇 10년 만에 중앙선을 타다.

안동대학교 인문과학연구소에 가서 오후4시부터 2시간 동안 "이퇴계 시의 대표 작품들"이란 제목으로 발표를 하였다. 내용은 얼마 전에 서정시학 모임에 가서 한 이야기나 똑 같았으나, 거기서는 3시간 동안이나 한 이야기를 여기서는 한 시간 단축하여 이야기하였다. 아는 교수 몇 사람과 한문학과와 중문학과 학생들 5~60명이 들었다. 곧 학기말 시험이 있을 터인데, 아마 교수들이 데리고 온 것일 것이다. 요즘에 일반학생들이야 학점 따는 일과 관련이 없다면, 이런 강연 같은 것이야 들을 생각도 하지 않을 것이다. "한국 정신문화의 수도"라는 이 곳의 학풍은 좀 다른 점이 있는지 모르기는 하지만……

아침에 집을 나서 3호선 옥수역에서 내렸다가 청량리까지 가서 중앙선을 갈아탔다. 몇 10년 만에 중앙선을 다시 타본 것이다. 무궁화열차로 안동까지 3시간 20분이 걸렸는데, 차 안에서 책을 좀 읽으려 하였으나, 터널이 자주 나와서 매우 불편하였다.

또 옛날 학생 시절에 방학 때면 흔히 이 차를 탔는데, 흔히 차비도 모자라서 난감하였던 우울한 기억이 자꾸 회상되었다. 어떤 때는 정식 차표를 사지 못하고, 군인들 단속을 위하여 열차에 타는 헌병들을 미리 찾아가서 몇 푼 쥐어 주고서 탔다가 차표 검사가 시작되면 헌병이 지나가면서 신호를 보내어 변소에 들어가서 있었다. 이 얼마나 구차한 짓인가?

한번은 시골에서 저의 조부모 밑에서 소학교에 다니던 질녀를 데리고 서울로 올라오는데도 역시 차비가 모자라서 그렇게 하였다. 그 때 어린 질녀는 왜 삼촌이 그렇게 자주 변소에 들어가서 오래 있었는지 이상하였다고 지금도 만나면 가끔 이야기 한다. 차표 검사가 언제 또 나올지도 불안한데, 어린 아이는 처음 기차를 타고 먼 길을 따라 오느라 많이 지쳐 있어 정말 난감하였다. 그 때 그 아이의 단발머리가 차창 밖에서 불어오는 바람에 나붓기는데 보니, 하얀 서캐머릿 이의 알가 머릿 칼에 촘촘하던 모습이 지금도 눈에 선하다.

나보다 10살적은 아이인데 모양은 나를 많이 닮았다. 그래도 그 때 나만 믿고 쳐다보던 그 순박한 눈길을 잊을 수 없다. 그 순진한 것에게 물 한 조금도 제대로 사 주지 못하였으니 지금도 생각하면 가슴이 아프다. 그렇던 촌아이가 뒤에 E여자대학교 동문회의 오월의 여왕메이 퀸으로까지 뽑힌 일이 있었으니……얼마나 대단한 변신인가?

돌아올 때는 고속버스를 탔는데 서울 남부 터미널까지 3시간이 걸렸다. 집에 들어오니 밤 12시 반쯤 되었다.

서교수에게:

진작 답장을 한다는 게 좀 늦어졌구나. 잘 지내고 새로운 경험을 많이 쌓고 있는 모습 보는 듯하구나. 모든 것에 잘 대처하고 나날이 보람찬 일이 가득가득 쌓이기를 빈다.

여기는 자주 가는 비가 오고, 날씨가 좀 춥기도 하나, 이미 춘분을 지내고 나니 그래도 봄은 어김없이 찾아오는 듯, 수무동의 매화도 몇 송이가 피기 시작하는구나. 온 겨울 밤마다 노루가 내려와서 사철나무 낮은 가지의 잎을 다 뜯어먹더니, 이제 딴 풀도 좀 돋아나니, 피해가 줄어들지. 지난 토요일에는 마을 앞 시내 곁으로 나가서 냉이와 달래, 갓을 뜯어 강물에 씻고, 집에 와서 저녁 내내 둘이 앉아서 다듬었지.

그 다음 날은 전선생이 동서를 데리고 와서 비닐 하우스를 수리하였는데, 둘 다 일을 얼마나 잘 하는지 보기에도 참 흐뭇하더라.

우리내외는 그런대로 잘 지내고 있다. 나는 여전히 강의도 하고, 집필도 하며 지내며, 내자는 여전히 피부과에도 다니고, 한지 공예도 하고 지낸다. 아마 6월 달에는 다시 지은이 있는 곳에 나가서 여름을 지낼 것 같기도 하다만, 아직 구체적인 일정은 미정이다.

몇일 전에 영대에 법륜스님이 와서 젊은이들을 위한 "청춘 콘서트"라는 특강을 하는 데 들으니, 우선 "자신의 생계부터 책임지고 해결해야 하고, 그 다음에는 마음에 드는 일부터 하라"고 하는 말을 강조하였는데, 성원이 생각이 나더라. 아마 걱정이 많겠지만, 보통 아이들과 다른 점이 오히려 장점으로 생각되는 구나. 우리 내외는 틀림없이 그렇게 믿고 있다. 큰 걱정은 말기 바란다. 우선 대강 몇 자 적어 답장한다.

잘 지내고 좋은 경험 많이 하고, 보람찬 나날이 되기를 다시 빈다.

춘분 사흘 뒤

경산에서 반농